교정의 심리학

CORRECTIONAL PSYCHOLOGY

심리학

솔과학

　매년 200만 명의 성인범죄자와 10만 명에 달하는 소년범죄자가 발생하고 있다. 가정이나 학교
에서의 부적응으로 인해 범죄 환경에 노출되어 있는 위기청소년도 매년 30만여 명에 이른다. 이
러한 현실 상황을 반영하듯 범죄관련 뉴스는 교통사고보다 더 자주 보도되고 있다. 이제 범죄는
현대인의 삶에 있어서 일상이 되고 있으며, 선량한 시민들의 삶의 질을 크게 떨어뜨리는 요인으
로 자리 잡고 있다. 언론 매체를 통하여 접하는 범죄관련 소식은 "범죄에 대한 두려움" 또는 "범
죄인에 대한 거부감"으로 작용한다. 막연한 두려움은 실제적인 사회현상이 되어 일상의 삶을 위
협하며 일상활동의 자유에도 영향을 미친다. 이러한 두려움이나 거부감은 추상적 개념으로서 구
체적인 실체가 없기 때문에 과학적인 접근을 어렵게 한다. 또한 비행청소년이나 범죄인에 대한
사회적 외면은 이들이 성장한 척박한 성장배경 및 생활환경에도 눈감게 하여 성인이 되어서도
범죄유발적 생활양식 및 일탈적 인성에서 벗어나지 못하는 악순환을 보이고, 심지어는 범죄의
대물림 현상까지 나타나고 있다.

　이제는 "범죄"가 아니라 범죄를 저지른 "사람"에 대해서 탐구하는 실천학문이 필요하다. 추
상적인 두려움이나 범죄발생 양상에 대한 연구가 아니라, 각자가 개인적 삶의 역사를 가지고 있
고 자신의 사고방식으로 살아가는 사람으로서 "범죄인"을 연구할 필요성이 더욱 커지고 있는 것
이다.

　이번에 한국교정교육교육상담 포럼의 총서 중 제 1권으로 발간되는 「교정의 심리학」은 범죄자
를 삶을 살아가는 "인간"으로서 바라보고, 이들의 심리와 환경을 분석하고 이해하여 건강한 사
회인으로 변화시키려 하는 관점에서 출발한다. 실체가 없는 두려움에서 벗어나서 상처와 결핍을
안고 있는 한 인간으로 바라보면서 전문적인 이해와 교정적 대안을 제시하고자 한다.

　이 책은 두 부분으로 구성되어 있다. 1편은 범죄인에 대한 것이다. 범죄원인으로서 유전과 환
경에 대해서 살펴보고, 범죄인의 특성을 이해하기 위한 기초이론과 내분비계와 신경계, 인지 특

성 등 최근 연구결과를 반영하고 있다. 2편은 범죄행위에 대한 것이다. 범죄행위의 결과로서 형벌의 고통과 우리나라의 현행 치료적 교정보호제도에 대해서 살펴보고, 폭력범죄, 성범죄, 약물범죄 등 주요 범죄유형별로 범죄자의 심리에 대해서 고찰하였다.

이 책은 범죄자의 심리를 이해하는 데서 한 걸음 더 나아가 심리학적 관점에서 이들을 교정하기 위한 의도로 집필하였고, 이를 위하여 많은 자료를 분석하고 검토하였으나 아직도 부족함을 느낀다. 그러나 교정심리에 대한 교재가 턱없이 부족하다는 주변의 독려에 용기를 낼 수 있었고, 집필에 함께 해주신 한영선 교수님과 손외철 소장님에게 감사드린다. 누구보다도 흔쾌히 「교정교육상담포럼 총서」 출간을 맡아 주신 솔과학의 김재광 사장님과 직원들께도 깊은 감사의 인사를 드린다.

광교산 자락에서
대표저자 이명숙

차례
CONTENTS

제2부 범죄 행위
CRIMINAL BEHAVIOR

CORRECTIONAL
PSYCHOLOGY

1

CRIMINAL MAN

범죄인

서 장

1. 치료적 사법의 이념

범죄는 대중에게 보복감정을 불러일으킨다. 대중의 보복 감정을 강화시키지 않는 범죄란 없다. 법의 기능 중 하나는 대중의 무의식적 감정, 맹목적인 보복으로부터 범죄자를 보호하는 것이다. 명확한 법규정과 그 법을 정의롭게 실행하는 체제가 갖추어져 있지 않으면, 마녀사냥이나 인민재판과 같이 대중의 보복 감정은 위험한 결과를 가져올 수 있다. 판사는 법정에서 대중의 보복 감정을 대신 표현해 줌으로써 범죄자를 처벌하는 기능도 수행하지만, 자기보호능력과 의사결정능력이 미약한 범죄자를 인간답게 대우해 줄 수 있는 사법적 판단을 한다(도널드 위니캇, 2001:62).

치료적 사법Therapeutic Jurisprudence은 '재범의 예방과 사회방위라는 목적을 달성하고자 형사사법의 기능으로 범죄자의 정신의학적 혹은 심리학적 이상증상에 대한 치료를 제공하는 형사사법제도'를 의미한다. 이러한 개념은 1990년 초반에 미국의 David Wexler에 의해 처음 소개되었고, 보다 넓은 의미로는 범죄자 치료 뿐만 아니라 '범죄로 인한 피해를 입은 피해자의 치료와 회복'까지 포함하는 개념이다(이용식, 2015:12).

치료적 사법 개념은 '치료'를 사법절차의 본질이라고 인식함으로써, 형법상의 책임능력이 없어서 기존의 형사사법체계에서 교정이 곤란한 심신미약자에 대하여 필요한 조치를 취할 수 있는 근거를 제공한다. 심신미약상태 또는 성도착증세를 보이는 범죄인에 대한 교정처우는 '치료가 필요한 범죄자'로 보기 보다는, '범죄를 저지른 정신의학적 환자'로 보는 관점에서 접근하는 인식의 전환이 필요하다(이용식, 2015:13).

치료가 필요한 범죄자를 치료하지 않고 석방하는 것은 일반시민에게 위험하다. 형사적 제재를 받는 범죄자에게 치료처우가 적절하게 시행되었을 때 재범의 가능성을 현저하게 줄일 수 있으며, 미래의 피해자 수도 감소시킬 수 있다. 외국에서 성범죄자를 대상으로 하는 교정 치료 프로그램 69개를 종합적으로 메타분석한 연구에서 대다수 프로그램이 재범방지에 효과가 있음이 보고되었다. 치료받지 않은 통제집단의 성범죄 재범률은 24%인데 비해, 치료집단의 성범죄 재범률은 12%로 감소하였다(Lösel & Schmucker, 2005; 윤정숙a, 2012 재인용).

또한 효과적인 치료적 교정은 미래의 범죄피해를 줄일 뿐만 아니라, 경찰, 사법절차, 구금, 피해자구제 등에 소요되는 국가적 비용도 상당히 감소시킬 수 있다(Marshall, 1992; 윤정숙a, 2012 재인용).

형사사법 분야에서 정신보건 관점을 갖고 치료적 사법이념을 적극 적용하고 있는 분야는, 아동학대, 가정폭력, 성범죄, 약물중독, 소년비행으로서 성인과는 구별되는 연소자를 대상으로 특화되거나 성 또는 약물 등 행위의 중독성이 있는 범죄행위에 특화된 치료적 교정 방법론이 요구되고 있다. 이런 취지에서 선진 외국에서는 치료적 사법이념은 치료를 요하는 특정 범죄에 대하여 '문제해결 법원Problem-solving Court'을 구성하는 이론적 기반을 제공하고 있다. 예를 들면, 소년비행 사건은 '소년법원'에서 처리하고, 약물사건은 '약물법원'에서 다루는 것이다(이용식, 2015:12-13).

우리나라의 현행 범죄자 치료제도가 가지는 근본적 문제점 중 하나는 예컨대, 성폭력범죄자에 대하여 판결의 선고단계에서 정해진 조치나 처분이 완전히 종료되고 난 뒤에는 더 이상 사법적 수단으로는 개입이 불가능하다는 점이다. 판결시에 부과된 치료감호, 치료보호, 이수명령 등의 기간이 만료된 경우에는 범죄자의 병리적 증상이 완전히 치료되지 않아서 설사 재범의 위험성이 높은 상태에 있다고 하더라도 더 이상은 사법적으로 치료처분을 강제할 방법이 없다(이용식, 2015:147).

이를 개선하기 위해서는 치료처분을 피고인에 대한 형사제재의 일종으로 간주하고 형벌의 부과와 같이 고정된 시간을 미리 선고하는 방식을 지양하고, 대안으로서 치료의 목적에 맞게 형기 내에서 치료기간의 제한없이 임상적인 관점에서 치료전문가에 의한 판단에 기초하여 지속적인 치료가 진행되도록 하여야 한다. 수강명령과 같이 보호관찰소가 치료를 집행하는 경우에는 판결시 치료전문가의 의견을 바탕으로 판사는 치료에 필요한 기간을 상한으로 설정한 후 구체적인 치료 기간은 보호관찰소에서 설정하는 방식을 채택하는 것도 바람직하다. 이러한 '상대적 부정기형' 방식은 현행 소년법에서 유사규정을 찾을 수 있다(이용식, 2015:148).

참고   소년법   CRIMINAL MAN

제 60조(부정기형) ① 소년이 법정형으로 장기 2년 이상의 유기형(유기형)에 해당하는 죄를 범한 경우에는 그 형의 범위에서 장기와 단기를 정하여 선고한다. 다만, 장기는 10년, 단기는 5년을 초과하지 못한다.
② 소년의 특성에 비추어 상당하다고 인정되는 때에는 그 형을 감경할 수 있다.
③ 형의 집행유예나 선고유예를 선고할 때에는 제1항을 적용하지 아니한다.
④ 소년에 대한 부정기형을 집행하는 기관의 장은 형의 단기가 지난 소년범의 행형(행형) 성적이 양호하고 교정의 목적을 달성하였다고 인정되는 경우에는 관찰 검찰청 검사의 지휘에 따라 그 형의 집행을 종료시킬 수 있다.

1) 치료적 교정에 심리학의 적용

우리나라에서 치료감호는 금고이상의 형에 해당하는 죄를 짓고 재범의 위험성이 인정될 때 치료적 수용시설에서 치료하도록 형기와 함께 내려지는 법원의 판결이고, 치료보호는 약물중독자에 대하여 중독치료를 통해 사회에 복귀할 수 있도록 일정기간 강제 수용하는 제도이다. 본 절에서는 치료감호제도를 중심으로 심리학의 적용범위와 필요한 심리학적 지식을 소개한다(조성희, 2001:273-277).

치료감호를 받는 심신장애 범죄인은 '책임무능력자'와 '한정책임능력자'가 대상이 된다. 생물학적 기초에 의한 심신장애라는 점과, 이로 인해 '사물변별능력' 또는 '의사결정능력'이 미약하거나 없다는 심리적 요소가 모두 있어야 대상자로 결정된다. 그 판단은 법관이 하며, 전문가의 정신감정을 받기는 하나 법관은 정신감정 결과에 반드시 구속되지는 않으며 법관이 독자적으로 심신장애의 유무를 판단한다. 여기서 사물을 변별할 수 있는 능력이란 행위의 불법을 인식할 수 있는 인지능력을 말하며, 의사결정능력이란 자신의 행위를 지배할 수 있는 조종능력을 말한다.

책임무능력은 형이 면제되어 무죄로 선고되는 경우로서, 정신병이 장기간 계속된 상태에 기초한 것임을 요구하며, 일시적 정신활동의 병적 장애는 치료감호를 위한 충분요건이 될 수 없다. 한정책임능력자는 형이 감경되어 유죄로 선고되는 경우로서, 심신장애로 인해 사물변별능력이나 의사결정능력이 장기간 미약한 상태를 말한다. 법관은 치료감호 선고를 할 때 재범의 위험성을 중요하게 판단한다. 위험성 판단의 기준이 되는 것은, 장애의 지속성 여부, 치료가능성의 여부, 정신장애 상태에서의 전과 유무 등이 포함된다.

치료감호의 기간은 심신장애자의 경우는 최장 15년, 약물중독자는 최장 2년이다. 치료감호의 선고는 형기와 함께 선고된다. 집행에 있어서는 치료감호가 형보다 먼저 집행되고, 치료감호기간은 형기에 산입된다. 치료감호의 기간은 처음부터 제한되지 않고, 종료시점은 다음의 3가지가 충족되는 때이다(조성희, 2001:273-274).

- 감호의 필요가 없을 정도로 치유되고
- 충분히 치유되어 재범의 위험성이 없다고 인정되며
- 치료경과가 극히 양호하여 통원치료만으로 치료가 가능하고, 친족이 충분한 보호를 서약할 경우이다.

법무부는 훈령으로서 '피치료감호자 분류 및 처우관리 준칙'을 마련하여 이에 따라 정신장애 범죄인에 대한 치료감호를 실시하고 있다. 제7조에서 분류심사방법의 요건을 다음과 같이 제시하였다. '분류심사를 함에 있어서는 정신의학, 심리학, 교육학, 사회학 등을 기초로 하여 다음 각호의 방법으로 심사하여야 한다.'

1호. 일반의학적 검사, 정신의학적 검사, 심리학적 검사, 약물검사 등을 통하여 신체 및 정신상태를 파악한 다음 심신장애 또는 마약류 등에 중독된 정도에 맞는 환경요법, 정신요법, 약물요법, 활동요법, 가족요법, 그 밖의 각종 치료방법을 결정한다.

2호. 현 병력, 가족력, 개인력을 조사하여 정신과적 내력 및 환자의 인격을 알아보고 적정한 치료계획을 수립한다.

3호. 문진과 면접 및 관찰을 통하여 의사와 피감호자 사이의 정신의학적 치료관계를 형성한다.

4호. 범죄의 동기와 회수를 조사하여 개선의 곤란도와 사고발생의 가능성 여부 등 보안상의 위험도를 측정한다.

5호. 출생, 성장과정 및 교육정도를 통하여 가정환경, 교양 및 지능지수를 측정하여 개선교육에 필요한 계획을 수립한다.

6호. 보호자의 유무, 근친, 교우관계 및 출소 후 생계 관계와 경제적, 사회적 자립능력을 조사하여 사회복귀대책에 필요한 자료를 수집한다.

2) 임상심리사의 기능

사법체계에서 범죄인에 대한 심리학적 평가가 요구되는 경우는 경찰, 검찰, 법원에서 범죄인의 정신감정을 의뢰하는 경우이며, 대체로 전문적 감정을 요구하는 분야는 다음과 같다(조성희, 2001:276-277).

- 피감정인(범죄인)이 범행을 하였을 당시 정신장애의 여부
- 피감정인의 정신장애가 범행과 관련되어 형사 책임 능력의 여부
- 피감정인의 정신장애가 치료를 필요로 하는지의 여부
- 치료를 필요로 한다면, 어느정도의 기간이 필요한지 등

이 과정에서 정신감정을 의뢰받은 법무부 소속 치료감호기관에서 근무하는 임상심리사의 역할은 크게 두가지 영역이다.

첫째는 심리측정 및 평가의 영역이다. 피감정인의 인지, 정서, 성격, 사고, 지각, 약물 및 알코올 중독의 여부, 충동조절능력 등을 범행과 관련하여 평가하는 것이다. 한 달간 수용한 상태에서 면담 및 행동 관찰, 체계화된 심리평가도구 등을 사용하여 진단적 소견과 함께 법심리학적 소견을 제출한다. 사용하는 대표적인 심리평가도구는 K-WAIS(지능검사), MMPI(성격검사), HTP(집-나무-사람 그림검사), 로샤검사(투사법), M-FAST(밀러 거짓말검사), 알코올 진단검사 등이다.

둘째는 심리교육 및 심리치료를 담당한다. 정신건강 측면에서 피감정인 및 그 가족을 대상으로 스트레스대처법, 정신건강교육 등을 교육한다. 전문적인 심리치료 기법으로는, 개인치료

및 집단치료를 병행하여 사이코드라마, 소시오드라마, 인지행동기법, 현실치료 기법 등을 활용한다. 예를 들어, 인지행동기법에서는 피감정인(범죄인)들에게 자신의 사고가 왜곡되고 부정적이라는 것을 알게 하고 논리적인 사고와 긍정적 사고로 전환할 수 있도록 돕는다.

임상심리사 등 심리학 전공 직원들의 치료분야 활용을 위하여는 다음과 같은 인력의 전문화 작업이 선행되어야 한다.

- 보다 타당도 있는 심리평가 및 검사도구의 활용을 위하여는, 이에 관한 전문적 지식과 경험이 요구된다.
- 각종 정신장애를 가진 범죄인의 개인적 특성을 정확하게 파악하고 이에 적합한 상담 및 치료기법을 활용할 수 있어야 한다.
- 알코올, 약물중독 범죄인을 치료하기 위하여, 약물의 효능 및 부작용, 이상증세 등에 관한 전문지식이 있어야 한다.
- 그러기 위해서는 공인된 (가칭)교정교육상담사 등의 국가자격증 제도가 확립되어야 하고, 각 교정시설에 이러한 자격을 가진 직원들의 충원이 요구된다.

3) 심리검사의 활용 예 : M-FAST

사법적 치료 장면에서 형의 감경 또는 의료적 혜택을 받기 위해 꾀병malingering을 보이는 발생율은 일반 임상장면에서보다 훨씬 높다. 모든 법정 사례의 약 1/6정도가 꾀병일 것으로 추산한다(Rogers & Texas, 2000). DSM-IV에서 내린 꾀병의 임상적 정의는 '외부 보상에 의해 동기화된 잘못된 또는 과장된 신체 및 심리적 증상을 고의적으로 꾸미는 것'이다.

우리나라 형법 제10조 제1항 및 제2항에는 피고인이 범행 당시 정신장애가 있을 경우 범죄에 대한 책임을 경감하는 규정이 있다. 이를 이용하여 연쇄살인범 유영철은 차량절도로 기소되었을 때와 살인으로 기소되었을 때 간질 및 정신착란 증세가 있다고 주장하였다.

심리검사 도구 중에는 형사사법 장면에서 '꾀병'이라는 특정 상태를 평가하기 위해 개발된 도구들이 있다. 정신병리의 가장을 탐지하기 위해 최근에 개발된 평가도구는 Miller가 개발한 M-FAST[1]이다. 이 검사는 구조화된 면담 방식으로 실시되며, 25문항으로 구성되어 있어 비

---

1) M-Fast : Miller Forensic Assessment of Symptoms Test

교적 간단하게 실시할 수 있는 장점이 있다. 피검자는 예 또는 아니오로 응답하도록 되어 있고 일부 문항에서는 검사자가 응답자의 검사 응답과 실제 행동 간의 일치여부를 판단하도록 되어 있다(김재옥, 2008:13-14). 7개 하위척도로서 보고-관찰RO, 극단증상ES, 희귀조합RC, 특이환각UH, 특이증상 진행USC, 부정적 자아상NI, 피암시성S 등으로 구성된다. 예를 들어, 피암시성을 탐지하는 질문으로는 파트1에서 "당신은 지금 귀 속에서 웅웅거리는 소리가 들립니까"라고 물으면 피검자는 '예' 또는 '아니오'로 답한다. 파트2(문항 25)에서는 '예'라고 응답한 사람에 한하여 "귀속에서 울리는 소리가 점점 더 심해지고 있습니까"라고 묻는다. 그런데 M-FAST의 개발과정에서 실제 입원환자 또는 외래환자 중에서 동일 문항이 재차 나왔을 때 동일하게 '예'라고 대답한 사람이 한 번도 없었다고 한다.

4) 교정심리의 전문화를 위한 과제

외국에서는 범죄인의 특성에 기초한 교정처우 서비스를 위하여, 교정 실무에서 행동과 심리를 평가하고 측정하는 수많은 심리측정 도구들이 개발, 사용되고 있다. 어린 시기의 발달적 문제들을 측정하는 것에서부터 본 범의 구체적 사항에 이르기까지 광범위하다. 범죄인에 대한 교정심리학적 측정 및 평가는 특정한 유형의 범죄행위에 영향을 주는 범죄인의 발달적, 인지적, 정서적, 사회적/맥락적, 그리고 행동적 요소들이 무엇인지를 밝히는 것이 목적이다 (Polaschek & Reynolds, 2004:202).

많이 사용하는 측정방법으로는, 인터뷰, 자기보고, 심리측정 도구의 사용, 주변 중요한 타자(가족, 친구, 교정직원, 병원의료진 등)와의 인터뷰, 행동관찰 등 다양하다. 범죄인과 심리전문가의 인터뷰시에는 효과적인 면담 기술을 활용하는 것이 범죄인과의 라포(rapport)를 형성하고, 협력적 관계를 조성하며, 행동변화의 동기를 유발하고, 범죄인의 자기개방 수준을 높이는데 큰 도움이 된다. 면담대상자의 문화적 배경, 성별, 독해수준 등을 고려하여 적합한 평가자, 평가도구 및 방법을 채택하여야 한다.

기존 형사사법기관의 조사보고서도 평가대상자에 대한 종단적 관점을 갖는데 도움이 된다. 예컨대, 심리상태 및 정신감정 보고서, 보호관찰 보고서, 법원의 판결자료, 교정시설 처우자료, 과거 전과경력 등을 통해 범죄인의 성장배경, 가족생활, 문제행동의 발달과정 등 '범죄연속선offence chain'을 파악할 수 있다(Ward et al., 1995).

　보다 효율적인 범죄인 재활을 위해서는 교정심리학에서 범죄유형별로 범죄인의 특성을 찾고 위험요인을 치료하는 이론의 개발이 요구된다. 다양한 범죄유형 중에서도 폭력범에 적합한 치료이론이 우선적으로 개발되어야 한다. 치료이론은 교정프로그램 설계와 평가의 방향을 설정하는데 필수적이다. 다시 말해 프로그램 평가자가 어디에 초점 맞추어 측정해야 하는지, 특정 프로그램이 긍정적 변화를 이끌어내는지, 비효과적이라면 어떤 요소 때문인지를 찾아내는데 치료이론에 대한 이해가 있어야 한다.

　범죄인 치료이론에서 중요한 이슈 한가지는, 폭력범죄와 비-폭력범죄를 일으키는 범인성 요구criminogenic needs간의 관계에 관한 것이다. 폭력 및 비-폭력 범죄의 원인은 중복되면서도 다른 한편으로는 어느정도 상이하다. Henry 등(1996)은 뉴질랜드에서 동일 연대에 출생한 청소년 cohort 집단을 출생시부터 추적조사하였다. 조사결과 폭력범죄를 저지른 청소년은 18세 될 때까지 더 많은 비-폭력 범죄도 저질렀다. 생애초기에 이들이 보이는 일군의 발달적 변인들이 폭력범죄의 발생을 예측하였는데, 이 변인을 "통제부족lack of control"이라고 명명하였다. 그 특징으로서 '충동적 표현을 조절하지 못하고, 문제해결을 위하여 인내하는 힘이 부족하며, 스트레스에 과민하여 감정이 섞인 부정적 반응을 보이는 것'이다. 5세경에 보이는 통제부족 점수는 나중에 청소년기 비행행동을 예측하는데 유용하게 활용될 수 있다.

　법실무적으로는 우리나라에서 치료적 사법의 이념을 구현하고 정신장애를 가진 환자 범죄인의 실질적인 치료적 교정을 위하여는 임상심리사들의 역할이 중요시되며, 교정분야에서 심리학의 적용 영역을 넓혀 전문적인 개입과 재범방지를 위한 법심리학적 접근과 이를 위한 전문인력의 양성이 긴요하다. 치료감호소 뿐만 아니라, 교정심리치료센터, 그리고 일반 교정시설내에 새로이 설치될 것으로 기대되는 '심리치료과'[2]에서는 다음과 같은 치료적 서비스 기능을 강화하여야 할 것이다(조성희, 2001:293-294).

---

[2] 교정에의 심리치료적 접근을 위하여 법무부는 2016년 9월부터 교정본부내 '심리치료과'를 설치·운영하고 있다.

- 심리학적 평가 : 수용 범죄인의 정신감정, 치료계획, 치료효과의 평가, 퇴소 전 평가 등의 목적으로 입소시부터 다양한 심리평가를 실시한다.

- 심리상담 : 개인 심리상담 및 집단 심리상담을 활성화하고, 이를 위하여 범죄심리 및 환경특성에 기반을 둔 인지행동기법, 현실치료기법, 사이코드라마, 소시오드라마 등을 활용한다.

- 심리교육 : 정신건강 측면에서 수용자 및 가족원을 대상으로 스트레스 대처법, 정신장애의 특성 등 교육을 실시한다.

- 심리연구 : 일반인을 대상으로 개발된 심리평가도구를 범죄인의 독특한 심리특성을 알아볼 수 있도록 표준화하고, 그러한 특수 검사들의 타당도를 검증하며, 심리상담 치료 프로그램들의 효과성을 검증한다.

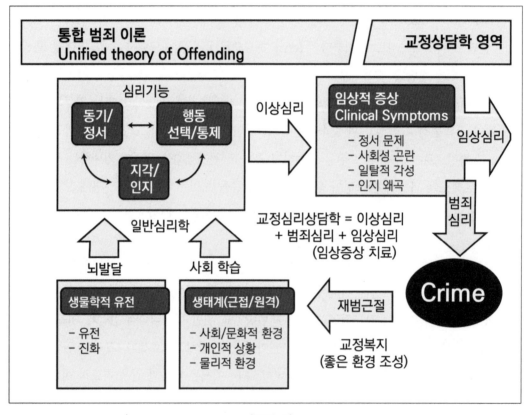

• 〈그림 1〉 •

김재옥(2008). M-Fast의 타당도 연구. 경기대학교 석사학위 논문.

도널드 위니캇(2001), 이재훈, 박경애, 고승자 역, 박탈과 비행. 서울: 한국심리치료연구소.

윤정숙a(2012). 성범죄자를 위한 치료프로그램 개발 및 제도화방안(1). 한국형사정책연구원.

조성희(2001). 우리나라 치료감호와 심리학의 적용. 한국심리학회, 2001 춘계 심포지움 발표자료집, 271-293.

Henry, B., Caspi, A., Moffitt, T.E., & Silva, P.A.(1996). Temperamental and familial predictors of violent and nonviolent criminal convictions: Age 3 to Age 18. Developmental Psychology, 32(4), 614-623.

Lösel, F. & Schmucker, M.(2005). The effectiveness of treatment for sexual offenders: A comprehensive meta-anaysis. J. of Experimental Criminology, 1, 117-146.

Marshall, W.L.(1992). The social value of treatment for sexual offenders. The Canadian J. of Huaman Sexuality, 1, 109-114.

Polaschek, D.L.L. & Reynolds, N.(2004). Assessment and treatment: Violent offenders. Hollin, C.R.(ed.), Offender Assenssemnt and Treatment(chap 13).

Rogers, R. & Texas, N.(2000). Malingering and deception among psychopaths. Gacono, C.B.(ed.), The Clinical and Forensic Assessment of Psychopathy. London: Routledge.

Ward, T., Louden, K., Hudson, S.M., & Marshall, W.L.(1995). A descriptive model of the offence chain in child molesters. J. of Interpersonal Violence, 10, 452-472.

범죄 원인론

제1장 유전과 범죄

1. 롬브로소의 범죄인류학

1) 범죄의 보편성3)

동물들의 살육행동이 '범죄'인가 아니면 당연한 '유전적 결과'인가? 그리고 인간의 범죄는 동물의 살육과 어떤 점이 유사한가? 유전적 결과라는 것은 생존경쟁, 성 선택, 갈등해결의 사회적 필요성, 동물의 먹이 욕구 등에 따른 생명체의 본능으로 보는 것이다.

이러한 동물의 공격성 예들을 통해, 롬브로소는 인간의 범죄를 자유의지에 기초한 '정의' 개념이 잘못되었다는 점을 강조하며, 문명화된 인간사회에서 조차 모든 생명체가 왜 범죄성향을 가지고 있는지를 설명하고자 하였다. 즉 동물의 행동이 본능적임을 인정하면서 동물의 세계에서 발생하는 폭력성과 부도덕성의 증거들을 예로 들어, 인간사회에서 법률에 의해 정의된 범죄행위들이 자연적인 것이며 모든 생명체에 뿌리를 두고 있다는 증거로 사용하고자 하였다 (롬브로소, 1889 :434). 그런 의미에서 롬브로소의 범죄이론은 '생물학적'이며 '인류학적' 관점으로 분류된다.

롬브로소는 동물들의 살육행동과 인간의 범죄 사이에는 근본적인 연관성이 있다고 가정하면서 근본적인 연관성이 구체적으로 무엇인가를 탐구하였다. 엔리코 페리(Ferri, 1917)는 인간의 범죄와 유사한 동물의 22가지 살해유형을 구분하면서 많은 행동이 인간의 형법상 범죄와 유사하다고 주장하였다. 롬브로소는 페리가 제시한 동물의 살해유형과 인간의 범죄 간 유사성을 사례를 들어 기술하였다.

---

3) '범죄의 보편성' 부분은 체사레 롬브로소(1889). "범죄인의 탄생"(이경재 역) 중 pp.197-212에서 발췌, 인용하였다.

① 암컷에게 접근하기 위해 살해 vs. 인간의 납치와 강간

수컷이 암컷을 지배하기 위해, 종족 번식을 하기 위해 다른 수컷과 잔혹하게 다투는 것은 모든 동물들에서 흔히 볼 수 있는 것이다. 다윈은 이러한 싸움을 '성 선택이론'으로 설명하면서, 상대방에 대한 질투심과 증오심에는 늘 애욕이 따르는 것이라고 하였다. 사자, 호랑이, 재규어, 표범 등은 짝짓기 싸움에서 매우 용맹하기로 유명하다.

그러면, 인간은 어떠한가. 야만 사회에서 일상화되었던 혼음을 일부일처제 쪽으로 변화하게 한 관습은 약탈혼이다. 약탈혼은 폭력적인 강간이 행해진 후 발생하는 결과로서, 호주 원주민 사회에서는 아직도 신랑이 울타리 뒤에서 여자를 기다리고 있다가 몽둥이로 여자를 친 뒤 자신의 오두막으로 데려가 강제로 성교를 한다. 여자가 재산으로 간주되는 사회에서는 절도를 규제하듯이 여자 납치를 규제하기 시작했고, 가부장에게 돈을 빌려주거나 보상금을 지급하는 것으로까지 이어지게 되었다.

② 방어를 위해 살해 vs. 인간제물

벌은 다른 외래 벌이 자기들 벌통에 들어오는 것을 용납하지 않는다. 양봉가들이 새 벌을 넣으면 기존 벌들은 새로 들어온 벌을 덮쳐 죽이고 밖으로 내버린다.

인간사회에서는 대부분의 전쟁이 영토 확대 및 방어를 위한 목적으로 벌어졌다. 이 외에 보다 생물학적 동기로 행해진 원시사회의 사례는 '인간제물'을 들 수 있다. 인간제물은 아리안 족, 그리스 족, 라틴 족, 켈트 족 등 거의 모든 유럽 야만족들이 행했다. 아프리카나 아메리카 대륙의 고대문명에서는 잔혹의 극치에 달했다. 성경에서도 아브라함이 이삭을 제물로 바치려고 했던 구절이 나온다. 유대인들이 행하는 할례의식은 최소화된 인간제물의 흔적이라고 한다.

③ 탐욕을 위해 살해 vs. 사육제(카니발) 혹은 식인의 풍습

아마존 개미들은 더 많은 노예개미의 애벌레를 얻기 위해 자기 둥지에서 노예개미를 키우는데, 노예개미를 더 많이 얻기 위해 벌이는 이들의 전쟁은 매우 잔인하고 난폭하다.

현대 인간사회에서 축제의 의미로 사용되는 '사육제carnival'는, 본래 영양섭취를 위해서 탄생한 것으로서 인간제물을 받친후 식인의 의식을 행했다. 이는 특히 섬 지역에서 종교, 열광적인 전투, 무서운 탐욕 등에 의해 지속되었고, 그 기괴함은 인간과 짐승을 구별하지 못하게 할 정도라고 한다. 고대의 아일랜드인들은 부모가 죽은 후 그 고기를 먹는 것을 영광으로 생각했다.

④ 전쟁으로 살해 vs. 결투

많은 동물들은 생존을 위해서가 아니라 그저 서로 죽이기 위해 같은 종과 전쟁을 벌인다. 때로 싸움에 진 동물은 승리자의 보금자리에 끌려와 노예로 일을 하기도 한다. 예를 들어 흰개미들 중 전사(戰士)계급은 오로지 전쟁에만 종사하고, 일은 하지 않는다.

원시 인간사회에서 부족민들은 자신의 동족을 살해한 자에게 복수하는 자를 크게 칭찬했다. 그러나 부족 간의 복수행위가 계속 반복되면 피차 상해를 입어 부족들이 사라질 수도 있다. 그래서 부족간의 복수는 규제되기 시작하고 복수를 대신하는 하나의 의식으로 변화하기 시작했는데, 이것이 결투다. 결투duellum, duel라는 말에서 전쟁bellum, war이라는 용어가 유래되었다고 한다.

⑤ 동족살육 vs. 잔혹한 살인

늑대들은 서로가 서로를 잡아 먹는다. 들쥐들도 함정에 빠지면 서로 잡아 먹고, 귀뚜라미도 한우리에 넣어두면 서로 잡아 먹는다. 올챙이도 서로가 서로를 잡아 먹는다. 어떤 특정한 동기가 없이 동족을 살육한다는 것이다.

인간 중에서도 뚜렷한 동기가 없이 다른 인간을 살해하는 살해범들이 나타난다. 이처럼 비정상적인 사람들은 야만인들 중에서 많이 나타났는데, 이들은 생명을 존중해야 한다는 생각 자체가 없었다. 약자에게 달려들어 살인의 즐거움을 만끽하고, 심지어는 하찮은 이유로 자식이나 아내 또는 노예들을 죽였다. 예컨대 북미의 레스시킨 족이나 브라질의 인디오 부족들은 특히 포악한 것으로 악명이 높다.

⑥ 친족살육 vs. 영아, 여성, 노약자 살해

동물들은 친자 간에 끈끈한 혈연관계가 없는 것 같다. 암컷 악어는 헤엄치지 못하는 새끼를 잡아 먹고, 많은 동물 종들은 신체가 완전하지 않으면 치욕을 느끼고 경멸한다. 암탉이 건강한 새끼들은 둥지에서 데리고 나가면서 병든 새끼를 죽이는 경우도 있다. 아마존의 암컷 원숭이는 새끼를 데리고 다니는 것이 귀찮아지면 새끼 머리 부분을 먹어 버리거나 나무에 내동댕이치기도 하고, 어린 늑대들은 서로 잡아 먹거나 때로는 어미를 잡아 먹는다고 한다.

친족 간 살상행위는 동물에만 있는 범죄가 아니고, 인간사회에도 패륜범죄가 보도되어 안타까움을 자아낸다. 야만인들 사이에서는 낙태보다도 영아살해가 더 빈번했다. 이유는 낙태는 더 위험하고 어려운 일이라서, 낳은 후에 살해한 것이다. 여아는 남아보다 죽임당하는 경우가 더 많았다. 오스트리아 원주민들은 태어난 아이가 여아이거나 난산이었을 경우 아이를 죽여도 아무런 양심의 가책을 받지 않았다. 동양을 유럽에 소개한 마르코 폴로의 기록에서도 일본이나 중국에서 영아살해가 극단적인 산아제한 방법이었다고 기술하고 있다.

동물의 세계에서는 무리가 과잉증가하면 먹이확보를 위해 약한 것을 죽인다. 야만인들도 이러한 자기생존 본능을 이어받아 무리의 동의를 얻어 아이들과 여성, 노약자를 살해하는 풍습이 있었다. 고대 로마인들은 병든 노예들을 테베레 강에 있는 섬에 내다 버렸고, 스파르타인들은 불구로 태어난 영아를 내다 버렸다고 한다.

2) 범죄인류학의 주요 개념[4]

① 실증주의 범죄학 또는 생물학적 결정론

롬브로소는 이태리의 의사로서, 정신병원과 감옥에서 일한 경험이 있다. 그는 범죄 그 자체보다는 '범죄인'를 연구하는 실증적 방법론을 사용하기 위하여 직접 범죄인들과 접촉·관찰하면서 자료를 수집하였고, 범죄인의 특성을 분석하는 데 초점을 맞추었다. 이런 방법론적 노력의 결과 롬브로소는 실증주의 범죄학파[5]을 주도한 이론가로 부상했다.

방법론적 과학성 뿐만 아니라, 롬브로소는 범죄와 형벌에 관한 종래의 개념을 뒤집는 주장을 했다. 즉, 체사레 베까리아로 대표되는 고전주의 범죄학파가 범죄인의 자유의지와 형벌의 비례성을 강조한 것에 반기를 들고, 대신에 형벌의 무게는 범죄의 경중이 아니라 '범죄인의

---

4) '범죄인류학의 주요 개념' 부분은 체사레 롬브로소(1889). "범죄인의 탄생"(이경재 역) 중 pp.19-55에서 발췌, 인용하였다.
5) 실증주의 범죄학파 : 범죄를 과학적으로 연구하는 학파.

위험성'에 맞추어야 한다고 주장하였다. 이른바 의학적 범죄모델medical model of crime로 불리는 이 이론은 범죄도 질병처럼 임상적 진단과 개별적 치료가 필요한 행위임을 가정한다. 다시 말해, 범죄인은 병든 사람이고, 범죄학자는 병의 징후들을 파악하는 능력이 있어야 한다.

범죄인의 범죄는 자유로운 의지에 의한 선택의 결과가 아니라 생물학적, 심리학적, 사회적 요인에 의해 결정되는 '위험성' 요인으로 보아야 한다. 그런 의미에서 롬브로소 범죄이론은 생물학적 결정론으로 분류된다. 생물학적 결정론은 세부내용이 무엇이든 2차 대전후 대부분의 학자들에게 저주스러운 것으로 간주되었다. 나치수용소에서 유대인이라는 생물학적 인종을 근거로 처형한 것에 대한 반성과 반작용 때문이었다. 그러나 사실 롬브로소 자신이 유대인이었고, 그의 사상이 나찌 또는 반유대주의자들의 우생학 사상과는 같지 않다는 점을 비평가들이 간과했다.

롬브로소의 범죄이론에는 사회학적 원인론이 광범위하게 내포되어 있다. 롬브로소는 범죄가 개인의 선택(자유의지)에 뿌리를 두는 것이 아니라, 좀 더 광범위하고 지속적인 사회적·생물학적 요인에 뿌리를 두고 있다고 보았다. 롬브로소의 표현에 따르면, "범죄는 자유로운 선택에 의한 것이 아니라 '자연적으로' 발생하는 것이고 인간이 경험한 것의 일부이다." 여기에서 '인간이 경험한 것'이 바로 사회학적 관점에 해당한다.

롬브로소는 이탈리아 사회당의 당원이고, 노동계급에 대한 연민의 정을 품고 빈곤을 줄이고 범법행위를 예방하기 위한 급진적 사회개혁을 지지하는 등 인도주의에 범죄학 이론의 뿌리를 두고 있었다. 예를 들어, '기회범죄인occasional criminals'은 나쁜 환경 때문에 범죄로 나아간 사람들이라 정의하면서, 사회적 원인으로 범죄를 하게 된 이들에게는 구금 대신에 형벌 대체수단적인 처분을 해야 하고, 정신이상 범죄인에게는 특별 치료시설을 만들어 치료적 교정을 해야 함을 주장하였다.

롬브로소 이론의 영향을 받아 독일의 범죄학자들은 범죄성을 갖고 태어난 '생래적 범죄인born criminal' 개념은 부정했음에도 불구하고, 범죄인을 처우하는 데 있어서 치료적 교정모델을 적용해야 하는 데는 동의했다(롬브로소, 1889:19-20).

3) 범죄인의 해부학적 특징[6]

롬브로소는 의사로서 감옥내에서 근무한 경험을 통해, 범죄인의 사체나 살아있는 죄수들의 해부학적 특징을 측정하고 이를 정상인 집단과 비교함으로써, 범죄와 관련있는 어떤 생물학적 결론을 도출하고자 시도하였다. 그는 6,608명에 달하는 많은 죄수들의 신체를 측정하고 비교하여 다음과 같은 신체적 특징을 보고하였다.

① 신체적 특징

- 공통 특징: 돌출된 귀, 머리숱이 많고, 턱수염 짙으며, 비강이 튀어나왔고, 광대뼈가 넓다. 가장 잔혹한 로마 황제들(네로, 코모디우스, 티베리우스 등)의 조각상을 보면, 이들도 돌출된 귀, 부풀어 오른 관자놀이 등의 특징을 보였다.

- 턱 : 범죄자들은 야만인과 비슷하게 턱이 크다.

- 팔 : 범죄자는 원숭이처럼 팔이 길다

- 손: 범죄자들은 손가락 길이가 같거나, 손의 폭보다 손가락 길이가 더 길다

- 악력을 가진 발 : 원숭이처럼 발가락 두 개로 물건을 잡을 수 있을 만큼 발가락 악력이 세다. 예를 들어, 발을 손처럼 사용하여 옷을 입고 작은 물건을 발로 들어 올리는 것은 격세유전적(열등한) 비정상성을 나타내는 것이다. 남자보다 여자가, 정상인 보다 선천성 백치, 범죄자, 간질환자, 매춘부가 더 잘한다고 보고하였다.

- 주름살 : 범죄인 중에는 대머리가 거의 없고, 주름살은 범죄인들이 더 많다. 어떤 비행청 소년들은 14살인데도 얼굴에 깊은 주름이 생겨 있다. 얼굴에 깊은 주름이 팬 것은 흔히 크레틴병 환자나 태아에게서 발견되는데, 얼굴 주름살의 원인은 결합조직이 과잉발달하여 피부의 탄력성을 감소시켜 얼굴에 주름을 깊게 한다. 재미있는 해석으로서, 범죄자 얼굴 중 주름이 가장 많은 부분은 코와 입이고, 이 부분은 얼굴 중에서 생각을 하지 않는 부분이기 때문이라고 한다. 범죄자들은 이마에 주름이 없는 것이 보통인데, 얼굴 중에서 가장 생각을 많이 하지 않는 부분이 이마이고 이마에 주름이 없다는 것은 정신활동이 그만큼 적다는 의미라 하였다. 이 외에도 러시아 소설가 도스토예프스키의 글에도 범죄자의 냉소적인 비웃음과 얼굴 근육의 리드미컬한 움직임이 모두 간질환자와 히스테리 환자의 찌푸린 얼굴과 닮았다는 기술이 나온다.

---

[6] '범죄인의 해부학적 특징' 부분은 체사레 롬브로소(1889). "범죄인의 탄생"(이경재 역) 중 pp.346-358, pp.230-233 에서 발췌, 인용하였다.

② 두개골 특징

롬브로소는 범죄인의 두개골을 무려 689개나 조사하여 유전적, 기질적 범죄 요인을 찾고자 노력하였다. 그가 발견한 것은, 범죄인은 전반적으로 일반인보다 두개골 용적이 적은 것이 많았으며, 특히 절도범의 용적이 적었다. 골상학자들에 따르면, 인간의 잔혹성이 숨겨져 있는 곳은 바로 관자놀이 근처 전두엽 부분이라고 한다. 롬브로소가 발견한 범죄인의 두개골의 해부학적 특징은 다음과 같다.

- 두개골 비정상성 : 후두부 중앙에 함몰부분이 있다. 이는 원숭이의 하위 부류에서 가장 많이 나타나는 특징이고, 뉴질랜드 원주민이나 아이마라족 같은 야만인들의 특징이기도 하다. 또한, 범죄인의 뇌회[7] 구조는 뇌질환을 앓고 있는 정신이상자들과 비슷하였다.
- 심장과 혈관 : 범죄인들은 태어날 때부터 내장과 혈관에 비정상 증세를 보인다. 모든 병리학적 해부자료를 보면, 혈액의 비정상적 분배가 정신장애의 원인임을 알 수 있다. 예를 들어, 대동맥 질환자는 신경질적인 기질이 있어 분노가 폭발하고, 심실 수축시에 부정맥 증세를 보이는 심장질환자는 우울증, 환각을 동반한 착란, 충동성 특징을 보였다.

4) 롬브로소 사상의 평가와 시사점[8]

프랑스와 독일 등 유럽의 학자들은 범죄의 유전성은 어느 정도 인정하지만, 열등한 유전자가 세대를 거쳐 전이된다는 '생래적 범죄인' 개념은 거부하였다. 1913년 찰스 고링C. Goring이 출간한 '영국의 수형자The English Convict'에서 롬브로소 보다 더 정교한 통계기법를 사용하여, 범죄인과 일반인 사이에 신체적 비정상성 차이가 없음을 입증하였다. 그렇다 하더라도, 고링이 롬브로소와 마찬가지로, 범죄인은 정신적 결함이 있는 사람이고 범죄성향을 유전 받은 자로 결론지은 것은, 유럽 범죄학파의 생물학적·심리학적 결정론이 롬브로소에서 비롯되었음을 입증하는 것이다.

유럽의 범죄학 사조와는 달리, 미국의 범죄학자들은 1920~30년대에 사회학적 범죄론을 채

---

7) 뇌회(腦回) : 뇌에서 소장과 같이 꼬인 부분.
8) 범죄인류학의 주요 개념' 부분은 체사레 롬브로소(1889). "범죄인의 탄생"(이경재 역) 중 pp.19-55에서 발췌, 인용하였다.

택하여 생물학적 결정론에는 동의하지 않았다. 대표적으로 시카고 학파는 범죄발생에 있어서 가족과 이웃의 영향을 강조하였다.

글뤽Glueck 부부가 롬브로소 이론을 미국에 널리 알린 대표적 이론가이다. 오늘날 범죄학자들 사이에서는 범죄생물학이론이 다시 부활하는 추세에 있으며, 범죄가 생물학적 요소에 뿌리를 둘 수 있다는 가능성을 인정하고 있다. 최근에 생물학적 이론이 시작되고 있다고 해서 과거의 롬브로소 입장을 그대로 따르는 것은 아니다.

현대 생물학이론과 근대 범죄인류학 간의 유사점은 첫째, 상습적 중범죄자와 일반 범죄자를 구별하는 것이다. 롬브로소 이론에서는 생래적 범죄인, 기회범죄인, 우연범죄인, 격정범으로 구분하였다. 둘째, 양자는 모두 행동유전학에 영향을 미쳐서, 충동성이나 쾌감을 추구하는 유전성이 세대를 거쳐 전해져 결과적으로 범죄행동에도 영향을 미친다고 가정한다. 양자간의 이론적 차이점은 〈표 1〉에 요약하였다.

롬브로소 이론이 현대 범죄학과 일맥상통하는 이론적 토대를 제공한 것은 여러 면에서 공헌이 인정되고 있다. 문명이 결코 범죄를 없앨 수 없다고 생각하면서, 몇가지 혁신적인 범죄예방 개념을 소개하였는데 다음과 같다.

첫째, 기회범죄는 예방할 수 있으며, 예방적 조치로서 형벌 대체수단을 찾아야 할 뿐만 아니라, 더욱 적극적인 정치, 사회, 경제 개혁을 통해 범죄 원인 자체를 사전에 제거해야 한다. 예를 들어, 가정폭력이나 배우자 살해를 막기 위해서는 이혼을 허용해야 하며, 빈곤해소를 위해서 토지 재분배 개혁을 단행해야 한다.

둘째, 생래적 범죄인과 일반 범죄인의 혼거수용 폐지를 주장하였다. 혼거수용하는 징역형은 교정가능한 범죄자들을 더 타락시킨다고 보았고, 위험한 범죄자(생래적 범죄인)에 대하여는 특별한 교정제도를 제안하였다. 예를 들어, 상습범 교정시설, 치료형 특별정신병원 등이었는데 그 당시로서는 대단히 혁신적인 제안이었다(롬브로소, 1889:54-55).

<표 1> 현대 범죄생물학이론 vs. 근대 범죄생물학이론의 차이점

과거 범죄생물학이론	현대 범죄생물학이론
• 유전과 환경의 이분법	• 유전과 환경의 상호작용론
• 생래적 범죄인이 생물학적으로 종속되어 범죄를 범한다	• 범죄가능성, 위험요인, 반사회적 예측성으로 범죄를 설명한다
• 범죄원인: 격세유전, 퇴행성, 간질, 도덕적 정신이상	• 반사회성의 진화, 행동유전학, 호르몬 불균형, 신경인지 결함 등

롬브로소 이론:
• 엄격한 결정론은 생래적 범죄인에게만 적용된다.
• 다른 유형의 범죄자들은 사회학적, 생물학적 요인들간의 상호작용을 인정한다.

출처: 롬브로소(1889:52-53) 재구성.

2. 현대의 범죄생물학 : 변연계 기능[9]

두개골 안에 있는 인간의 뇌는 1.3kg 정도의 무게를 가지며, 파충류 뇌(뇌간), 포유류 뇌(변연계), 인간의 뇌(신피질)로 구성되어 있다. 인간의 뇌 영역인 신피질은 계산, 분석, 해석, 직관하는 능력을 갖는다. 포유류 뇌로 불리는 변연계의 기능이 매우 중요하다. 생각하고 느끼고 즉각적으로 반응하는 몸의 언어는 변연계가 작동하여 생기는 반응이기 때문에 인류의 생존반응은 변연계에 내장되어 있다. 인간의 즉시적 반응은 변연계의 지배를 받아 상황이나 환경에 대해 생각없이 반사적이고 순간적으로 반응하는 것이다.

변연계는 뇌 속에 정보를 보관하는 기능도 한다. 변연계는 바깥세상에서 데이터를 받아 보관하는 컴퓨터와 같은 기능을 수행한다. 그래서, 폭행 당했던 일, 상처를 줬던 말 등 과거의 부정적인 사건과 경험을 기록하고 유지하여 앞으로는 그러한 위험하고 잘못된 방향으로 나아가지 않도록 해 준다. 변연계가 어떤 상대를 위험한 것으로 등록하면, 그 인상은 기억 장치에

---

9) '인간 뇌와 행동' 부분은 조 내버로(2010). "FBI 행동의 심리학 : 말보다 정직한 7가지 몸의 단서"(서울 : 리더스북) 중 pp.39-69를 참고하였다.

깊이 각인되어, 다음에 그 대상을 본 순간 즉각 반응하게 한다. 오래 전의 부정적인 감정을 들춰 낸다. 이런 증상이 나타는 것이 외상후 스트레스장애 또는 공황장애 등이다.

변연계의 기능은 긴급상황에서 인간을 지키는 3단계 생존 메커니즘을 작동시키는 것이다. 사람이 위험에 처했을 때 변연계는 즉각 반응한다. 생존을 확보하기 위해 또는 고통이나 위협에 대응하기 위해 뇌가 즉각 취하는 반응은 3F (정지Freeze, 도망Flight, 투쟁Fight) 중 하나다. 변연계의 궁극적 목적은 '종으로서 인간의 생존을 확보하는 것이다.' 생존을 위하여 변연계는 위험이나 불편을 최대한 피하고 자신을 안전하게 하도록 프로그램화되어 있다. 과거에 경험했던 위험한 충돌을 상기시켜 적절한 생존 메커니즘을 작동시킨다.

인류는 역사를 통해 스트레스와 위험을 다루는 정교하고 성공적인 '3F' 반응을 연마해 왔다. 그러한 반응에 대한 지식은 다른 사람의 생각, 느낌, 의도를 이해하는 데 도움이 되며, 범죄인의 행동원리를 이해하기 위해서도 필요하다.

① 정지반응 (Freeze) : 위험하면 멈춰라

위험 앞에서 정지하는 것이다. 대부분의 동물(포식자)은 움직임에 반응해 주의를 집중하므로 위험 앞에서 정지하는 능력이 생존에 큰 도움이 된다. 학대당한 어린이는 학대부모나 어른 앞에서 시선접촉을 피하고, 팔을 몸통 옆에 붙이고 가만히 있는다. 이것은 무기력한 어린이가 열린 공간에서 자신을 최대한 숨기는 생존을 위한 반응이다. '전조등 불빛에 멈추는 사슴'과 같이 적 앞에서 죽은 척하는 것은 최고의 정지반응이다. 미국의 콜럼바인 고교와 버지니아공대 총기 난사사건에서, 학생들은 치명적인 공격에 대응하기 위해 본능적으로 정지반응을 하고 엎드렸다. 세계의 모든 군인, 경찰, SWAT 요원들이 배우는 전술이기도 하다.

② 도망반응 (Flight) : 멈춰서 해결되지 않을 때 도망쳐라

도망반응은 위협에서 벗어나거나 최소한 위험과 거리를 두는 생존 메커니즘이다. 눈을 가리거나 비비는 형태, 손으로 얼굴을 가리는 형태, 몸을 뒤로 기울여 거리를 두는 것, 출입구 가장 가까운 곳으로 다리를 돌리는 것, 강의실에서 앞자리가 아닌 뒷자리에 앉는 것이 그 예다. 이런 도망반응은 현재 자기 앞에서 일어나고 있는 일이 만족스럽지 못하다는 것을 의미한다.

③ 투쟁반응 (Fight): 도망칠 수 없다면 싸워라

투쟁반응은 여전히 변연계의 강력한 무기다. 눈을 부라리거나 인상을 찌푸려 위협을 가하거나, 사적인 영역을 침범하는 것이다. 오늘날에는 분노를 물리적으로 발산하는 것이 수용되지 않는다. 그렇기 때문에 분노발산 대신에 현대적 투쟁반응 중 하나는 '논쟁'하는 것이다. 문명사회에서는 언어적이든 물리적이든 가급적 투쟁적인 반응을 자제해야 한다. 투쟁을 피할 수 있을 때는 언제든 피해야 한다. 그 이유는, 감정적으로 흥분하면 상황을 제대로 파악하기 어렵고 감정이 폭발하면 인지능력이 제 기능을 못하고 변연계가 뇌를 장악하여 투쟁반응에 집중하기 때문에 이성적 판단과 합리적 행동 선택을 하지 못하게 된다.

---

3. 유전과 범죄의 관계

1) 기질과 환경의 상호작용

아동기 기질은 성인기 폭력범죄와 연관된다. 아동기의 행동문제는 일시적 결과 또는 누적적인 결과로 인해 지속될 수 있다. 첫째 일시적인 결과 측면에서 보면, 스트레스 상황에서 폭발적으로 반응하는 통제곤란 아동은 청소년기가 되어도 마찬가지로 스트레스 상황에서 통제곤란 행동을 하게 된다. 폭발적이고 충동적인 반응스타일은 아동기에는 떼쓰기로 나타나고, 청소년기에는 심각한 비행행위로 나타난다. 둘째 누적적인 결과에서 설명하자면, 아동기의 통제곤란 행동은 사회화 과정에 부정적 영향을 미치고, 그 때문에 아동은 유사한 행동스타일을 계속 유지할 가능성이 높다. 아동기의 통제곤란 행동은 부모-자녀 관계를 손상시키고, 아동의 또래 관계에도, 학업수행에도 부정적 영향을 미친다. 아동기에 습득해야 할 사회적 기술이나 학업 기술의 실패는 청소년기가 되면 규범적 사회화 과정에 참여할 기회를 제한시키고 그로 인해 점차 심각한 반사회적 행위에 빠져들게 된다(Caspi et al., 1989; Henry et al., 1996 재인용).

아동이 반사회적 행위에 이르게 되는 경로는 크게 두가지로 구분할 수 있다. 첫 번째 경로에서는, 아동기를 잘 보낸 아동이 청소년이 되어 가정결손, 공부압박 같은 환경적 압력 때문에 경미한 비행행위를 하게 되는 것이다. 이러한 일탈은 경미한 수준이고 성인기까지 문제가 지속될 것으로 보지 않는다.

두 번째 경로는 보다 암울하다. 발달 초기의 행동적 문제가 특히 가족해체라는 맥락 안에서 발생하게 되면 위기아동은 심각한 반사회적 행위를 하게 되는 발달 과정에 들어서게 되는 것이다. 문제행동은 성인기까지 지속될 가능성이 크다. 그러나 가정의 해체와 같은 사회적 조절 기능의 와해가 반사회적 행위의 위험성을 높인다고 하더라도, 아동의 내적인 자기조절능력을 높여주면 아동의 비행 유형을 '상습형'에서 '일시형'으로 형태를 바꿀 수 있다. 이것이 위기소년을 보호하는 교정심리학의 역할이다.

성인기 범죄를 미리 예측하는 중심적인 요인은 복잡한 행동조절behavioral regulation 과정이다. 행동조절에는 적어도 두가지 두드러진 요소가 포함된다. 첫째는 사회적 조절social regulation이고 이는 가족내 사회화에 의해 결정된다. 둘째는 자기조절self-regulation에 있어서 개인차다. 자기조절은 통제 부족으로 나타나고, 사회적 조절은 가족요인으로 알아볼 수 있다. 다시 말해, 자기조절과 사회적 조절의 상호작용이 반사회적 행동에 대한 아동의 위험성을 결정하게 된다.

Eisenberg와 Fabes(1992)는 특정 상황에서의 자기조절은 내적 조절과정과 정서적 강도간의 상호작용에서 가능하게 된다고 본다. 내적 조절과정에는 주의전환attentional shifting, 접근approach 및 억제inhibitory 기제의 적절한 사용 등 다양한 심리 전략들이 활용될 수 있으므로, 교정상담 및 심리교육 프로그램에서 비행청소년들이나 성인범죄자들에게 자기조절 능력을 강화시켜 주는 것이 필요하다(Henry et al., 1996 재인용).

2) 범죄의 유전학[10]

학자들 각자가 중요한 범죄이론으로 선정하는 개념들은 그들이 어떤 특정 학문분야에서 훈련을 받았는가에 따라 달라진다. 범죄에 관한 심리학적 설명도 다양하다. 심리생물학적 이론

---

10) '범죄의 유전학' 부분은 이명숙(2006)이 집필한 "범죄사건을 통해서 본 범죄심리"(경기대학교 출판부) p. 11-23에서 발췌, 인용하였다.

은 범죄를 설명하는데 있어서 생물학적 요인들의 중요성을 강조하는 것이다.

범죄를 유전의 직접적인 산물로 보는 이론이 있다. 즉 "범죄인은 만들어지는 것이 아니라, 태어나는 것이다"고 보는 관점이다.

체사레 롬브로소Cesare Lombroso는 19세기 이태리의 의사이자 범죄인류학자로 활동하면서 생물학, 환경, 심리학의 세 학문을 종합하여 범죄이론을 구성하였다. 롬브로소는 데이터와 이론의 중요성을 강조하여, 범죄연구를 종래의 순수 종교적·철학적 관점에서 벗어나, 경험적이고 과학적인 방법론으로 전환시킴으로써 '현대범죄학의 아버지'로 불리운다.

롬브로소의 주요 개념은 첫째, 범죄인은 비범죄인 집단에서는 잘 나타나지 않는 유전자 구성의 결과물로 본다. 따라서 범죄인의 1/3은 유전적 영향을 받은 생래적 범죄인이고 나머지는 다른 원인으로 설명해야 한다. 둘째, '간접유전indirect heredity' 개념을 도입하여, 범죄성은 미친 사람이나 알코올 중독자와 같은 타락자들과 접촉을 함으로써 획득될 수 있으며, 열악한 교육환경도 범죄의 한 원인이 될 수 있다.

그러나 롬브로소 연구는 방법론상 결점을 갖고 있다. 첫째, 대표성이 결여된 범죄인 집단(정신장애자, 염색체이상자 등)을 주된 연구대상으로 사용하였다. 둘째, 비범죄인으로 구성된 통제집단을 연구설계에 포함하지 않고 범죄인 집단에 한정된 관찰만으로 이론을 구성하였다.

현대 범죄학이론들은 롬브로소가 주창한 '범죄형 유전자' 개념을 그대로 받아 들이지는 않는다. 그러나 범죄를 설명하는 데 있어서 유전적 구성이 어떤 역할을 한다는 가능성은 인정하는 추세이다(Hollin, 1989).

① 가족사 연구

범죄학에서 가족사family history 연구가 시작된 이유는, 동일 가족내에서 범죄를 저지른 사람의 행위와 생물학적 친척들의 범죄 행위가 얼마나 유사한가를 추적하는 '혈족연구'를 통하여 범죄성의 유전에 관한 의문을 풀기 위한 것이다. 특히 종단적 자료를 수집할 때 범죄인들의 가족 배경에 관한 풍부한 정보를 얻을 수 있다.

가족사 연구의 기본 가정은, 생물학적 친척 사이에는 유전적 구성을 공유하기 때문에 범죄가족이 범죄자 후손을 많이 배출한 데이터는 '범죄성이 유전된다'는 가설을 입증한다는 것이다. 롬브로소 이론이 번성하던 시대에는 범죄자가 범죄전력을 가진 가계에서 많이 나온다는 것을 보고하는 연구들이 많았다(예: Dugdale, 1877). 아버지가 범죄자인 경우에 그 아들 중 40%가량이 범죄자이고, 아버지가 비범죄자인 경우는 그 아들 중 13%만이 범죄자인 것으로 나왔다(Osborn & West, 1979).

초기의 연구자들은 이러한 연구결과는 '범죄가 유전된다'는 것을 입증하는 증거라고 주장하고, 일부 학자는 그렇기 때문에 범죄자들의 생식능력을 억제하기 위해 거세해야 한다는 주장을 펴는 근거로 연구결과를 사용하기도 하였다.

가족사 연구의 문제점으로 지적된 쟁점은, 통계적 상관성이 반드시 논리적 인과성을 의미하는 것은 아니라는 것이다. 가족의 범죄행위가 있는 경우 그 자손의 범죄행위가 발생할 가능성이 높다(상관성)는 것이 반드시 가족의 유전적 범죄성이 원인이 되어 자손의 범죄행위라는 결과를 발생시켰다(인과성)고 해석할 수는 없다. 왜냐하면 두 변인(가족의 범죄와 자손의 범죄) 사이에 제3의 변인이 개입되어 있어서 이것 때문에 두 변인 사이에 통계적인 상관성이 높아질 수도 있기 때문이다. 즉, 제3의 변인이 부모의 범죄에도 영향을 주고, 자녀의 범죄를 발생시키는 공통 원인이 될 수 있다. 예를 들면, 학교교육을 제대로 못 받은 것, 실직, 열악한 지역사회에 거주하는 것, 동일한 하위문화에 속하는 것이 공통의 원인이 될 수 있다. 범죄적 가치관과 범죄적 행동의 묵인, 전수 등 가족내의 심리사회적 환경도 공통 원인에 포함될 수 있다.

종래의 가족사 연구가 갖는 문제점을 보완하는 대안으로는, 유전 또는 환경 중 한 쪽을 통제하여 다른 한 쪽의 효과를 측정할 수 있도록 연구를 설계하는 것이다. 가족사 연구법의 문제를 보완하기 위해 나온 유전자의 세대전이 연구법으로서 성장환경을 통제하는 쌍생아 연구, 친부모와 양부모를 구분하여 유전과 환경의 영향을 통제하는 입양아 연구, 염색체 이상을 찾는 방법 등이 개발되었다.

② 쌍생아 연구

쌍생아 연구는 쌍생아가 두가지 유형이 있다는 사실에서 출발한다. 일란성 쌍생아Monozygotic: MZ는 임신 때에 하나의 수정란이 분열한 것이므로 '완전히 동일한 유전자 구성'을 갖는 쌍생아가 출생하는 것이다. 이에 비해, 이란성 쌍생아Dizygotic: DZ는 두 개의 상이한 난자가 두 개의 상이한 정자를 만나서 두 개의 수정란이 만들어져 출생한 것이다. 따라서 이란성 쌍생아의 유전자 구성은 일반적으로 형제간의 유전적 구성이 유사한 것처럼 일부 유전자를 공유할 뿐이다. 그래서 외모나 성격 등 여러 면에서 일란성에 비해 이란성 쌍생아간 차이가 더 크게 나온다.

쌍생아 연구의 기본 가정은, "쌍생아들이 같은 부모 밑에서 자라므로 동일한 성장환경을 경험한다고 가정하고, 성장환경이 동일한데도 쌍생아들이 보이는 범죄 행동상의 차이를 보인다면 이는 '유전'차이 때문이다"는 것이다. 따라서, MZ는 완전히 동일한 유전자구성을 갖고 있기 때문에 그들간의 행동일치율[11]은 DZ가 보이는 행동의 일치율보다 더 높을 것이라고 가정한다. 예를 들어, 범죄 일치율 50%라는 의미는 전체 쌍생아 표본 중에서 50%의 쌍은 일생동안 두 명이 모두 범죄행위를 한 경력이 있다는 것을 말한다. 반드시 동시에 범죄행위를 했다는 것은 아니고, 대개 전 생애동안의 공식 범죄 전과를 조사한다.

1929년~1977년 기간 동안 수행된 쌍생아 연구 12편을 종합한 결과는 다음과 같다 (Hollin, 1989:25-27).

- 최초의 쌍생아 연구는 1929년에 독일 의사 요하네스 랑게(Johannes Lange)가 수행하였다고 보고되었다. 20세기 초기에 행해진 7편(1929~1941년)의 연구에서 보고된 범죄일치율을 평균해 보면 MZ의 범죄일치율이 평균 75%이고, DZ의 일치율은 평균 24%로 나왔다.

- 후기(1961~1977년)에 수행된 5편의 연구에서는 MZ의 범죄일치율이 평균 48%이고 DZ의 일치율은 평균 20%로 나온 것으로 보아, 상대적으로 최근에 수행된 연구에서 MZ의 일치율이 감소하는 경향을 보여준다.

- 초기 연구보다 후기 연구에서 범죄일치율이 감소한 주된 이유는 MZ/DZ를 구별하는 방법의 정밀성 때문인 것으로 추측된다. 초기에는 외모로 구분하여 잘못 분류되는 오류가 있었으나, 최근에는 지문, 혈액형, 정자 단백질 분석 등 과학적 방법을 사용하여 MZ/DZ를 구분한다.

- 요약하면, 통계상으로 MZ의 범죄일치율은 DZ에 비해 2배이상 높게 나온다.

Rowe와 Osgood(1984)는 MZ와 DZ를 표본으로 하여, 범죄행동에 미치는 3가지 요인의 상대적 영향력을 측정하였다. 3가지 요인 및 범죄에 미치는 영향력 정도는 다음과 같다.

---

11) 행동일치율 : 쌍생아 2명의 쌍이 특정한 동일 행동을 일생동안 행하는 비율을 말한다. 범죄학 연구에서는 범죄행동을 하는 쌍생아 일치율에 관심이 있다.

- '유전적 변이성'의 영향은 일란성 아니면 이란성을 의미하며, 이는 범죄에 60%의 설명력을 갖는다.
- '공유환경'의 영향은 결손가정 또는 정상가정인지를 의미하며, 범죄에 20%의 설명력을 갖는다.
- '개별환경'의 영향은 또래집단이 규범적 아니면 일탈적인지를 의미하며, 범죄에 20%의 설명력을 갖는다.
- 결론으로서, 범죄를 설명하는데 있어서 유전적 요소가 중요한 역할을 한다고 하였다.

선행연구들에서 유전의 영향을 강조한다고 해서, 비행이나 범죄가 유전적 영향 때문에 초래되는 '타고난 행동'이라는 것을 말하는 것은 아니다. 단지 개인이 갖고 태어나는 유전적 구성에서 개인차가 있는 것이 장래에 범죄행동으로 발현될 수 있는 잠재성을 갖는다는 의미로 해석해야 할 것이다.

현대의 유전 이론에서는 대부분의 사람들이 범죄를 범하지 않고, 특정한 일부 사람만이 범죄행동을 하는 것은 특정한 범죄성 유전자 때문이라고 규정할 수 없고, 많은 유전자들이 복합적으로 영향을 미쳐서 사람마다 다른 행동을 하게 되는 것이라 본다. 그렇기 때문에 유전자로 범죄를 설명하기 위하여 특정한 '범죄성 유전자criminal gene'를 찾는 것은 헛수고이고, 복합적인 유전자들의 영향을 찾아서 '범죄잠재성potential'을 추정하고 예방하는 데 역점을 두어야 한다(Hollin, 1989:33).

이상의 연구들을 종합해 보면, 쌍생아 연구들은 범죄의 '유전 가설'을 지지하는 결과를 보고한다. 즉 MZ가 DZ보다 범죄일치율이 더 높다. 그러나 유전가설을 비판하는 반론도 만만치 않다. MZ가 서로 외모가 더 많이 닮았기 때문에 DZ에 비해 다른 사람들에게서 유사한 사회적 반응을 유발할 수 있다는 것이다. 즉, MZ가 서로 더 유사한 사회적 환경을 공유하게 되고, 그래서 MZ는 범죄행동도 서로 비슷하게 수행하게 된다. 이러한 비판에 대한 대안은 쌍생아를 격리해서 키운 후 이후의 범죄행동을 비교해 보는 방식의 입양아 연구가 한 예가 된다.

③ 입양아 연구

입양아 연구의 방법은 입양된 아동들의 친부모를 찾아서 친부모와 그 자녀들의 범죄행동을 비교하는 것이다. 아동의 행동이 양부모의 행동(환경 요인)과 유사한 것보다 친부모의 행동(유전 요인)과 더 유사하다면, 이는 유전적 요소가 발현된 결과로 해석한다.

입양아 가정을 대상으로 부모의 범죄경력과 자녀의 범죄경력간 관계를 통해 유전과 환경의 상대적 영향력을 규명하고자 한 연구들을 소개하면 다음과 같다.

- Crowe(1974) 연구 : 생모가 전과가 있는 아동을 입양한 경우, 입양아동 중 50%정도가 18세 이전에 범죄 전과를 남겼다. 이에 비해 전과가 없는 생모에게서 출생한 아동을 입양한 경우는 5% 아동만이 범죄행동에 가담하였다.

- Hutchings와 Mednick(1975) 연구 : 범죄의 원인으로서 유전과 환경의 상호작용을 강조하였다. 1,145명의 남자 입양아를 대상으로 실시한 연구에서 '생부가 전과가 있고 양부는 전과가 없는' 경우는 '양부가 전과 있고 생부가 전과 없는' 경우 보다 입양자녀의 범죄비율이 2배 높게 나왔다. 게다가 생부와 양부가 모두 전과가 있는 경우는 자녀의 범죄율이 급격하게 증가되었다. 이를 근거로, 유전적 요인이 범죄의 원인으로 작용 하지만 양육 환경의 중요성도 간과할 수 없다는 결론을 내렸다.

- Mednick 등(1983) 연구 : 조사규모를 크게 하여 14,500명의 입양아, 생부, 양부를 대상으로 이들의 범죄기록을 조사하였다. 생부가 전과가 있으면 입양된 자녀도 범죄를 저지르는 비율이 높아졌다. 특히 친부와 양부가 모두 전과가 있을 때 입양자녀의 범죄율은 최고도에 달했다.

- Cadoret 등(1983) 연구 : 유전과 환경의 상대적 영향력을 측정하기 위하여, 유전요인으로는 '생부의 범죄성'을 조사하였고 환경요인으로는 '입양된 가정의 다른 형제들의 비행'을 조사하였다. 분석결과로서 유전 또는 환경 요인이 단독으로 작용할 때는 미약한 영향을 미치나, 양자가 모두 열악할 때는 입양 자녀의 반사회적 행동이 극적으로 증가하였다.

현대의 심리생물학 이론의 관점에서 이상의 연구결과들을 종합해 보면, 유전 요인이 범죄에 영향을 주는 것은 특정한 범죄성 유전자가 후계 세대에 전달되는 것이 아니고 범죄에 취약하게 만드는 특정한 '생물학적 기제biological mechanism'가 자녀에게 전이된다. 범죄와 관련되어 연구되고 있는 생물학적 기제는 대표적으로 지적능력, 학습능력, 충동성, 분노조절, 알코올리즘, 내분비 기능이상 등이다. 예를 들어 어떤 가족구성원은 세대를 거쳐 생물학적으로 전이되는 것은 알코올리즘에 취약한 생리적 특정이고, 이것이 다시 범죄행동의 출현 가능성을 증가시키는 것이다(Bohman, 1978). 유전요인으로서 친부모나 친형제와 같은 생물학적 혈족이 반사회적 행위를 자주하거나 알코올중독 증세가 있는 것이 자녀의 범죄와 관련이 있다. 그 자녀가 입양된 경우에는 양부모가 정신장애를 갖거나 이혼했거나 복지시설에서 양육된 경험이 있는 등 입양가정의 열악한 환경이 또한 입양자녀의 범죄와 밀접한 관련이 있었다(Cadoret & Cain, 1980; Van Dusen et al., 1983).

참고 **스트레스에의 적응과 호르몬 변화**   CRIMINAL MAN

우리가 심리적으로 스트레스를 받게 되면 뇌의 시상하부에서 자율신경계와 뇌하수체 전엽을 자극해서 호르몬이 분비된다. 자율신경계에서는 아드레날린과 노어아드레날린이 분비되고 뇌하수체 전엽에서는 부신피질자극호르몬(ACTH)을 분비하여 스트레스에 대처하는 우리 몸의 적응력을 높여 준다.

자율신경계에서 아드레날린과 노어아드레날린이 분비되면 그 결과로 교감신경계가 활성화 되어 심장박동이 증가하고 혈관이 수축되며 근육긴장이 높아지게 된다. 뇌하수체 전엽에서 분비되는 부신피질자극호르몬의 역할은 공포유발상황에서 어떤 행동을 할 수 있도록 하는 동기를 유발시키는 것이며 학습과정과 소거과정에서도 일익을 담당한다.

다음은 스트레스를 받을 때 이를 처리하는 호르몬의 분비가 어린 시간의 경험에 따라 "학습되 수 있다"는 것을 보여지는 생리심리학의 실험결과이다.

Levine(1960)은 새끼 쥐를 연구대상으로 삼아 실험집단과 통제집단으로 나누어 일정기간 동안 다른 방식으로 키웠다. 실험집단에 속한 어린 새끼쥐들은 평소에는 어미쥐의 보호 아래 놓아 두었다가 주기적으로 우리에서 꺼내서 적당한 스트레스를 주면서 '길들이는 훈련'을 시켰다. 통제집단에 속한 새끼쥐는 어미 쥐와 함께 편안하게 살게 놓아 둘 뿐 스트레스 받는 별도의 훈련을 시키지 않았다. 그 결과를 보니 실험집단의 쥐(일찍 길들인 쥐)는 통제집단의 쥐보다 신체적으로 더 빨리 발달하고 성숙한 후에도 스트레스에 더 잘 견디어 내며 스트레스를 처리하는 데 필요한 호르몬도 더 효과적으로 분비하였다. 즉, 스트레스가 시작될 때는 부신피질자극호르몬을 재빨리 분비하고 스트레스가 사라졌을 때는 부신피질자극호르몬 수준이 즉시 정상으로 돌아오는 생리적 순발력을 보였다. 이와는 대조적으로 어린 시간에 적당한 정도의 스트레스를 받지 않고 성장한 통제집단의 쥐는 나중에 스트레스가 시작될 때 이에 대처하는 호르몬의 분비가 느렸고, 정상수준으로 돌아오는데도 느렸다.

출처: Levinthal(1983), Introduction to Physiological Psychology, pp.137-140

조 내버로(2010). FBI 행동의 심리학 : 말보다 정직한 7가지 몸의 단서. 서울: 리더스북.

체사레 롬브로소(1889). 범죄인의 탄생*(The Criminal Man)* , 이경재 역. 서울: 한국형사정책연구원.

Cadoret, R.J., Cain, C.A.(1980). Development of Alcoholism in Adoptees Raised Apart From Alcoholic Biologic Relatives. *Arch Gen Psychiatry, 37(5)*, 561-563.

Cadoret, R.J., Cain, C.A., & Crowe, R.R.(1983). Evidence for gene-environment interaction in the development of adolescent antisocial behavior. *Behavior Genetics, 13(3)*, 301-310.

Caspi, A., Bem, D., & Elder, G.(1989). Continuities and consequences of interactional styles across the life course. *Journal of Personality, 57*, 375-406.

Crowe, R.R.(1974). An adoption study of antisocial personality. *Arch Gen Psychiatry, 31(6)*, 785-791.

Dugdale, R.(1877). *"The Jukes": A study in crime, pauperism, disease, and heredity.* New York: Putnam's Sons.

Eisenberg, N., & Fabes, R.(1992). Emotion, regulation, and the development of social competence. In M. Clarke(ed.), *Emotion and social behavior: Vol. 14. Review of personality and social psychology(pp. 119-150).* Newbury Park, CA: Sage.

Ferri, E.(1917). Criminal Sociology. Boston: Little, Brown.

Hollin, C.R.(1989). *Psychology and crime: An introduction to criminological psychology.* London: Routledge.

Hutchings B, & Mednick S.A.(1975). Registered criminality in the adoptive and biological parents of registered male criminal adoptees.. *Proc Annu Meet Am Psychopathol Assoc. 63*, 105-116.

Levinthal, C.F.(1983). *Introduction to physiological psychology* . Prentice-Hall, Inc.

Mednick, S.A., Gabrielli Jr., W.F., & Hutchings, B(1983). Genetic Influences in Criminal Behavior:Evidence from an Adoption Cohort. In Teilmann, K. & Mednick, S.A.(eds.), *Prospective Studies of Crime and Delinquency.*

Osborn, S.G., & West, D.J.(1979). Marriage and delinquency: A postscript. *The British Journal of Criminology, 19(3),* 254-256.

Rowe, D.C., & Osgood, D.W.(1984). Heredity and sociological theories of delinquency: A reconsideration. *American Sociological Review, 49(4),* 526-540.

Van Dusen, K.T., Mednick, S.A., Gabrielli, Jr., W.F., & Hutchings, B.(1983). Social Class and Crime in an Adoption Cohort. *The Journal of Criminal Law and Criminology, 74(1),* 249-269.

환경과 범죄

제**2**장

1. 환경과 인간발달의 관계

생래적 유전자를 갖고 인간이 태어난다 하더라도 태어나는 그 순간부터 무수한 환경과 접촉하게 되고, 그 결과 사회의 일원으로서 한 인간이 발달해 가는 과정에는 뇌 발달이 밀접하게 관련된다. 경험 또는 환경으로 인한 뇌 변환의 역사는 고대 그리스 시대로 올라간다. 19세기부터 신경과학은 "경험적 요구"가 뇌의 인지기능과 사회정서기능과 관련된 신경회로에 어떤 영향을 미치는지에 관한 본격적 연구를 시작하였다. 인간 뇌 발달의 '민감기critical period'는 경험이 뇌조직에 전환되는 정보 처리 능력이 가장 왕성한 발달적 시기가 있다는 것을 의미한다. 즉, 아동양육 환경의 질(아동의 물리적, 사회적 경험)은 뇌발달에 결정적 영향을 준다. 2-3세에 기본적 뇌 영역은 자리를 잡는다 하더라도, 뇌의 구조와 기능분화는 성인기에도 계속 발달해간다(Nelson, 2002).

최근에는 유전자 및 초기의 발달 환경 요인이 신경생물학적 요인의 발달에 미치는 영향에 관한 연구도 점차 증가하고 있다(Beaver et al., 2012; Boutwell et al., 2012). 유전적 요인의 중요성을 시사하는 연구로서 Bakermans-Kranenburg 등(2008)은 외현화 행동externalizing behavior 문제를 가진 아동 집단을 대상으로 유전적 요인이 심리치료에 미치는 매개 효과에 관한 연구를 수행하였다. 치료 후에 아동의 치료효과는 특정 도파민 유전자DRD4가 존재하지 않는 경우에 비해 존재하는 경우에 훨씬 더 높은 것으로 보인다. 이 결과는 신경생물학적 치료에 대한 감수성 조차도 개인의 유전적 구성에 따라 다르다는 것을 시사한다(Cornet et al., 2014 재인용).

그러나, 환경적 요인의 영향력은 유전 못지 않게 지대하다. 아동학대, 빈곤, 폭력 등 적대적 경험은 아동의 기본적 뇌 조직화 패턴과 뇌 기능을 변경시킬 수 있다. 예를 들면, 태내에서 수은 또는 알코올 등에 노출되면, 태아의 신경발달과정이 방해를 받아 정신지체 증상을 갖게 된다(Choi, 1989).

지각심리학자인 Donald Hebb은 신경 가소성이론에서 한 뉴론이 다른 뉴론을 반복해서 자극하면, 양자 모두 변화가 생겨서 양자간 소통이 더 효율적이 된다고 하였다. 실험실에서 쥐를 대상으로, 어린 쥐와 성인 쥐 모두에게서 "경험"으로 인해 뇌의 화학적 해부학적 변화가 생겼다. 이 실험결과가 시사하는 바는 성인기에는 뇌가 고정되고 정적이라는 종전 주장을 깨뜨리고, 성인기에도 환경적 영향으로 뇌의 변환이 가능하다는 것이다(Lipina & Colombo, 2009).

인간의 전생애 발달이 환경과의 끊임없는 상호적 관계성 안에서 진행된다는 관점은 최근에 청소년비행자의 이질성heterogeneity을 강조하는 발달이론에서도 찾아 볼 수 있다. 청소년 중 5% 정도의 하위집단이 전체 강력 범죄의 50-60%에 해당하는 범죄를 반복적으로 저지른다(Wolfgang et al., 1972). 이들 상습적 범죄집단은 전형적으로 비행을 이른 나이에 시작하고, 재범률이 높으며, 압도적으로 폭력범죄를 많이 저지른다(Moffitt et al., 1989). 나머지 95% 집단은 범죄행위가 비교적 늦게 시작되고, 덜 빈번하며, 덜 폭력적인 특성을 갖는다. 이론가들은 상습범죄 집단과 일시적 비행집단의 구분은 단순히 양적인 구분만이 아니라, 질적으로 상이한 발달적 경로를 거쳐 상습범죄자 아니면 일시비행자 유형에 이르게 된다고 하였다.

두 유형의 범죄자집단이 보이는 주된 차이는, 발달초기부터 상존하는 개인적 특성차이와 환경적 차이가 복잡하게 상호작용하는 것에 기인한다. 결과적으로 후에 상습범죄자가 되는 아이들은 아주 어릴 때부터 주변사람들과 갈등을 일으키는 어떤 기질적 특성들을 갖고 있다. 그런 갈등유발적 특성이 고집스런 행동이든지, 충동성이든지, 또는 신경심리학적 결손이든지 이론마다 제시하는 개념의 차이는 있지만, 모든 이론들이 일치하는 것은 상습범죄자가 되는 사람들은 어릴 때 이미 '통제곤란 행동undercontrolled behavior'이 나타난다는 것이다. 어릴 때부터 보이기 시작하는 행동문제가 예컨대 가정결손과 같은 환경적 문제와 맞물리게 되면 사회적 발달에서 심각한 손상이 가해지고, 비행 및 범죄가 일상화되게 된다(Henry, 1996:614).

Fleeting과 Kolvin(1988)은 800명을 대상으로 아동기부터 시작하여 그들이 30대 중반이 될 때까지 추적한 연구에서, 발달 초기의 '결핍deprivation'이 범죄에 미친 영향을 조사하였다.

여기서 '결핍'이란 아동이 5세 경에 겪었던 부정적 가족 특성을 의미하는데, 예컨대, 부모이혼, 부모 질병, 사회복지대상, 가정의 과밀생활 등이다. 그 외의 역기능적 가족 요인들, 즉 사회경제적 계층, 부모의 범죄경력, 가혹한 훈육, 권위주의적 아동양육태도, 부모간 훈육 불화 등은 아동이 성장한 후 폭력범죄자가 되는 것과 연관된다는 결과를 보고하였다.

이 외에도 Caspi 등(1995)은 3세-5세 유아들을 관찰하여 기질적 위험 요인으로 '통제 부족lack of control'을 보고하였다. 통제부족에 포함되는 세부 특성으로는 정서불안정, 무모함, 충동성, 거부성 등으로서, 3세-5세 경에 통제 부족을 보인 아동은 9세-15세 청소년기에 외현화된 행동문제(비행)을 보이는 결과를 관찰하였다.

Henry 등(1993)의 연구에서는 양육자의 빈번한 교체, 어린시기 거주지의 잦은 이동, 부모의 권위주의 성격 등이 아동의 반사회적 행동과 밀접하게 연관되었고, 우울증이나 불안 같은 정신병리와는 연관되지 않았다.

아이히호른은 그의 저서 '문제청소년Wayward Youth' 서문에서 반사회적 경향성은 정상적인 아동에게서 나타나는 것이며, 이는 정서발달 과정에 본래부터 내재되어 있는 어려움과 관련되어 있다고 하였다(위니캇, 2001:70).

반사회적 경향성은 의학적 진단명이 아니다. 이 용어를 신경증이나 정신병과 같은 진단명칭 같이 취급할 수는 없다. 반사회적 경향성은 정상적인 사람이나 신경증 또는 정신병을 앓는 모든 사람에게서 발견될 수 있다. 아동은 가정생활에서 어떤 본질적인 요소를 박탈당할 때 '박탈당한 아동deprived child'이 되며 '박탈 컴플렉스deprived complex'를 갖게 된다. 따라서 임상 현장의 전문가들은 오래 전부터 반사회적 경향성이 '환경적 박탈' 경험과 직접적인 관계가 있다고 보았다. 그러나 존 볼비의 연구를 통해서 유아기 후기와 아동기에 경험한 '정서적 박탈'이 반사회적 경향성의 원인이라는 인식이 널리 퍼지게 되었다(위니캇, 2001:74-76).

반사회적 경향성은 환경 요인의 중요성을 강조한다는 점을 그 특징으로 갖는다. 반사회적 아동은 자신에게 필요한 안정성을 가정이나 학교 대신에 더 먼 곳, 즉 사회에서 찾고 있는 것이며, 이 안정성은 본래 그가 자신의 정서적 성장을 위한 필수적 단계인 어린시절에 찾지 못했던 '애착' 그것이다. 정서발달 초기에 자신의 가정에서 잘 양육받은 정상 아동은 자신을 통제하는 능력을 발달시킨다. 그는 좋은 환경을 발견하려는 경향성과 함께 '내적 환경'이라는 것을 발달시킨다. 반사회적인 아동은 좋은 '내적 환경'을 형성할 기회를 갖지 못한 아동이다. 정상 아동과 반사회적 아동이라는 두 극단 사이에 속해 있는 많은 아동들이 사랑을 가진 사람에 의해 몇 년 동안 안정된 심리적 통제를 받을 수 있는 환경을 제공받는다면, 그들은 안정된 믿음을 성취할 수 있는 아동으로 자랄 수 있다(위니캇, 2001:44-45).

2. 치료적 사법의 이념 역기능적 가족환경

부모는 아동들의 사회적 성장에 있어서 핵심적인 역할을 한다. 많은 연구에서 부모의 행동이 청소년의 비행과 다른 문제 행동들을 증가시키거나 감소시킬 수 있다는 경험적 지표를 찾아냈다(Loeber & Farrington, 2001; Thornberry, 1997; Tittle, 2000). 예를 들어 자녀를 문제행동으로부터 보호하는 보호요인protective factors은 우호적인 부모-자녀 관계, 긍정적인 훈육방법들, 긴밀한 감시와 감독, 아동에 대한 부모의 옹호, 아동에 필요한 정보와 지원에 대한 부모의 열정 등이다. 반대로 위험요인risk factors은 구조적 결손, 부모의 정신/신체질환, 부부갈등, 이혼, 부모의 낮은 교육수준, 실직, 일관성 없는 훈육 등이다(이명숙, 2013). 특히 부모들이 이러한 부적절한 양육보다 한 발 더 나아가서 부모의 반사회적 행동이나 육체적이고 정신적인 학대, 부모-자녀 참여 및 양육적 감독과 양육의 거부 등은 자녀의 비행과 관련되어 있다.

유의해야 할 점은 자녀의 문제행동에 영향을 미치는 것은 가족의 구조적인 형태가 아니라 부모의 양육이라는 점이다. 먼저 가족의 유형에 대해 간단하게 살펴본다.

참고

CRIMINAL MAN

가정(家庭)은 의식주 활동을 공유하는 생활공동체로서, 인간이 태어나서 처음 맞닥뜨리는 사회 집단이다. 공동체 구성원 간에 정서적 지지가 이루어지는 마음의 '안식처'이자 공동생활이 이루어지는 물리적 '공간'을 뜻한다. 즉, 가정은 하나의 '집단'을 뜻하기도 하지만 '장소'를 뜻하기도 한다

가족(家族)은 대체로 혈연, 혼인, 입양, 친분 등으로 관계되어 같이 일상의 생활을 공유하는 사람들의 집단(공동체) 또는 그 구성원을 말한다.

가정의 유형12)

　가정의 유형은 구조적인 접근이다. 가정이 정상적인 기능을 유지하고 있는지가 기준이 되는 것이 아니다. 구조적으로는 정상normal이 아니더라도 기능적으로는 정상일 수 있다. 따라서 청소년 관련 교육기관에 종사하고 있는 관계자들이 아동의 가정 유형에 대하여 존중심을 가지고 그들이 자신의 가정에 대하여 자부심과 감사함을 가질 수 있도록 대하는 것이 무엇보다 중요하다.

　각 가정은 유형별로 다른 이슈와 필요, 강점과 가치를 가지고 있다. 선입견을 가지지 않는 것이 중요하다.

① 핵가족(nuclear family)

　친부모와 친자로 구성된 가정이다. 현대사회에서 가장 일반적인 가정의 형태이며, 부부의 애정이 가정 결합의 핵심이다. 가장 일반적인 형태의 가정이므로 핵가족에서 자란 아동에 대해서는 결손가정, 동성가정, 다문화가정 등을 이해하도록 돕고, 그들도 여러 가정들 중의 하나라는 것을 알게 하여야 한다. 또한 핵가족(정상가정)에 속한 아동이라고 하여 도움이 필요 없다고 생각해서는 금물이다.

② 확대가족(extended family)

　할아버지, 삼촌, 이모 등이 아동의 양육에 중요한 역할을 한다. 친척들이 아동과 함께 거주할 수도 또는 하지 않을 수도 있다. 만약 상담할 일이 있다면 아동의 양육에 핵심 역할을 하는 가족구성원을 불러야 한다. 3대가 함께 생활하므로 아동도 원만한 성격과 적응능력 등 사회성 발달이 순조롭다. 반면에 갈등이 생기기 쉽다.

③ 입양 가정(adoptive family)

　한 명 또는 그 이상의 자녀를 입양한 가정이다. 자녀들 또는 부모들은 친부모birth parents라는 용어 대신에 진짜부모real parents라는 용어를 쓰기도 한다. 입양한 부모가 자녀를 양육하였으므로 진짜부모임은 명확하다. 다른 아이들이 "너희 엄마는 친엄마 아니지?"라고 놀릴 때는

---

12) 가정의 유형은 Louis등(2010)의 저서 「Anti-bias Education for Children and Ourselves」의 분류를 참고하였다. 이 책은 「편견없는 교사 편견없는 사회」로 번역되어 있다.

개입해야 한다. 그리고 입양 자녀가 문제를 일으킬 때 입양 때문이라고 자동적으로 연관지어서 단정해서는 안된다.

④ 다문화 가정(bi-racial or multi-racial family)

다문화 가정은 부모가 서로 다른 인종이거나bi-racial family, 우리 나라에는 흔하지 않지만 입양된 자녀가 서로 다른 인종인 다문화 입양가정trans-racial adoptive family으로 구분될 수 있다. 보통 결혼 이민 등으로 인하여 발생한다. 이 가정의 아동은 "절반씩 섞인half and half" 것이 아니라 완전히 독립된 인격체이다. 성장하면서 인종적 또는 문화적 자아정체성 확립이 가장 힘든 문제이다.

⑤ 혼합가정(blended family)

가족 구성원들이 2개 이상의 이전 가정 출신으로 구성된 가정이다. 이혼과 재혼을 반복하면서 입양이 아님에도 혈통이 전혀 섞이지 않은 가족구성원이 유입된 가정의 형태이다. 가족들은 서로를 지칭할 때 계부step dad, 계모 등 다양한 용어를 사용한다. 확대가정의 구성원들과 다양한 관계를 맺고 있다. 가정의 모든 구성원들이 진짜 가족real family이라는 인식과 이들 모두의 관계가 아동에게 아주 중요하다는 것은 분명한 사실이다.

⑥ 결손가정(broken home)

부모가 이혼한 가정을 말한다. 가족구성원이 망가졌다broken는 의미가 아니라는 점을 명심하여야 한다.

⑦ 공동양육가정(co-custody family)

이혼한 부모가 자녀에 대하여 공동으로 법적 양육권리를 가지고 있다. 자녀들은 양쪽 부모의 집에서 번갈아 가면서 생활하거나 정기적인 방문을 받는다. 양쪽 부모의 가정에 대하여 잘 알 수 있도록 격려하는 것이 중요하고, 어느 한 쪽을 선택하라고 하는 것은 금물이다.

⑧ 조건부 별거가정(conditionally separated families)

가족 구성원 중의 일부가 가족과 별거하고 있는 상태이다. 이것은 원거리 직장, 군 복무,

교도소 수감, 병원 입원 등의 문제 때문일 수 있다. 아동이 어려움에 처했을 때 격려해주는 것이 필요하다. 편지 쓰거나 사진을 찍어서 보내는 것을 도울 수 있고, 가족이 재결합할 날짜를 기록한 특별한 달력을 만들도록 하는 것도 도움이 된다.

⑨ 위탁가정(foster family)

1명 이상의 아동이 법률상 일시적으로 가족구성원이 된 가정이다. 기간은 짧게는 단지 몇 일일수도 있고, 길게는 아동기 전체일수도 있다. 만일 친부모가 위탁가정을 방문한다면 상담을 하는 것이 좋고, 아동에게 누가 가장 중요한 사람인지 선택하도록 하는 것은 피해야 할 일이다.

⑩ 동성가족(gay or lesbian family)

우리나라에서는 허용되지 않고 있지만 외국에서 인정되는 가정의 형태이다. 게이 또는 레즈비언인 동성 부부가 자녀를 양육하는 경우이다. 이 경우 아동은 심각한 사회적 편견에 직면할 수 있다. 어린 시기에 이러한 사실에 대하여 이야기하는 것이 안전하다는 것이 연구결과이다. 그러나 부모가 동성(게이 또는 레즈비언)이라는 사실을 외부로 공개할 수 있는 사람은 오직 그 가족의 구성원 뿐이라는 사실을 명심해야 한다.

⑪ 이민가정(immigrant family)

부모가 성인으로서 이민을 하여 대한민국 국적을 가진 경우의 가정이다. 자녀는 중도에 입국하였을 수도 있고, 이곳에서 출생하였을 수도 있다. 가족의 일부가 모국에서 따로 살고 있을 수도 있다. 그러나 기러기 가정과 달리 가장 중요한 가족 구성원은 같이 거주하고 있는 부모이다. 각 가정은 모국의 문화에 따라 자녀를 양육한다. 이민 가정의 아동은 문화적 차이로 무엇이 옳고 그른지right or wrong에 대한 인식이 부족하다는 점을 명심하여야 한다.

⑫ 이주가정(migrant family)

직장 등의 이유로 한 지역에서 다른 지역으로 자주 이사를 하는 가정이다. 주로 국가직 공무원 또는 군인, 미국이나 중국의 경우는 경작시즌의 농민 등이 여기에 해당된다. 아동들도 잦은 이사 또는 전학으로 깊은 친구관계가 형성되지 못한다.

⑬ 한부모가정(single parent family)

부모 중의 한 명이 아동의 양육을 책임지는 가정이다. 아동은 친자 또는 입양일 수 있다. 홀부모는 자신의 선택일 수도 있고, 주변 여건으로 인하여 어쩔 수 없는 결과일 수도 있다. 우리나라의 경우 통계청 자료에 의하면 2005년도 전체의 8.6%가 한부모 가정이며, 이중 모자가구는 79.1%, 부자가구는 20.9%이다(이명숙, 2013). 모자가정에서 자녀는 아버지 부재로 인한 감독 및 동일시 대상의 상실 그리고 사회적 편견에서 오는 압박감과 열등감을 겪는다. 부자가정에서 자녀는 모자가정에서 보다 더 큰 어려움을 겪는다. 자녀에 대한 애착 부족으로 방임과 학대 경향이 두드러지고, 자녀는 심리적 고독감, 애정결핍, 열등감 등 정신적 건강 이외에 신체적 건강에서도 취약하다. 한부모 중에서 누가 아동에게 중요한 역할을 하고 있는지 파악하는 것이 중요하다.

⑭ 초국가 가정(transnational family)

유학 등의 이유로 모국과 외국에서 일정기간 생활하거나 또는 정기적으로 외국에서 생활하는 형태이다. 그러나 여전히 가족이라는 유대감 또는 일체감을 가지고 있다. 한 곳 이상의 국가에서 생활하는 가정으로 우리나라의 경우 "기러기 가족"이 여기에 해당한다. 부모가 외국에 거주한다면 더 나은 삶을 꿈꾸며, 자녀가 외국에 거주한다면 더 나은 미래를 위함이다. 아동은 각 나라에서 다른 가족 구성원에 의하여 양육을 받으며 생활할 가능성이 높다. 문화 충격(갈등)이 중요한 이슈이다. 아동이 어떤 언어를 사용하는지 누가 아동을 보살피는지를 확인하는 것이 중요하다. 최근 통신기술(인터넷 등)의 발달로 인하여 거리적 장애가 크게 좁아졌으나 여전히 신체적 물리적 단절은 애착형성에 장애로 작용한다.

⑮ 조손가정

최근 급격한 이혼의 증가, 부모의 사망, 경제적 파탄, 장애나 정신적 문제 등으로 인해 부모의 양육 및 보호기능이 취약해지면서 조부모들이 부모의 역할을 대신하는 가정형태이다. 조손가정은 책임 있는 부모로서 자녀를 돌볼 능력을 상실한 2세대 성인자녀가 부재하여 1세대 조부모가 3세대인 손자녀를 전담하여 돌보며 성인자녀 대신 부모역할을 수행하는 형태의 가족을 말한다. 우리나라 조손가정은 2010년 기준으로 총 69,175가구로 보고되고 있으나, 전문가들은 2000년 기준 전국 노인인구 337만명 중에 조손가정 조부모의 수가 227,107명이 될 것으로 추산하고 있으며 앞으로도 조손가정은 가족 해체의 증가, 평균수명 증가 등 복합적인 요인들로 인해 지속적으로 증가할 것으로 예측하고 있다(김양호, 임선영, 2011; 서홍란, 박정란, 2001). 조손가정에서는 2세대 이상의 격차가 있는 관계이므로 적어도 40년 이상의 연령간격이 있어 일반적인 부모-자녀 관계보다 의사소통에 문제가 있을 뿐만 아니라 조부모와 손자녀 모두 자신의 생애주기에 맞지 않는 역할을 수행해야 하는 것에서 오는 '발달적 불일치' 상황을 경험하면서 상당한 스트레스를 야기한다(전보영, 2011). 조부모는 양육 스트레스로 인한 우울감, 소외감을, 손자녀들은 부모의 부재로 인한 불안, 분노, 낮은 자존감, 높은 공격성, 성인아이 성향 등의 부적응을 나타낼 수 있다.

3. 빈곤 환경과 발달적 위기

보건복지가족부(2008,이명숙 재인용)에 따르면 아동 및 청소년의 위기 상황을 위기전조단계, 위기표식단계, 문제행동단계, 위기결과단계 등 네 단계로 나눈다. 위기전조단계에는 빈곤, 소년소녀가장, 이혼자녀, 보호가 필요한 아동 및 청소년이 해당하며 전국적으로 약 109만 명 정도로 추정하였고, 위기표식단계에는 학대피해, 성범죄피해, 폭력피해, 범죄피해, 학업부진, 실업 등이 해당되며 90만 명 정도로 추정하였다. 문제행동단계에는 자살시도, 폭력가해, 성매매 등이 해당되며 32만 명, 위기결과단계에는 학업중단, 가출, 범죄, 자살 등에 가담하는 청소년으로 16만 명이 된다고 추정하였다. 그리고 위기결과단계에 있는 아동 및 청소년은 매년 증가하고 있는 것으로 보여진다.

가족의 구조가 일반적인 핵가족과 다르다고 하여 역기능이 있다고 할 수 없지만 위기 상황에 취약할 수 밖에 없다. 특히 빈곤과 결합될 때 가정의 역기능은 핵심적인 문제가 된다. 우리나라에서는 통상적으로 취약 아동 및 청소년을 말할 때 사회적, "경제적으로" 취약한 계층의 아동 및 청소년을 말한다. 빈곤가정의 아동은 크게 발달적 위기와 사회적 위기를 겪는다. 아래에서는 빈곤으로 인한 영향에 대하여 살펴본다(이명숙, 2013).

1) 발달적 위기

① 인지기능 왜곡

빈곤가정의 아동은 영양의 부족, 부모와의 상호작용 부족 등으로 인지능력의 발달이 지체된다. 언어발달도 지체되고, 중산층 아동에 비하여 낮은 IQ 점수를 나타낸다. 높은 지능을 가진 아동도 빈곤으로 인한 생활상의 어려움이나 정서적 스트레스의 누적으로 높은 지능이 가진 강점은 사라지고 다른 빈곤층 아동이 보이는 학업부진 등 학교부적응 문제들을 보이게 된다.

인지능력이 떨어지면 여러 유형의 사회적 부적응을 보인다. 상대방이 보내는 사회적 신호에 둔감할 뿐만 아니라 적대적인 신호에만 선별적인 관심을 집중한다. 그리고 상대방이 보내는 사회적 신호의 의도를 해석할 때 무엇이든 그 의도를 적대적인 것으로 귀인하는 귀인편견 attributional bias을 보인다. 이러한 왜곡된 인지기능 때문에 또래집단으로부터 소외되고, 소외된 아동은 다시 공격적인 대응을 하면서 따돌림이 더욱 심하게 되는 악순환이 지속된다.

② 심리 부적응

빈곤가정 부모들은 생계를 위한 장시간 노동, 육체적 피곤 등으로 자녀와 친밀한 상호작용을 하기 어렵거나 부적절한 양육태도를 보이는 경향이 있다. 약화된 친밀감 또는 애착은 자녀에게 스트레스를 일으키고, 아동은 이러한 스트레스를 타인에 대하여 반사회적 공격적인 행동으로 발산하기 쉽다. 타인의 시선을 의식하지 않고 자신의 욕구 충족을 우선시 한다.

부모도 열악한 생활조건과 경제적 어려움, 자신의 환경을 스스로 통제할 수 없다는 불안감, 무력감, 수치감 등으로 스트레스나 우울에 빠지기 쉽다. 부모의 스트레스와 우울은 부부간의 갈등 유발 뿐만 아니라 자녀의 양육에도 역기능적으로 작용한다.

저소득 한부모 가정의 아동은 특히 취약한 것으로 나타났다. 다른 가족 유형보다 자아존중감, 행복도는 가장 낮았고, 우울감과 스트레스, 자살에 대한 생각이 가장 높았다(이혜연 등, 2009).

③ 건 강

빈곤가정의 자녀들의 백혈병, 암 혹은 만성질환의 발병비율은 7.4%로 소득 중간층의 자녀

3.6%보다 2배 높고, 치료비가 없어서 치료를 받지 못한다고 응답한 아동은 17%로 소득 중간 층 자녀의 1.8%보다 9배나 높았다(모상현 등, 2009). 전국의 초중고 청소년 중에서 아침식사 를 하지 않는다는 응답이 11.1%인데 그 중에서 조손가정과 한부모가정이 각각 20.2%로 정상 부모 가정 9.7%에 비하여 절반 이상이 아침을 먹지 못하는 것으로 나타났다(최인재, 2011).

④ 가정폭력과 학대

미국의 경우 고소득층에 비해 저소득층 가정의 아동학대 발생률이 7배 높았고(US Department of Health Human Services, 1994), 우리나라에서도 가정의 수입감소로 부모 의 관계가 악화되었다고 응답한 빈곤층 아동은 22%로 소득 중간층 4.8%보다 4배 이상 높게 나타났다(안덕순, 1988). 취약지역의 빈곤층 자녀의 경우 부모가 일하고 있는 동안 방치 또는 방임되는 '나홀로 아동'이 65.6%에 이른다.

⑤ 금전에 대한 갈망

아동이 성장하면서 자신을 표현하기 위한 물품 구입과 오락(여가생활)을 위해 금전적 욕구 도 커진다. 그러나 모상현의 연구에 의하면 부모로부터 용돈을 받아 본적이 없다고 응답한 빈 곤가정 아동은 13.4%로 소득 중간층 보다 약 3배에 달했다. 용돈을 마련하기 위하여 절도, 강탈, 성매매까지 한 적이 있다고 응답하였다(모상현 등, 2009).

⑥ 여가위축과 인터넷 중독

빈곤가정의 아동은 부모의 맞벌이로 방임상태가 되고, 비용부담으로 인하여 문화, 수련활동 등 건전한 여가활동은 할 수 없다. 방과 후에 학원을 가지 못해 또래들과 어울리지도 못한다. 이러한 상황은 인터넷 게임에 몰입하게 되고 쉽게 인터넷 중독 또는 게임중독에 빠져드는 원 인이 된다(윤명숙 등, 2014; 이기봉, 2009). 행정안전부와 한국정보화진흥원에서 실시한 2011년도 인터넷중독실태조사에 의하면 월평균 가구소득이 200만원 미만인 저소득층 자녀 의 중독률은 9.0%, 최저소득층에 속한 청소년 중독률은 13.9%로 높게 나타났다.

4.　건강한 환경의 회복

　아동정신분석학자 도널드 위니캇은 촉진적인 환경이 주어지지 않았기 때문에 자신과 타인에게 상처를 주는 행동을 하게 된다고 하였다. 사람이 변화되는 것은 외부의 강압이 아닌 내면의 동기에서 시작한다. 그 내면의 동기를 이끌어 내는 것은 그 대상을 교정하려고 하지 않는 것에서부터 시작된다. 대신에, 그 대상이 가지고 있는 생각, 감정을 존중해 주는 것이다(김형근, 2015:239).

　우울증이나 인격해체의 원인이 내적인 어떤 것이 아니라, 외적인 것 때문이라는 인식은 새로운 환경의 제공을 통해서 성격의 왜곡과 충동을 치료해야 한다는 생각을 불러일으킨다. 마찬가지로 반사회적 경향성 또한 정신분석으로 치료할 문제가 아니다. 그 치료는 아동이 재발견할 수 있도록 돌봄을 제공해 주는 것을 통해서, 즉 아동이 원본능 충동을 다시 실험하고 확인해 볼 수 있도록 새롭고 안정적인 환경을 제공해 주는 것을 통해서 이루어질 수 있다(도널드 위니캇, 2001:85).

1) 빈곤가족 지원

　역기능적 가족의 핵심에는 빈곤이 있다. 빈곤가정에서는 가족구성원들이 서로에 대해 가지는 정서적 유대감이 상대적으로 낮고 이로 인하여 상황 또는 발달단계에서 발생할 수 있는 스트레스와 긴장에 적절하게 대응하지도 못한다. 학교 실패, 비행, 10대 임신 등 성인이 되어서도 불안정한 취업상태에 있으며 그 결과 부모의 빈곤을 다시 자식이 물려받는 빈곤의 세습화 현상이 발생한다. 따라서 빈곤가족을 지원하는 것이 국가 사회정책의 중요한 문제이다. 영국은 1999년에 아동빈곤퇴치의 일환으로 '한부모가정을 위한 뉴딜NDLP: New Deal for Lone Parents' 프로그램을 시작하였는데, 핵심은 모자가정의 어머니가 근로할 수 있도록 지원하는 것이다. 시행결과 절대 빈곤상태에 있던 아동의 수가 340만 명(1998년)에서 160만 명(2006년)으로 절반 이상이 감소하였다. 영국의 한부모가정 자립지원은 자금을 직접 지원하는 것이 아니라 첫째, 근로동기부여, 취업지원 확대, 최저임금제 강화를 통해 간접적으로 소득을 증대시키고, 둘째, 다양한 세액공제급여를 통하여 근로소득과 함께 총소득이 증가되도록 하며, 셋째, 다양한 무료 및 부가서비스를 통해 가족의 기능을 강화하고 회복시키는 방법을 사용한다. 이러한 다양한 접근을 통하여 빈곤가족의 아동이 부정적인 발달 문제를 겪지 않도록 사전에 보호하는 지원책을 제공한다.

미국은 빈곤가족 지원을 위하여 크게 두가지 정책을 시행한다. 첫째, 한부모 등 요보호가정의 일시부조를 위한 정책보조금 제도TANF: Temporary Assistance to Needy Families이다. 부모의 사망, 실업 등으로 인하여 부모의 부양을 받지 못하는 18세 미만의 아동이 있는 가정에 5년 동안 근로를 조건으로 각종 복지지원혜택을 제공하는 것이다. 두 번째는 헤드스타트 프로그램 Head Start이다. 빈곤가정의 5세 이하 아동을 대상으로 조기 교육을 통해 이들의 잠재 능력을 개발하고 빈곤으로 발생하기 쉬운 역기능을 사전에 차단하기 위한 프로그램이다.

우리나라도 국민기초생활보장법, 한부모가족지원법, 건강가정지원법 등이 시행되고 있다. 그러나 이러한 제도 시행만으로는 부족하다. 자원봉사자의 개발을 통한 청소년동반자 프로그램 등 '일하는 한부모'가 수월하게 일과 가정을 돌볼 수 있도록 하는 제도가 연계되어야 하고 조손가정의 조부모의 양육부담을 덜어주기 위한 공공보육시설의 확충과 스포츠를 중심으로 한 지역사회의 방과후 프로그램 확대도 필수이다.

2) 부모교육과 교정

양육은 부모와 아동의 상호작용이다. 따라서 역기능적인 양육은 두 가지 요인의 결합으로 나타난다(Thornberry, 1997). 첫째, 부모와 아동들은 그들의 기질, 성격, 인지 능력에서 유사한 경향을 보인다는 것이다. 충동적이고 공격적인 아동들을 살펴보면 역시 이러한 성격을 지닌 부모가 있다. 둘째, 부모와 아동간의 상호 작용에 의한 관계 악화이다. 부모에 의한 비효과적인 양육은 아동의 공격적인 행동의 가능성을 증대시키고, 반대로 아동의 적대적이고 강박적인 행동은 학대 등 부모의 부정적인 양육의 증가로 나타난다. Hirschi의 사회유대이론에 따르더라도 아동과 부모 사이의 강력한 정서적 유대(애착)는 청소년을 비행과 다른 문제 행동으로부터 보호하는 근본적인 방법이 된다. 반대로 비행은 애착이 약하거나 깨어졌을 때 발생한다. 비전통적인 가족 구조 또는 역기능적인 양육은 부모와의 애착을 감소시키거나 방해함으로써 아동이 사회와의 결속을 깨뜨리고 범죄적 행동으로 나아가게 할 수 있다(Liska & Messner, 2007).

결론적으로, 아동의 비행을 예방하기 위해서는 부모-자녀의 유대를 강화하여 비행에 관한 위험 요인들을 줄이고 보호 요인들을 증대시키는 것이 필요하다. 이를 위하여 부모교육을 실시하여야 한다.

부모교육 프로그램은 1) 부모들이 친사회적 행동과 반사회적 행동 모두를 인식하도록 도울 수 있어야 하고, 2) 사회적 학습 기술들(긍정적인 강조, 무시, 주의력분산, 처벌 등)을 배우고, 3) 가족 문제 발생시 이를 해결할 수 있는 능력을 습득하도록 지원하여야 한다.

부모교육은 조기교육이 중요하다. 임신 때부터 한다면 더욱 바람직하다. 미국의 Parent-Child Development Center Program은 2개월에서 3세인 아동들의 일차적 양육자인 저소득층 가정을 대상으로 삼은 개입이다. 이 개입은 엄마와 아동을 위한 광범위한 지원 서비스를 포함하고 있다. 엄마들은 영아와 함께 아동 발달의 사회적, 감정적, 정신적, 육체적 측면을 교육받으며 가정관리 연수를 받고 지역사회에서 어떤 도움을 받을 수 있는지를 학습한다. 이 프로그램을 통하여 3세 아동의 지능지수와 인지적 능력이 향상되고, 참여한 엄마와 아동들 사이에 더욱 긍정적인 상호작용이 일어났다(Johnson & Walker , 1987; Johnson & Breckenridge, 1982; Johnson, 1991).

또 다른 성공적인 프로그램은 Parent as Teachers(이하 PAT) 이다. 이 프로그램에서는 자격증을 가진 부모 교육자가 0~5세 아동의 부모들을 직접 방문하여 양육에 대한 실제적인 아이디어들을 제공하는 것이다. 부모들은 프로그램 진행자와 함께 긍정적인 훈육, 수면, 형제 다툼, 또는 배변 훈련 등과 같은 주제에 대해 토론하고, 이야기책 읽기나 연극과 같은 활동들을 통해서 부모-자녀 상호작용을 증진시키는 프로그램에 참여한다. PAT 프로그램에 참여한 3세 아동들은 언어, 사회적 발달, 문제 해결, 기타 인지적 능력 등에서 비교 집단의 아동들에 비해 현저하게 높게 나타났다.

세 번째 부모 지향적인 프로그램은 The Incredible Years Training Series이다. 이 프로

그램은 가족관리 문제, 학교에 대한 애착 결핍, 반사회적 행동, 가족 갈등 등을 취급하는 프로그램으로 구성되어 있으며, 250개의 짧은 영상물들에 대한 집단 토론을 포함하는 12주 짜리 부모 교육 프로그램이다. 이 프로그램은 상호작용하는 양육 및 강화 기술, 비폭력적인 훈육 기술, 논리적이고 자연스러운 결과, 감시, 문제 해결 전략 등을 가르친다. 유튜브 (https://www.youtube.com/user/TheincredibleYears)에서 자료를 볼 수 있다.

우리나라에서는 비행청소년을 대상으로 소년법상의 부모교육명령에 따른 부모교육을 한국 교정교육상담 포럼(http://kcecforum.org)에서 진행하고 있으며, 이외에도 김재엽이 개발한 부모와 자녀가 함께 하는 "TSL 가족치료와 가족복지" 프로그램이 있다(김재엽, 2010). TSL은 Thank you(고맙습니다), Sorry(미안합니다), Love(사랑합니다)의 첫글자를 조합한 것으로 부모와 자녀가 함께 프로그램에 참여하여 가족간의 왜곡되었던 관계를 회복하는 것이 핵심이다.

김양호, 임선영(2011). 노인요양보호사의 역할스트레스, 자기효능감이 직무만족도에 미치는 영향. 한국가족관계학회지, 16(3), 129-142.

김재엽(2010). TSL 가족치료와 가족복지. 서울: 소야.

김형근(2015). 현대정신분석학적 관점에서 본 범죄 행동의 이해와 개입(대상관계이론을 중심으로). 보호관찰, 15(1), 235-278.

모상현, 김영지, 김희진, 정익중(2009). 경제위기에서 빈곤 아동·청소년의 생활실태. 서울: 한국청소년정책연구원.

서홍란, 박정란(2001). 가정폭력 가해자를 위한 효과적인 개입 방안. 인문사회과학논총, 8(1), 331-361.

안덕순(1988). 영세지역 아동보육 및 환경에 관한 연구.

윤명숙, 김남희, 박완경(2014). 중학생의 인터넷게임중독에 미치는 게임 및 가족, 여가요인의 영향. 청소년학연구, 21(4), 309-337.

이기봉(2009). 청소년의 게임중독 예방을 위한 가족단위 여가프로그램 활성화 방안. 서울: 한국청소년정책연구원.

이명숙(2013). 청소년 문제와 보호. 파주: 교육과학사.

이혜연, 이용교, 이향란(2009). 위기가정 아동·청소년의 문제와 복지지원방안 연구. 서울: 한국청소년정책연구원.

전보영(2011). 조손가족의 가족기능 향상을 위한 가족생활교육 프로그램의 개발 및 효과성 연구. 석사학위논문, 성균관대학교 대학원.

최인재(2011). 한국 청소년 지표 조사. 서울: 한국청소년정책연구원.

Beaver, K.M., Gibson, C.L., Delisi, M., Vaughn, M.G., & Wright, J.P.(2012). The interaction between neighborhood disadvantage and genetic factors in the prediction of antisocial outcomes. Youth Violence and Juvenile Justice, 10, 25-40.

Boutwell, B.B., Beaver, K.M., Barnes, J.C., & Vaske, J.(2012). The developmental origins of externalizing behavioral problems: Parental disengagement and the role of gene environment interplay. Psychiatry Research, 197, 337-344.

Bakermans-Kranenburg, M.J., Van Ijzendoorm, M.H., Mesman, J., Alink, L.R.A., & Juffer, F.(2008). Effects of an attachment-based intervention on daily cortisol moderated by dopamine receptor D4: A randomized control trial on 1- to 3-year-olds screened for externalizing behavior. Development and Psychopathology, 20, 805-820.

Caspi, A., Henry, B., McGee, R., Moffitt, T., & Silva, P.(1995). Temperamental origins of child and adolescent behavior problems: From age 3 to age 15. Child Development, 66, 55-68.

Henry, B., Moffitt, T., Robins, L., Earls, F., & Silva, P.(1991). Early familial predictors of child and adolescent antisocial behavior. Who are the mothers of delinquents? Criminal Behavior and Mental Health, 3, 97-118.

Lipina, S. J. & Colombo, J. A.(2009). Poverty and brain development during childhood: An approach from cognitive psychology and neuroscience. Washington, DC,: American Psychological Association.

Moffitt, T., Mednick, S., & Gabrielli, W.(1989). Predicting careers of criminal violence: Descriptive data and predispositional factors. In D. Brizer & M. Crowner(eds), Current approaches to the prediction of violence (pp.13-34). Washington, DC: American Psychiatirc Press.

Kolvin, I., Miller, F.J., Fleeting, M., & Kolvin, P.A.(1988). Social and parenting factors affecting criminal-offence rates. Findings from the Newcastle Thousand Family Study (1947-1980). The British Journal of Psychiatry, 152(1), 80-90.

Loeber, R., & Farrington, D. P. (2001). *Child delinquents*. Thousand Oaks, Calif.: Sage Publications.

Liska, A. E., & Messner, S. F. (2007). 일탈과 범죄사회학 (장상희, 역.). 서울: 經文社.

Louise Derman-Sparks, & Edwards, J. O. (2010). *Anti-bias Education for Children and Ourselves*: Stenhouse Publishers.

Tittle, C. R. (2000). *THE NATURE OF CRIME: CONTINUITY AND CHANGE* (Vol. 1). 810 Seventh Street N.W. Washington, DC 20531: U.S. Department of Justice Office of Justice Programs.

Thornberry, T. P. (1997). *Introduction: Some Advantages of Developmental and Life Course Perspectives for the Study of Crime and Delinquency In Developmental Theories of Crime and Delinquency* (Vol. 7). New Brunswick N.J. Transaction.

Thornberry, T. P., Terrie E. Moffitt, Rand D. Conger and Ronald L. Simons, Robert Agnew, Robert J. Sampson and John H. Laub, Ross L. Matsueda and Karen Heimer, Johan Hagan. (1997). *Developmental theories of crime and delinquency* (Terence P. Thornberry Ed. Vol. 7). New Brunswick, N.J. : London.

Wolfgang, M., Figlio, R., & Sellin, T.(1972), Delinquency in a birth cohort. Chicago: University of Chicago Press.

교정심리학 기초이론

제3장 학습이론 계열[13]

인간이 환경과 접촉한 경험은 그 사람의 행동과 사고에 영향을 준다. 기억이나 의식에 떠오르는 환경만이 영향을 주는 것은 아니다. 학습은 학습자의 의식에 관계없이, 환경내에서 근접해서 일어나는 사건들간의 연합association에 의해서도 이루어진다.

학습이론에서 '학습'의 동의어로 사용하는 '조건형성conditioning'이란 자극에 대해 새로운 반응을 획득하는 것을 말한다. 고전적 조건형성이론은 주로 자극과 자극, 자극과 반응간의 관계를 다루고, 조작적 조건형성이론은 반응과 결과간의 관계를 다룬다.

1. 고전적 조건형성 이론 (Classical Conditioning)

러시아의 생리학자이며 노벨상 수상자인 이반 파블로프Ivan Pavlov는 조건화된 반응을 체계적으로 연구한 최초의 학자이다. 생리학자인 그는 동물의 침분비 기능에 관한 실험을 하는 도중에 우연히 조건형성이론을 발견하였다.

그는 개의 입안에 있는 음식물의 존재와 침분비 반응 간의 관계를 규명하는 실험을 반복하면서 개에게 먹이를 주면서 침분비 양을 측정하였다. 그런데, 우연히 먹이없이 종소리만 들려주어도 개가 침분비하는 것을 알게 되었다. 그것은 개에게 먹이를 줄 때마다 종소리를 들려주었기 때문이었다.

전형적인 파블로프의 실험절차는 다음과 같다. 실험자는 개를 실험장치에 고정 시킨 후 불빛이나 종소리 같은 중성자극[14]을 제시하고 난 뒤 약간의 시간간격을 두고 먹이를 개 입안에

---

13) '학습이론계열' 부분은 이명숙(2006)이 집필한 "범죄사건을 통해서 본 범죄심리"(경기대학교 출판부), pp. 24-30에서 발췌, 인용하였다.
14) 중성자극 : 원래는 조건형성하고자 하는 반응(예: 침분비)을 유발하는 속성이 없는 일반적 자극을 말한다.

넣어준다.

개는 〈그림 2〉와 〈그림 3〉에 나타난 것과 같은 과정을 통해 먹이에 반응하여 곧 침을 분비하고 먹이를 먹게 된다. 이러한 과정은 학습이 필요없고 자동적·무조건적으로 수행된다. 이처럼 먹이와 종소리를 여러 번 함께 제시하는 동안 개는 종소리를 먹이와 연합association하게 된다. 이것이 조건형성, 즉 학습이 된 것이다(최정훈 등, 1993:115).

이 과정에서 파블로프는 음식과 같이 학습없이 특정한 반응(침분비)을 일으키는 자극을 '무조건자극UCS'[15]이라 하고, 무조건자극에 의해 선천적·생래적으로 나타나는 반응을 '무조건반응UCR'이라 하였다. 종소리처럼 처음에는 무조건반응을 일으키지 않으나 무조건자극과 짝지어 제시됨으로써 반응을 일으킬 수 있게 된 자극을 '조건자극CS'이라 하며, 조건자극에 의해 유발된 반응을 '조건반응CR'이라고 하였다. 실질적으로는 무조건반응과 조건반응은 같은 반응(침분비)으로 보이는 것인데, 이들을 개념상으로 구분한 것이다(최정훈 등, 1993:116).

출처: http://www.intropsych.com/ch05_conditioning/pavlovs_dog.html

• 〈그림 2〉 Pavlov의 조건반사 실험 •

---

15) UCS : Unconditioned Stimulus UCR : Unconditioned Response
   CS : Conditioned Stimulus CR : Conditioned Response

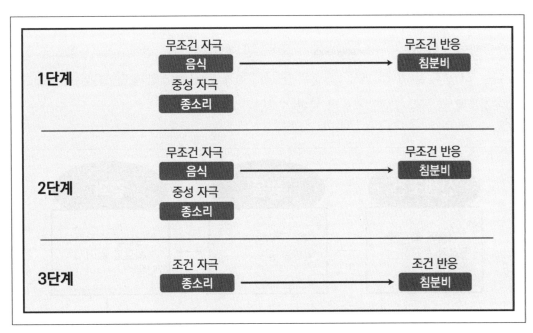

• 〈그림 3〉 고전적 조건형성과정 •

조작적 조건형성 이론 (Operant Conditioning)

조작적 조건형성이론의 핵심 개념은 어떤 행동을 함으로써 개인에게 초래되는 환경적 결과에
따라 이후에도 그 행동을 할 것인지 하지 않을 것인지의 여부가 결정된다는 것이다 과거에 자신
에게 바람직한 결과를 가져왔던 행동은 장래에 그 행동이 발생할 빈도가 증가하고, 혐오적인
결과를 생성했던 행동은 점차 발생빈도가 감소해 간다는 것이 행동에 관한 효과의 법칙이다.

인간이 행하는 행동은 결코 무선적으로randomly 발생하지 않는다. 환경적 단서들이 언제 특
정행동이 강화/처벌될 것인지를 신호해 준다. 이 말은 외부 환경에 있는 여러 가지 단서를
미리 보고 자신의 행동이 유리한 결과를 가져올 것인지 아니면 불리한 결과를 가져올 것인지
를 미리 예측해 보고 행동하게 된다는 것이다. 이 개념은 행동에 관한 'ABC이론'에 포함되어
있다. 행동을 하기 전에 그 행동이 어떤 결과를 가져올 것인지를 알려주는 단서가 외부환경에
내포되어 있을 때 이를 선행조건Antecedent이라고 한다. 그 선행조건에 따라 특정한 행동

Behavior을 할 것인지 여부가 행위자에 의해 결정되어 행위를 하게 되고, 그 후에 외부에서 기대했던 바에 부합하는 결과Consequence가 돌아오면 행위자는 다음 번에도 '그 선행조건'이 있을 때는 '그 결과'를 기대하면서 '그 행위'를 다시 하게 된다. 이러한 학습이론의 원리를 그대로 부정부패 행동의 재범에 적용해 보면 〈그림 4〉와 같다.

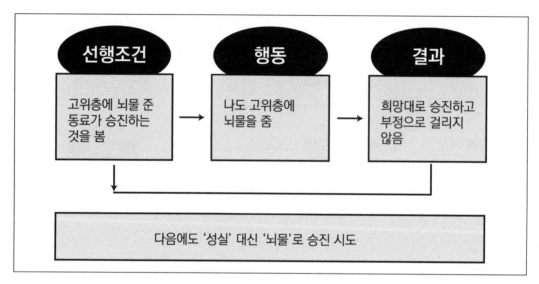

• 〈그림 4〉 행동학습의 ABC이론 •

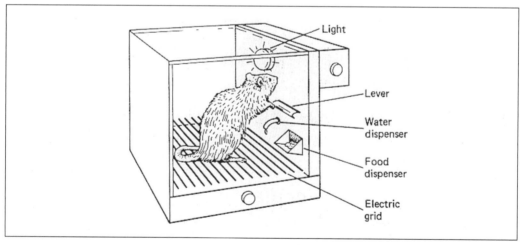

출처: http://www.mostdangerousgamedesign.com/2013/08/the-psychology-of-rewards-in-games.html

• 〈그림 5〉 Skinner Box 조건형성 실험 •

프로이드 이론을 필두로 한 정신분석이론과 행동주의 관점의 학습이론이 유사한 점은, 인간 행동에 대한 결정론적 관점이다. 즉 인간의 행동은 자유의지에 따라 행해지는 결과가 아니라, 인간의 의지를 넘어서는 다른 '힘'에 의해 영향을 받아 수동적으로 이루어진다는 것이다. 그 결정적인 '힘'을 무엇이라고 규정하는가에 따라 정신분석이론과 학습이론이 확연하게 구별된다. 정신분석이론에서는 인간행동을 결정짓는 힘은 인간정신내에 감추어진 '무의식'에서 나온다고 보는 반면에 학습이론에서는 인간행동에 영향을 미치는 결정요인은 행위자의 '환경'에 있다고 보는 것이다.

행동주의 학습이론을 완성시킨 스키너B.F. Skinner는 인간행동이 유전과 환경 간의 상호작용의 결과물이라고 본다. 학습의 잠재력은 원칙적으로 유전적 구성의 문제이나, 행동의 획득(학습)은 환경적 강화와 처벌을 통한 개인의 학습 경력learning history 측면에서 설명될 수 있다. 다시 말하면 학습을 얼마나 잘 할 수 있느냐의 잠재력은 유전적인 영향을 받는 것이고, 유전적 잠재력이 실제의 능력 또는 행동으로 표출되는 것은 환경에서 그 행동이 행위자가 원하는 결과를 가져다 주는지를 경험하는 정도에 따라 영향을 받는다.

행동의 결과가 무엇인가에 따라 강화reinforcement 아니면 처벌punishment로 규정된다. 결과적으로 어떤 행동이 더 많이 발생하게 되면 그에 따른 결과를 '강화'로 규정하고, 이와는 반대로 어떤 행동의 빈도가 특정 결과로 인해 감소하게 되면 이를 '처벌'로 규정한다. 일반적으로 '강화'와 '보상'이 혼용되어 사용되고 있지만, 이론적으로는 동일한 개념이 아니다. 보상은 '행위자가 원하는 것/바람직한 것'을 의미하지만, 강화는 행위자의 요구와는 관계없이 단지 '특정 행동의 빈도를 증가'시키는 것이다. 예를 들어, 절도범죄자에게는 절도행위로 얻게 되는 재물이 '보상'이 되지만, 훔친 재물을 팔다가 잡히면 장물이 '처벌'이 된다.

강화와 처벌은 선행조건의 제시 또는 철회에 따라 정적 강화, 부적 강화, 정적 처벌, 부적 처벌 등으로 구분된다. '정적positive'이라는 것은 선행조건의 제시를 의미하고, '부적negative'이라는 것은 선행조건의 철회를 의미한다. 심리학적 강화/처벌의 개념을 범죄행동에 적용시켜 도식화한 것이 〈표 2〉에 제시되어 있다.

제프리Jeffrey는 스키너가 주창한 조작적 조건형성이론을 서더랜드Sutherland의 차별적접촉이론에 통합시킨 이론가이다. 제프리가 제시한 이론의 주요 개념은 다음과 같다.

① 범죄행동은 조작적 행동이다. 조작적 행동(operant behavior)이란 행위자가 환경적 결과에 영향을 받아 스스로 행하는 자발적 행동이라는 의미이다.

② 범죄는 그 행위(B)가 범죄행위자에게 가져다 주는 결과(C)에 의해서 직접적으로 유지된다. 따라서 범행을 제대로 이해하기 위해서는 먼저 그 범행의 결과를 이해하는 것이 필수적이다.

③ 차별적 강화이론에 의하면, 과거에 범죄행위자가 그 범행으로 인해 강화를 받거나 혹은 처벌을 받았다 할지라도 처벌이 그 행위를 억제하는 방식으로 작동하지 않았기 때문에 동일한 행위가 반복되는 것이다(Jeffrey, 1965).

결론적으로, 각 사람이 행하는 각각의 범죄 행위는 각자가 살아오면서 경험한 '행위-결과 사이의 관계성'에 대한 개인적 학습의 역사learning history 라는 맥락 속에서 고찰되어야 한다. 개인마다 경험한 일탈의 동기, 상황 및 그에 따른 결과의 경험이 다르고, 사회정책이나 형사정책도 시대에 따라 또는 계층에 따라 상이한 결과를 도출하기 때문에 획일적인 교정처우나 법규범이 소기의 성과를 거두기 어렵게 되는 것이다.

〈표 2〉 범죄행동에 대한 강화/처벌의 예

결과(C) / 선행조건(A)	강 화 -범행(B)빈도가 증가하는 것-	처 벌 = 교정효과 -범행(B)빈도가 감소하는 것-
정적 -조건을 제공함으로써	정적 강화	정적 처벌
	예: 절도범이 미체포시에 돈을 얻고 절도기술에 대한 자부심을 갖는다. ⇒ 재범 촉진 효과	예: 체포시에 체벌, 비난 등을 받는다. ⇒ 재범 억제 효과
부적 -조건을 철회함으로써	부적 강화	부적 처벌
	예: 미체포시에 가난한 생활을 청산한다. ⇒ 재범 촉진 효과	예: 체포시에 구속되어 자유가 박탈된다. ⇒ 재범 억제 효과

사회학습이론

　조작적 학습이론에서 행동이란 환경으로부터 오는 '직접적인 결과', 즉 강화와 처벌을 통해 학습되는 것으로 본다. 여기서 '직접적인 결과'란 행위자가 행동을 함으로써 직접 받게 되는 강화나 처벌을 의미한다. 이렇게 행위자가 행동을 직접 수행함으로써 실패로 인한 처벌도 받아보고 성공으로 인한 강화도 받아 보면서 체득한 학습을 '시행착오 학습trial-and-error'이라고도 부른다.

　이와는 대조적으로 밴두라Bandura가 제창한 사회학습이론social learning theory에서는 인간이 특정한 행동을 학습하기 위해서는 반드시 강화와 처벌을 직접 체험할 필요가 없다고 가정한다. 인간은 동물과는 달리 직접 체험해 보지 않고도 '행위-결과'간의 관계성을 터득할 수 있는 인지능력이 있기 때문이다. 다른 사람이 경험하는 시행착오 학습을 관찰하는 것만으로도 마치 자신이 직접 체험한 것과 같은 학습효과가 일어난다는 것이다. 문명 사회에서 일어나는 대부분의 학습은 시행착오 학습 보다는 인지적으로 터득하는 관찰학습 또는 대리학습이 훨씬 더 많을 것이다.

　사회학습이론에서는 관찰학습observational learning, 대리적 강화vicarious reinforcement, 결과에 대한 기대감expectancy이라는 3가지 개념 속에 인지적 요소를 내포하고 있다. 첫째 관찰학습이란 타인의 행동을 관찰함으로써 인지적 수준에서 행위를 학습한다는 것이다. 관찰학습이 주로 발생하는 상황은 예컨대, 가족, 소속된 하위문화, TV·인터넷·도서와 같은 미디어 문화가 있다. 둘째, 대리적 강화란 타인의 행동이 강화 또는 처벌 받는 것을 관찰하는 것만으로도 마치 내가 직접 강화/처벌을 받는 것과 같은 효과가 발생한다는 개념이다. 인간이 어떤 행동을 하게 되는 동기화는 외적 강화, 대리적 강화, 자기 강화의 3가지 기제가 있는데, 그 중에서 학습의 초기단계에서는 외적 강화가 효과가 있지만 학습수준이 높아지거나 학습자의 자의식, 능력, 자부심 등 자아기능이 높아질수록 대리적 강화 또는 자기강화가 더 강력하고 지속적인 영향을 미치게 된다. 자기강화는 자부심, 성취감, 목표를 달성했다는 느낌 등을 말한다. 셋째 결과에 대한 기대감은 과거에 어떤 행동이 강화를 받았다면 미래에도 동일한 행동이 강화를 받을 것이라고 생각하는 것이다.

이와 같은 관점에서 보면 범죄에 대한 강화는 환경이라는 외적 맥락에서 올 수도 있고 행위자의 내부로부터 올 수도 있다. 예컨대, 범죄한 이후에 재물과 같이 손에 잡히는 보상이 있거나 하위집단내에서 계급이 상승하는 사회적 보상이 있거나(소위 '별'다는 것), 내 절도기술이 최고라는 자부심이 있는 상황이 재범을 지속시키는 것이다.

사회학습이론에서는 비행이나 범죄를 사회적 기술과 관련지어 설명한다. 비행이나 범죄는 사회적 기술이 결핍되어 발생하는 것이다. 그런 측면에서 젊은 성인은 타인으로부터 강화를 이끌어내는데 필요한 반응을 생성하는 것이 부족하기 때문에 나이든 성인보다 '더 범죄적'이라고 본다.

비행행동에 대한 체벌이나 질책과 같은 부정적 결과가 어떤 아동에게는 교정효과가 있어서 비행을 억제시키는 결과가 나오나 어떤 아동에게는 아무런 선도 효과를 내지 못하는 사례가 많다. 그 이유는 처벌을 처음 받는 것이 아니라 빈번하게 처벌을 받으면서 자란 아이는 '처벌에 대한 내성tolerance level'을 높여 주게 되어 처벌이 비행을 억제시키는 효과가 발생하지 않는 것이다. 맞을수록 '맷집'이 좋아지는 것이다.

이렇듯, 대부분의 사람들에게는 교도소에 수감된다는 생각 자체가 혐오적이고, 자유의 박탈이라는 부정적 결과가 미리 예견되어 범죄를 억제시키게 된다. 이런 경우에는 교도소수감이 범죄행동에 대한 처벌 효과를 가지는 것이다.

그러나, 자랄 때 혹독한 학대를 받았거나 심각한 물질적 결핍을 겪었던 사람에게는 수감이 그다지 혐오스런 체험이 아닐 수 있다. 수감이 유쾌하지는 않은 일이지만 그렇다고 범죄를 저질러서 얻게 되는 익익을 포기하고 범죄 동기를 누를 만큼 강한 억지력을 갖는 것은 아니다.

'처벌에 대한 내성의 상승'이 시사하는 것은, 상습적인 범죄자나 누범자가 교도소를 출소하자 마자 또다시 재범을 저지르는 것으로, 단순한 구금 자체만으로는 교정의 효과가 없음을 말해준다.

〈표 3〉 학습이론 비교

이론 및 주창자	주요 개념
고전적 조건형성 Pavlov	• 반복적인 S-R연합에 의하여 반사적 조건반응을 이끌어낸다(eliciting). • 자극일반화: 원래 자극(CS)과 유사한 자극에도 조건반응(CR)이 나온다. • 소거: 무조건자극(UCS)없이 조건자극만 계속 제시될 때 이전에 학습되었던 조건반응(CR)이 사라진다.
조작적 조건형성 Skinner	• 행위자의 자발적인 조작적 행동 뒤에 보상이라는 결과가 뒤따를 때 그 행동이 다시 방출된다(emitting). • 환경을 통제하면 행동의 질서를 볼 수 있다. 　- 환경통제: 주어지는 결과(강화물)를 조절하는 것. 연속강화, 고정간격, 고정비율, 변동간격, 변동비율 등 방식으로 조절한다. 　- 행동의 질서: 행동이 나타나는 법칙과 규칙성 • 벌의 효과: 행동이 일시적 억압될 뿐이지, 전체 행동빈도가 감소되지는 않는다. 벌의 효과는 일시적이고 다시 이전상태로 돌아간다.
인지학습이론 Tolman	• 사람은 목표에 대한 신념, 조건, 태도, 노력에 의해서 행동한다. 따라서 보상은 모든 학습에서 필요조건은 아니다. • 학습은 목표를 의미하는 자극(S)과 환경단서(S)의 관계성을 배우는 S-S연합이다. • "행동은 인지적이고 목적적이다"라는 말은, 학습자의 기대와 환경단서 간의 관련성을 학습한다는 의미다.

출처: 홍성열(2000, 범죄심리학, 학지사, pp.91-105) 재구성.

최정훈, 이훈구, 한종철, 윤진, 정찬섭, 오경자(1993). 인간행동의 이해. 서울: 법문사.

홍성열(2000). 범죄심리학. 서울: 학지사.

Jeffrey, C.R.(1965). Criminal behavior and learning theory. *Journal of Criminal Law, Criminology and Police Science, 56,* 294-300.

제4장 정신분석이론 계열[16)]

CRIMINAL MAN

1. 프로이드 이론

1) 성격 구조론

프로이드는 인간의 성격이 원초아, 자아, 초자아 등 3개의 구조로 이루어진다는 성격구조론을 제시하였다.

원초아id에는 선천적인 충동, 성적 욕망, 공격성이 들어가 있다. 원초아는 쾌락 원리pleasure principle에 따라 작동한다. 쾌락 원리는 외부 상황이 어떠한지 다른 사람의 입장은 어떠한지에 관계없이 원초아가 오로지 고통은 피하고 쾌락을 얻고 자신의 욕구를 만족시키는 것만 추구한다는 것을 의미한다. 태어날 때 아기는 오로지 원초아 만으로 가득찬 성격을 갖고 세상에 나온다.

자아ego는 아동이 자라면서 교육을 받거나 사회화 되어 가면서 점차 원초아로부터 분화, 발달해 가는 성격의 상위 구조다. 자아는 사회 속에서 어떤 행동이 적합하며 어떤 행동은 억제해야 하는지를 결정하는 성격의 집행기능을 담당한다. 자아는 현실 원리reality principle에 따라 작동한다. 현실원리는 현재의 즉각적 고통을 참아내면서 현실 상황이 자신의 원초아적 욕구를 충족시키는 데 문제가 없을 때까지 욕구만족을 지연시키는 것이다.

초자아Superego는 부모나 학교에서 배우는 사회적 규범과 도덕적 가치를 자신의 것으로 내면화해 가면서 발달해 간다. 초자아 영역에는 양심과 열망이 들어가 있다. 양심은 성격의 도덕적 측면으로서 규범에 위반되는 것을 하지 말아야 한다는 억제기능"Don't~"을 말한다. 반면에 열망이란 각자가 갖고 있는 긍정적 목표나 비전을 의미하며 미래지향적 촉진기능"Do~"을 갖는다.

---

16) '정신분석이론계열' 부분은 이명숙(2006)이 집필한 "범죄사건을 통해서 본 범죄심리"(경기대학교 출판부), pp. 31-38에서 발췌, 인용하였다.

초자아에 포함되는 양심과 열망은 부모가 아동의 행동이 옳고 그름을 판단하여 일관성있게 보상하거나 처벌하는 양육태도 속에서 발달해 간다. 그러나 부모의 도덕적 기준이 애매하거나 너무 관대하면 그 자녀는 자아나 초자아 발달이 미숙해서 신체적으로는 성장하여도 성격적으로는 미성숙상태에 정체되어 자신의 욕구나 행동을 현실상황이나 사회규범에 적합하게 조절하지 못하거나 반사회적 행동을 할 위험성을 갖게 된다.

원초아, 자아, 초자아의 세 요소는 행동을 통제하기 위해 상호작용하는 관계이다. 자아는 적절히 원초아의 욕구를 지연시켜 현실적 문제가 발생하지 않도록 기다리게 만들고, 초자아는 원초아와 자아의 힘이 너무 커지지 않도록 양심과 열망 기제를 통하여 적절히 견제하는 기능을 한다. 세 구조가 적절한 균형과 조화를 이룰 때 비로소 '원만한 성격' '균형잡힌 성격' 또는 '성숙한 성격'이 되는 것이다. 반대로 세 요소가 갈등과 부조화 상태에서 평형을 이루지 못하면 '이상 성격' '또는 '이상 행동'으로 표출될 수 있다. 범죄도 이로 인한 병리적 성격의 결과로 본다.

2) 성격발달이론 : 심리성적 이론(Psycho-sexual Theory)

프로이드는 성격발달의 근원이 되는 에너지를 리비도libido라 하였다. 초기 이론에서는 리비도가 성적 에너지를 의미했으나 이를 수정하여 후기이론에서는 리비도를 '모든 행동의 근원이 되는 동기적 힘'이라고 정의하였다. 리비도는 원초아에 저장되어 있다.

또한 아동이 성장하면서 심리적으로 발달해 가는 것을 성격발달로 보았다. 성격발달은 태어나서부터 청소년기까지 다섯 단계를 거쳐 진행해 간다. 전 단계에서 다음 단계로 적당한 리비도가 흘러가는 것이 곧 성격발달(심리발달)이라고 본다. 성격발달의 5단계는 구강기, 항문기, 남근기, 잠복기, 생식기 등이다. 프로이드 이론은 생식기를 성격이 발달하는 마지막 단계로 보며, 연령으로는 사춘기가 생식기에 해당한다. 결국 프로이드는 인간의 성격이 태어날 때는 초보수준에 있다가 점차 성숙·발달해 가면서 사춘기에 이르면 성격발달이 끝이 난다고 보았다. 정상적인 성격으로 발달해 가려면 리비도가 다음 단계로 순조롭게 흘러가야 하는데, 리비도가 특정단계에 지나치게 집중되어 있으면 성인이 되어서 이상성격이 발현하게 된다(〈표 4〉 참조). 이것을 고착fixation이라고 하며, 마치 물이 흐르지 못하고 고이면 썩는 이치와 유사하다.

〈표 4〉 프로이드의 성격발달 5단계

발달 단계	연 령	특정단계에 고착된 이상성격
구 강 기 ⇓	0~1세	구강고착적 성격(oral character) • 의존적, 유아적 성격 • 순종적, 애정요구적
항 문 기 ⇓	1~3세	항문고착적 성격(anal character) • 지나치게 청결을 추구하는 결벽증 • 수전노적 인색함, 수집광
남 근 기 ⇓	3~6세	남근고착적 성격(phallic character) • 과시적, 거만, 공격적, 방종적 • 겸손하지만 대단히 오만함
잠 복 기 ⇓	6~12세	잠복기 고착적 성격은 없다. • 성적 욕구가 철저히 억압되어 심리적으로 평온 • 지적인 탐색이 활발
생 식 기	12~18세	생식기고착적 성격(genital character) • 권위에 반항, 비행, 이성에 적응곤란

출처: 유안진(1999)

3) 도덕성 발달의 정신분석적 해석

아동이 3~6세가 되면 심리성적 발달단계에서 남근기에 이른다. 이 시기는 성적 에너지인 리비도가 성기에 모이기 때문에 아동은 자신의 성기를 만지고 자극하면서 기쁨을 느끼며 남자와 여자의 신체적 차이에 관심을 갖는다. 이때의 성적 쾌감은 자기 자신의 신체에서 쾌감을 찾는 '자기애착적 성narcissistic sexuality'이며, 이는 사춘기 이후에 타인으로부터 성적 만족을 얻는 '이성애착적 성heterosexual sexuality'과는 본질상 다른 것이다.

프로이드에 따르면, 이 시기의 아동들은 자신의 이성부모에 대해 연정을 가지게 된다. 남아가 어머니에 대해 갖는 무의식 속 연정을 '외디푸스 컴플렉스Oedipus Complex'라 한다. 컴플렉스 자체는 부정적 욕망이나 이를 해결하려는 무의식적 과정을 거쳐서 종국에는 부모의 도덕성과 가치관을 내면화하는 도덕성 발달을 성취하게 하는 역할을 한다.

부정의 콤플렉스가 긍정의 도덕성으로 전환되는 메카니즘을 프로이드는 다음과 같이 설명한다. 남아의 경우를 보면, 외디푸스 콤플렉스를 갖고 있음으로 해서 어머니에 대한 소유욕과 함께 아버지에 대한 적개심과 경쟁심을 동시에 갖게 된다. 그러나 아동은 자기보다 키도 크고 힘도 센 아버지가 자기를 연적으로 미워해서 그 보복으로 자신의 성기를 자를지 모른다는 '거세공포castration anxiety'를 느끼게 된다. 여자아이들이 돌출된 성기가 없는 것은 그렇게 거세되었기 때문이라고 믿는다. 여아들의 경우는 자신에게 돌출된 성기가 없는 것에 대해서 '남근선망penis envy'을 가지고 있고 남성에 대해 본질상의 열등감을 느낀다. 이러한 부정적 콤플렉스를 해결하기 위하여 아비지의 가치관을 내면화 하면서 도덕성이 발달된다.

2. 아이호른의 정신분석적 범죄이론

프로이드의 기본 관심은 정신과 의사로서 환자들이 보이는 정신장애 증세의 원인을 찾아내는데 집중하였기 때문에, 그 자신은 범죄행동의 원인을 찾거나 이론화하지 않았다. 프로이드 이후에 정신분석이론을 범죄행동에 적용하여 범죄를 하게 되는 원인과 공기를 설명하고자 한 대표적인 이론가는 어거스트 아이호른August Aichhorn이다. 아이호른은 연구에 전념한 이론가가 아니라 실제 교육현장에서 문제청소년과 그 가족을 직접 접촉했던 교사로서 이들을 이해하고 실제로 교정하는 방법을 찾는 데 많은 관심을 기울였다.

그의 주된 관점은 범죄를 하게 만드는 환경요인도 중요하지만, 환경요인 자체만으로는 범죄의 동기를 적절히 설명하기 어렵다고 보고 그 원인을 성격내부 또는 무의식에서 찾고자 하였다.

1) 비행잠재성

아이호른은 이상행동이라는 용어대신에 '비사회적 행동asocial behavior'이라는 용어를 사용하고, 이는 개인 내부의 정신적 역동psychic forces이 균형있게 기능을 하지 않고 있음을 나타내는 증상이라고 하였다. 그러므로 범죄에 대한 정신분석이론은 비사회적 행동을 사회적 적응으로 이끄는 방법을 발견하여야 그 의의가 있다(정갑섭, 1996).

아이호른 이론에서는 청소년비행을 설명하는 주된 개념으로서 '비행잠재성latent delinquency'을 제시하였다. 비행잠재성은 아직 비행으로 출현하지는 않았지만 범죄에 취약한 심리적 경향성으로서 아동기부터 형성되기 시작한다. 잠재성은 부분적으로는 생래적인 것으로 태어날 때부터 갖고 나오는 특성이면서도 일부는 후천적으로 학습되는 측면도 있으며, 아동기 초기 경험에 의해 형성되어 간다(Hollin, 1989:34).

가정에서 아동초기에 본능적 에너지를 조정하는 훈련이 결여되면 아동의 자아가 약화되어 초자아의 발달이 부진해지고, 종국에는 비행이나 범죄에 빠지게 된다.

2) 아이호른의 비행화/범죄화 기제

유아는 아직 자아나 초자아가 발달하기 이전 시기에 외부세계와 접촉하는 방식이 원초아적이고 비사회적asocial이다. 이것은 유아가 오로지 자신의 안락과 즐거움에만 관심이 있다는 의미로서 프로이드가 제창한 '쾌락원리'와 같은 개념으로 이해된다.

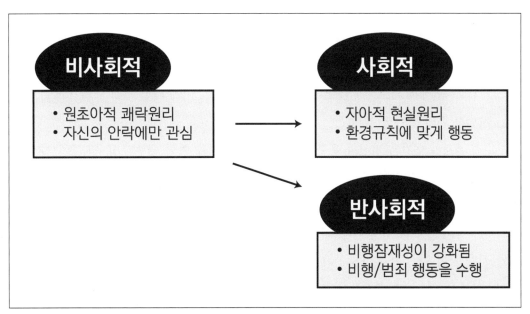

• 〈그림 6〉 아이호른의 범죄화 기제 •

정상적인 발달과정을 거치면서 성장하는 아동의 행동은 점차 원초아적 비사회성에서 탈피하여 자아의 역할이 증대되어 사회규범을 따르는 사회화socialization가 촉진된다. 즉 성격 내에서 자아가 발달/분화하고 현실원리가 작동하여 아동이 가정이나 학교에서 제시하는 환경의 규칙에 맞게 행동하기 시작한다.

그러나 아동들이 사회화가 제대로 이루어지기 어려운 역기능적 환경에서 성장하게 되면 생래적으로 일부 갖고 있던 비행잠재성이 더욱 강화되어 '반사회적dissocial' 성격으로 조성되어가며 결국에는 비행 및 범죄행동으로 표출되는 것이다(Hollin, 1989:33).

따라서 비행행위는 원초아 분화 → 자아 분화 → 초자아로 이어지는 정상적인 성격발달이 실패한 결과로 인해 나타나는 이상 증상이라고 해석한다. 심리 기저에 깔려 있던 비행잠재성이 열악한 환경이나 상황을 만나게 되면 비행이나 범죄행위로 표출되는 것이다.

3) 청소년비행의 원인

정신분석적 관점에서 보는 범죄의 원인은 '현실원리의 실패' 또는 '승화의 실패'로 규정된다(Alexander & Healy, 1935). 충동의 조절불능 또는 쾌락추구욕구의 조절불능이라고 보는 학자도 있다(Abrahamson, 1944).

대다수의 범죄인은 현재의 즉각적인 욕구의 만족을 참을 수 없는 사람들이다. 욕구자체가 반사회적인 것(예: 성도착증세)은 개인내적 문제에 속하지만, 특정한 욕구의 표출 방식, 시기, 장소가 사회규범에서 과도하게 벗어나면 사회문제가 되고, 이에 대한 법적 규제가 있는 경우에는 사법적 처벌의 대상이 된다.

사회적 존재인 인간은 자신의 욕구를 충족시키는 방식을 어릴 때부터 교육과 훈련을 통해 '쾌락원리에서 현실원리'로 변환시켜야 한다. 그러나 범죄자는 욕구 충족 방식의 변환에 실패한 사람이다. 이러한 심리 발달은 어릴 때부터 가정교육이나 다양한 사회화 과정을 통하여 훈련되어야 하는 일종의 '역량'이다. 따라서 성인기에 행하는 범죄행위는 이미 아동기부터 형성되기 시작한 범죄적 '잠재성latent'이 나중에 행동으로 발현된 '표현형manifest'인 것이다.

청소년기 비행에 대한 정신분석학적 정의를 내리자면, 청소년의 내부 욕구가 행동으로 분출acting-out된 것으로 욕구의 표출방식이 사회적으로 승화되지 못한 것이다. 승화sublimation란 본능적 충동이 그대로 표출되지 않고 사회적으로 수용될 수 있는 사고·정서·행동으로 전환되어 표출되는 것을 의미한다.

정신분석학적으로 비행의 심리내적 원인은 만족되지 않은 욕구와 불만족으로 파생되지만, 이상심리의 근원은 어린시절 부모와의 강한 정서적 유대를 손상 당한 경험에서 비롯된 것이다. 역기능적 가정은 아이들에게 무관심하거나 적대적으로 대하고, 따라서 가족 내에서 아이들이 가치관이나 규범적 행동을 배울 수 있는 역할 모델이 결여되어 있다(정갑섭, 1996:282). 또한 아동의 비행행위에 대해 부모가 허용적 태도를 갖고 있으면, 자녀의 초자아 발달이 저조하고 반사회적 충동에 대한 자기통제도 발달하지 않게 되어, 아동이 쉽게 비행에 가담하게 된다(Johnson & Szurek, 1952).

이상에서 살펴보았듯이, 비행청소년들은 가족 환경의 문제 뿐만 아니라 더 근원적인 성격내 내부 갈등의 문제를 내포하고 있다. 정신분석학에 기반을 둔 교정처우에서 비행의 원인을 이해하기 위해서는 환경 문제 뿐만 아니라 더 근원적인 성격 갈등의 문제를 진단하여야 한다. 다시 말해 성격 속에 숨겨져 있는 무의식적 갈등을 알기 위해서 원초아, 자아, 초자아 사이의 역동적 작용을 이해해야 한다.

청소년비행의 교정

아이호른은 이론적으로 정신분석이론에 뿌리를 두었지만, 비행의 선도와 교정을 위한 실제 방안에서는 전통적인 정신분석 기법을 주장하지 않았다. 오히려 아이호른의 교정방안은 실생활에서 실천할 수 있는 구체적 방법들을 제시하였다는 점에서 실제적 적용가능성이 높다. 아이호른이 제시한 비행 교정의 요점은 다음과 같다(정갑섭, 1999:281-284).

첫째, 청소년에게 사회적으로 바람직한 동일시 모델을 제공해야 한다. 아동들이 형성한 자아가 범죄성향이 있는 부모나 사회부적응적인 사람들에 대한 동일시에 의해서 형성된 것이라면, 그 해독을 정화하기 위해서는 이를 대체할 만한 동일시 모델이 필요한 것이다.

둘째, 비행의 교정은 말로만 하는 설득, 질책, 징벌 만으로는 효과적이지 않고, 아이들이 현장에서 몸소 행동하고 체험하는 과정을 통해서 비로소 심리내적 교정의 효과가 생긴다. 이런 지도 철학은 보호관찰 청소년에게 사회봉사명령을 부과하는 데에서 실무에 반영되어 있다.

셋째, 청소년교정의 기본 원리는, 각종 교정 또는 심리치료 과정을 통해서 원초아가 주도하는 '비사회적 행동'이 주는 쾌락 보다는, 타인을 배려하고 현실을 돌아보는 자아가 주도하는 '사회적 행동'이 주는 기쁨이 훨씬 더 크다는 것을 스스로 체득케 하는 것이다.

3. 볼비의 애착이론

1) 애착의 진화론적 의미

영국의 소아과 의사이던 존 볼비John Bowlby는 의학과 정신분석학 훈련을 받고 아동 치료활동에 전념하였다. 그는 아동지도소와 고아원 등 시설에서 성장한 아동들이 다른 사람들과 친밀하고 지속적인 인간관계를 형성하지 못하는 등 여러 가지 정서적 문제가 있음을 관찰하였다. 볼비는 아동들이 생애 초기에 어머니에 대한 정서적 유대감을 형성할 기회가 박탈당했기 때문에 성장해서도 타인에게 심리적 친숙감을 느낄 수 없다고 해석하였다(유안진, 1999:172).

볼비는 유아가 어머니에 대하여 형성하는 정서적 유대감을 특별히 '애착attachment'이라는 개념으로 설명한 이론가로서 아동의 심리발달에 대한 이론적 공헌이 지대하다. 인간의 아기는 태어날 때 완전히 무력한 존재로 세상에 나오기 때문에 잠시도 부모로부터 도움을 받지 않으면 생존 자체가 불가능하다. 그래서 아기는 자신의 생존이 위협받는 상황이 되면 양육자의 보호를 받아야 하고, 그런 진화론적 동기에서 생존보호반응(또는 애착행동)이 형성되고 이 반응들이 진화되어 '심리적 애착' 기제로 발달한다(Bowlby, 1982). 유아 초기의 생존보호반응이란 예를 들면, 아기의 울음, 미소, 옹아리, 빨기, 잡기, 따라다니기 등을 말하는데, 이런 반응을 아기가 보일 때 어머니는 아기를 더욱 사랑하고 안전하게 잘 보살펴 주기 때문에 아기는 자신의 생존을 위하여 울고 웃는다는 것이 진화심리학적 해석이다(유안진, 1999:173).

2) 모성결핍과 범죄

볼비는 고아원, 아동지도소 등 아동복지시설에서 부모없이 성장한 아동들이 비행에 쉽게 가담하는 원인을 애착이론으로 설명하고자 하였다.

아동지도소에 의뢰된 44명의 비행청소년집단(절도범)의 비행원인을 조사하였다. 비행집단과의 비교를 위하여, 통제집단으로서 아동지도소에 있지만 비행은 없고 가정은 결손된 아동들과 비교하였다. 비행집단에서는 39% 아동이 유아기에 어머니와 격리된 경험이 있는데 비해, 통제집단 아동은 5%만이 어머니와 격리된 경험이 있었다. 이 조사에서 '격리'는 아동이 5세되기 이전에 어머니와 6개월이상 떨어져 살았던 것을 기준으로 하였다Bowlby, 1946.

이 연구결과를 토대로 하여, 볼비는 '모성결핍maternal deprivation' 개념을 제안하였다. 모성결핍은 어머니와의 액착이 발달되지 않은 정서적 결핍을 의미하며, 유아기의 모성결핍 때문에 청소년기에 비행행동이 출현하게 된다. 애착발달은 유아기에만 이루어지는 발달적 과제이며 애착발달은 3세 이전에 완료된다고 하였다. 동물행동학에 따르면, 종에 따라 어린 새끼가 어미에게 애착(또는 각인)되는 민감한 시기가 정해져 있는데, 인간 유아는 3세가 애착발달의 '결정적 시기critical period'인 것이다.

정신분석학적 이론으로서 애착이론은 범죄와 비행을 설명하는데 가장 영향력있는 이론이라는 평가를 받고 있다. 애착이론이 발표된 이후에 그 영향을 받아, 청소년비행 및 아동 정신병리의 원인으로서 결손가정 또는 모성결핍의 영향에 관한 연구가 현재까지 학계의 관심을 받고 있다(Hollin, 1989:37).

그러나, 볼비이론이 범죄를 설명하는 큰 공헌을 했으나, 동시에 몇가지 비판도 받고 있다.

첫째, 어머니와 물리적으로 떨어져 사는 '모성격리'와 청소년비행 사이에 직접적인 인과관계가 있다기 보다는, 실제 가정에서 이루어지는 양육의 질quality이 비행에 더 중요한 영향을 미친다는 연구결과가 상당수 보고되고 있다. 말하자면 '누가' 키우는가 보다는 '어떻게' 키우는가가 더 중요하다는 것이다.

둘째, 여느 정신분석이론과 마찬가지로 볼비이론 역시 과학으로서 검증문제가 비판의 초점이 된다. 이론형성에 있어서 과학적 방법이 결여되고 이론의 중심개념들(애착, 모성결핍 등)이 모호하기 때문에 객관적 검증이 불가능하다는 것이 문제이다.

유안진(1999). 아동발달의 이해. 서울: 문음사.

정갑섭(1996). 교정심리학. 서울: 경기도서.

Abrahamson, D.(1944). *Crime and the Human mind*. New York: Columbia University Press.

Alexander, F., & Healy, W.(1935). *Roots of Crime*. New York: Knopt.

Bowlby, J.(1946). *Forth-four juvenile thieves: Their characters and home life*. London: Baillere, Tindall, & Cox.

Bowlby, J.(1982). Attachment and loss: Retrospect and prospect. *American Journal of Orthopsychiatry, 52(4)*, 664-678.

Johnson, A., & Szurek, S.(1952). The genesis of antisocial acting out in children and adults. *Psychological Quarterly, 21*, 223-243.

제5장 인지 및 정보처리이론 계열[17]

1. 콜버그의 도덕발달이론

아동의 인지발달이론의 기초를 놓은 삐아제Piaget는 아동의 도덕성 발달을 행위의 '결과'에 치중하여 판단하는 타율적 단계와 '과정·의도'에 치중하는 자율적 단계로 나누었다. 이를 토대로 더 세밀한 도덕성 발달단계를 제시한 이론가는 로렌스 콜버그Kohlberg이다.

콜버그가 도덕성이론을 성립하는데 사용한 연구방법은 독특하다. 바라보는 시각에 따라서 이런 각도에서 보면 이것도 옳은 것 같고 저런 각도에서 보면 저것도 옳은 것 같이 보이는 "딜레마" 상황을 아동에게 제시하고, 그런 가상적 갈등상황에 대해서 아동이 어떻게 생각하는지를 말하거나 쓰도록 하였다. '왜 그렇게 생각하는지' 그 이유를 물어서 도덕판단의 근거로 삼았다. 예를 들면, 아내의 생명을 살리기 위해서 약을 훔친 남편을 벌 주어야 하는가, 아니면 용서해야 하는가의 딜레마를 내주고 이에 대해 아동들이 "벌주어야 한다" 또는 "용서해야 한다"라고 대답하는 것 자체에 관심이 있는 것이 아니라, 왜 그렇게 생각하는지를 탐구하였다.

주의할 점은 도덕적 딜레마는 도덕적 사고에 관해 알아보는 도구이지, 도덕적 행동을 측정하는 것은 아니다. 도덕적인 말을 하는 것과 도덕적인 행동을 하는 것은 별개의 차원으로 간주하여야 한다. 도덕적 사고와 복종의 관계에 관한 여러 연구에서, 사람들은 권위에 의해 비인간적인 행동을 강요당할 때 그 권위에 복종할 수 밖에 없다고 결론짓는다. 대표적인 실험예는 스탠포드대학의 짐바르도Zimbardo교수가 실시한 "모의 감옥" 실험이다. "Das Experiment"라는 영화로도 제작되어 일반에게 공개된 바 있다.

---

17) '인지 및 정보처리이론계열' 부분은 이명숙(2006)이 집필한 "범죄사건을 통해서 본 범죄심리"(경기대학교 출판부), pp. 44-47, 61-63에서 발췌, 인용하였다.

1) 도덕성 발달의 6단계

개인이 갖고 있는 도덕성의 논리가 그 사회의 성인을 기준으로 보통사람들이 생각하는 평균적인 수준이면 '인습수준Conventional level', 보통사람들이 생각하는 수준 이하의 도덕판단이면 '인습이전 수준Pre-conventional level', 보통사람들의 평균적 생각수준을 넘어서는 도덕판단이면 '인습이후 수준Post-conventional level'이라 구분하고, 각 수준별로 하위 단계를 세분화하여 모두 6단계의 도덕성 발달단계를 제시하였다.

'인습이전 수준'에 있는 사람은 도덕적 규칙 내지 선악의 개념은 갖고 있다. 그러나 이 개념을 행위의 쾌락적 결과 또는 도덕적 규칙을 강요하는 사람의 힘이나 권력과 관련지어 판단한다. 이 수준에 속하는 하위 단계로는 '복종과 처벌지향' 단계와 '상대적 쾌락주의' 단계가 있다.

'인습수준'에 있는 사람은 도덕적 판단의 기준이 그 사회에서 인정하는 '착한 행동'을 하는 것과 전통적인 사회질서를 유지하는 것에 있다. 이 수준에 속하는 하위단계는 '착한 아이 지향' 단계와 '사회질서와 권위지향' 단계가 있다.

'인습이후 수준'에 속하는 사람은 인간이면 누구에게나 똑같이 적용되는 보편적, 공통적인 기준이나 원리가 있음을 인식하고 자신이 이러한 기준이나 원리에 따라 행동해야 한다고 생각한다. 이 수준에는 하위단계로서 '민주적으로 용인된 법' 단계와 '보편적 원리' 단계가 있다. 각 단계별로 상세한 설명은 〈표 5〉에 요약하였다.

2) 청소년의 도덕성 증진 방법

청소년들의 도덕성을 상위 단계로 발달시키는 방법으로서 콜버그는 두가지를 제시하였다. 첫째, 청소년이 집을 떠나서 다양한 실제의 사회 상황에서 자신이 가진 가치관과 상이한 가치들을 경험하고 갈등을 느껴 보는 것이 도움이 된다. 둘째, 다른 사람의 행복과 안녕에 대한 책임감을 갖는 경험을 가져 보는 것이 도덕성 발달을 촉진시킨다(Blasi, 1980; Jennings et al., 1983).

아동을 대상으로 한 심리학 실험연구에서 나온 결과들을 요약하면 다음과 같다.

- 아동들이 성인들의 도덕적 설교를 듣고서 생긴 도덕판단의 변화는 사소한 것일 뿐이고, 스스로 지적 도전을 받아 아동 스스로 능동적으로 자신의 사고를 재구성할 때 안정적인

도덕교육의 효과가 나타난다.

- 아동들이 집단 토론 프로그램을 통하여 도덕적 문제를 다른 또래들과 맞붙어 논쟁할 기회를 가질 때 도덕발달이 촉진된다.
- 집단프로그램을 실시할 때 청소년들이 열띤 논쟁을 벌일 수 있는 주제로 도덕적 딜레마를 제시하고 청소년들이 자기끼리 논쟁을 벌이도록 한다. 토론의 진행도 청소년들이 하도록 한다. 지도자는 단지 논점을 요약하거나 명료화해 주고 의견제시를 위해서 가끔 개입할 뿐이다.

이상의 연구결과를 정리하면, 청소년들이 자신의 사고에 스스로 도전하여 현재보다 더 높은 상위의 도덕 판단을 하도록 지적 자극이 되는 견해를 또래들로부터 접하게 되면, 자연적으로 인지적 도전을 받아 도덕적 판단도 발달해 간다.

3) 범죄인의 도덕성 교정

도덕성이 하위단계에 있을 때는 구체적 사물이나 눈에 보이는 결과에 얽매여 판단하게 되고, 상위단계로 올라갈수록 정의, 권리, 원리 등 추상적인 개념이 생겨나기 시작한다.

범죄인들은 범행할 기회가 주어졌을 때 그 유혹에 저항하고 스스로를 통제할 내적 기제를 갖고 있지 못하다는 면에서, 범죄인들은 도덕발달이 지연된 사람이라고 가정할 수 있다. 실제 연구에서 범죄인들은 일반인보다 도덕발달 단계가 평균적으로 더 낮았다(Campagna & Harter, 1975; Fodor, 1972).

그러나, 일부 학자들은 콜버그의 도덕발달이론을 범죄인에게 직접적으로 적용하는 것에 대해 회의적이다. 그 비판으로서 첫째, 가상적인 도덕적 딜레마에 대한 추론방식(즉, 도덕적 판단방식)을 진단하는 방식은 범죄인들이 범행 상황에서 사용하는 사고유형과 거의 연관성이 없다는 것이다. 둘째, 범행 상황에서 범죄인들이 흔히 하는 생각이 무엇인지를 조사해 보니, 범인들은 '이 행동이 옳은가 그른가'라는 도덕적 문제를 고민하는 것이 아니라, '잡힐가 안잡힐가'라는 범죄성공 가능성에 집중한다는 것이다.

〈표 5〉「하인즈 딜레마」스토리

하인즈의 아내는 의사들도 그 원인을 잘 모르는 암에 걸려 죽어가고 있다. 그의 아내를 살리는데는 어느 약제사가 제조해 낸 라디움 성분의 약을 써야 한다. 그러나 그 약값이 터무니 없이 비싸다. 그 약을 한 병 만드는 데만 20만원 정도 들 뿐인데, 그 약제사는 200만원을 요구하는 것이다. 하인즈는 100만원 밖에 구할 수 없었다. 그래서 그는 약제사를 찾아가서 사정을 해 보았다. 100만원을 받고 그것을 팔든지, 아니면 모자라는 나머지 100만원을 나중에라도 갚도록 해 주고, 그 약을 우선 자기에게 달라고 말했다. 그러나 그 약제사는 한마디로 거절했다. 그 약은 적어도 200만원은 받을 수 있는 귀한 것인데, 그 반 값만 받고는 줄 수 없다는 것이다. 하인즈는 초조해 지기 시작했다. 중학교만 졸업하고, 공장에서 일을 하며 겨우 밥만 먹고 사는 자신의 처지에서 나머지 100만원을 구한다는 것은 완전히 불가능하다. 물론 하인즈는 그 약제사의 집에 몰래 들어가서 그 약을 훔쳐낼 수는 있다. 그러나 과연 아내의 목숨을 구하기 위해서 도둑질을 할 것인가?

출처 : https://en.wikipidia.org/wiki/Heinz_dilemma

〈표 6〉 콜버그의 도덕발달단계

수 준	단 계	특 징
인습 이전 수준	단계 1. 복종과 처벌지향	• 의심할 여지없이 규율이란 복종해야 하는 고정불변인 것이고, 강한 권위자가 정해 준 것이라고 생각함. • 오로지 행위에 수반되는 결과(처벌)에만 비추어 선악을 판단함. 　예: "법에 어긋나니까요" "훔치는 것은 나쁘니까요" "벌받는 것이기 때문에"
	단계 2. 상대적 쾌락주의	• '도덕'을 자신과 타인을 만족시키는 도구로서 정의함. • 규율을 고정적이거나 절대적인 것이라고 생각하지 않음. • 어떤 문제이든 한가지 이상의 관점이 있음을 알게 되어, 즉 상대적 관점을 갖는다. • 모든 것이 상대적이기 때문에 궁극적으로는 각자의 욕구와 쾌락에 따라 결정하는 것이 '선'이라고 생각함. 　예: 사람에 따라 다르다. 하인즈는 아내를 구하기 위해 훔치는 것이 옳고, 약사는 돈을 벌어야 하므로 그도 옳다"
인습 수준	단계 3. 착한 아이지향	• 도덕이란 타인과 좋은 관계를 유지하는 것이기 때문에, 칭찬받고 싶어하고 타인을 기쁘게 해주고 도와 주려는 방향으로 생각함. • 그 사회에서 배운 '착한' 사람이 행해야 하는 규범에 비추어 '선'을 판단. • '착함'을 동기와 감정 면에서 정의한다. 　예: "생명을 구하려고 애썼다" "아내를 사랑했다" "약사가 탐욕스럽다" "자기이익만 보려한다" "다른 생명에는 무관심하다"
	단계 4. 사회질서와	• 사회질서와 권위를 유지하는 방향을 '선'으로 판단 • 사회질서와 법률의 존재 이유와 그 기능에 대한 개념을 가지고 있다(3단

	권위지향	계와 차이점). 예: "하인즈에게는 동정한다. 그러나 그 도둑질은 용서할 수 없다. 모두가 그럴만한 이유가 있을 때마다 법을 어긴다면 이 사회는 어떻게 유지되겠는가"
인습 이후 수준	단계 5. 민주적으로 용인된 법	• 사회의 계약이나 개인의 권리, 민주적인 방식으로 수용된 법률에 따라 행동해야 한다고 생각. • 법이란 사람들이 화목하게 살아가기 위해 공동체가 동의한 장치이다. 필요하면 민주적인 절차를 거쳐 언제든지 법을 바꿀 수 있다. • 법에 대해 합리성을 인정하기 때문에 훔치는 것은 나쁘다고 생각하나, 하인즈가 법을 초월하는 '정당한 이유'를 갖고 있다는 것을 어렴풋이 인식. 예: "하인즈가 정당한 이유가 있긴 하나, 법의 입장에서 보면 그에게 잘못이 있을 것이다. 그의 선악을 더 이상 말할 수 없다"
	단계 6. 보편적 원리	• 개인의 양심에 따라 행동한다 • 법을 초월하는 어떤 추상적이고 보편적인 원리에 대한 보다 명확한 개념을 갖게 된다. • 보편적 원리를 수립하는 것은 어렵고 그 원리를 생을 통해 실천하는 것은 더 어렵기 때문에 이 단계까지 도달한 역사적 인물은 드물다. 예: 예수, 간디, 소크라테스, 마틴 루터 킹, 칸트 등

주: 단계별 예에서 '하인즈'는 콜버그의 딜레마 스토리 중에서 아내를 살리기 위해 약국 문을 부수고 들어가 약을 훔친 남편의 이름.

2. 인지적 신연합주의

TV나 인터넷과 같은 미디어 영상물의 내용이 이를 보는 시청자에게 미치는 영향에 관한 양대 이론은 정화이론과 사회학습이론이다. 정화이론은 정신분석이론에 뿌리를 둔 이론으로서 1960년대에 성행했고, 사회학습이론은 행동주의 관점을 가진 이론으로서 정신분석에 대한 대안으로 1970년대에 대두된 것이다. 그러다가 1980년대부터는 사회인지적 관점에 기초한 신연합주의cognitive neo-associationism 이론이 나왔다. 인지적 신연합주의는 시대적으로 컴퓨터가 발달하고 인공지능 연구가 활발해 지면서 형성된 이론이다. 심리학에서도 비로소 인간 두뇌의 정보처리에 초점을 맞춘 미시이론micro theory이 나오게 된 것이다.

인지적 신연합주의 이론을 간략히 소개하면, 미디어에서 공격적인 장면을 시청하면 시청자가 공격행동을 일으키게 되는데, 이 매개과정으로서 시청자의 대뇌에서 인지적 연합cognitive association이 이루어지고 이때 시청자 자신은 어떤 능동적 역할을 한다(권준모, 1999). 이런 관점에서 파생된 세부 이론으로는 연합망이론과 점화가설을 들 수 있다.

① 연합망 이론

Collins와 Loftus(1975)가 제안한 연합망이론associative network theory은 개인이 가진 인지체계(사고체계)는 여러 개의 결절로 구성되어 그물망처럼 서로 연결되어 있다고 본다. 특정한 자극이 인지체계에 입력되면 이미 기억되어 있는 그물망의 경로를 통해서 이 자극과 연관된 생각들이 활성화된다. 다시 말해, 외부로부터 어떤 자극을 받으면 사람들은 그것에 즉시 반사적으로 반응하기 보다는 과거경험을 통해 기억 속에 망구조처럼 연결되어 저장되어 있는 정보에 비추어서 현재의 자극을 이해하기도 하고 이에 대한 반응을 결정하기도 한다.

② 점화 가설

Berkowiz(1984)가 제안한 점화가설priming hypothesis은 폭력적인 미디어 장면이 시청자의 사고와 행동에 미치는 광범위한 영향을 설명해 준다.

시청자는 단순히 공격적 장면 자체에 자극받아 (공격) 반응을 생성하는 것이 아니라, 공격장면이 전달하는 '의미'에 대해 반응한다는 것이다. 점화가설은 종래의 사회학습이론에서 제시한 가설, 즉 시청자들은 매체에서 본 장면 자체를 수동적으로 그대로 따라 한다는 모방학습 또는 모델링 개념에서 진일보한 이론으로 평가된다.

점화가설에 의하면, 폭력영화에 의해 점화된 시청자의 공격적 사고는 뇌 안에서 의미론적으로 관련된 다른 사고들을 점화시키고, 따라서 그 영화에서 관찰한 것과 '자극' 자체가 동일하지는 않지만 '의미'가 연관된 다른 폭력적 행동에 대한 사고도 광범위하게 유발할 수 있다(곽금주, 1992).

이 가설을 지지하는 사회적 현상을 몇가지 들 수 있다. 1973~1978년 기간에 미국에서 TV를 통해 헤비급 권투시합을 집중 중계한 이후에 (권투와는 상이한 공격행동인) 살인범죄율이 증가하였다는 보고가 있다(Phillips, 1983). 뿐만 아니라 실험실 연구에서도 점화가설을 지지하는 증거가 보고된다. 예를 들면, 미디어 장면에서 직접 공격적인 장면이 나오지 않고 단순히 총이나 칼과 같은 무기를 단순노출시켜도 시청자의 공격성 수준이 증가되었다. 그 이유는 무기가 대뇌에서 공격행동과 연계되어 저장된 자극이기 때문에 단순히 총, 칼을 보는 것 만으로도 공격적 사고, 정서, 행동을 점화시키는 도화선이 될 수 있기 때문이다(Berkowitz & LePage, 1967; Leyens et al., 1975).

그러면, 동일한 폭력영화를 보고 어떤 사람은 아무 문제가 없는데, 왜 어떤 사람은 이를 본 딴 모방범죄와 모방폭력을 저지르는 것일까?

시청자가 미디어폭력물이라는 자극에 대해 반응할 때 반응의 유형은, 개인이 본래 갖고 있는 특질과 그러한 특질의 발현을 촉진 또는 억제할 수 있는 상황적 자극에 의해 결정된다. 다시 말해, 원래 공격성이 높은 사람이거나 폭력장면을 보는 당시에 화가 나 있었던 사람은 공격적인 장면을 볼 때 폭력적 반응을 보일 확률이 더 높다(곽금주, 윤진, 1992). 그 이유는 공격적 특질을 가진 사람은 공격적 장면에 의해 더 쉽게 점화되는 고감도의 공격적 연합망(aggressive associative network)을 갖고 있기 때문이다.

고감도의 공격 연합망은 어린 시절부터 폭력물에 반복노출되는 과정을 통해 강화되어 가며, 한번 형성된 연합망은 쉽게 사라지지 않고 일생동안 영향을 미칠 수 있다. 즉, 대뇌 속에 각인(imprinting)되어 있는 것이다. 폭력물을 자주 보면 일시적으로 모방해 따라 하거나(사회학습이론) 공격성을 카타르시스 시켜 해소하는 것(정화가설)이 아니라, 대뇌구조 속의 폭력 연합망을 더욱 강하게 강화시켜 작은 폭력자극에도 쉽사리 점화되어 폭력행동으로 표출되는 것이다.

오랫동안 폭력가정에서 자라면서 부모의 폭력행동을 보고 자란 아이들의 대뇌구조는 폭력 연합망이 강하게 각인되어 있어서 나중에는 자기의 의지('나는 커서 절대 폭력가장이 되지 않을거야')와는 무관하게 그 아들도 또다시 폭력가장이 되는 폭력의 대물림현상이 생기는 것이다. 바짝 말라 있는 산에서는 조그마한 담배 불씨 하나가 온 산을 태우는 도화선이 되는 것과 이치는 동일하다.

3. 습관화 가설

인터넷중독, 게임중독, 약물중독 등 최근에 문제시되는 다양한 행위중독이나 물질중독 현상은 습관화 가설로 설명할 수 있다. 약물중독은 동일한 약리적 효과를 지각하기 위해서는 점점 더 많은 양을 복용해야 하는 내성이 생기는 것과 마찬가지로, 여러 가지 행위를 중단하지 못하고 과다하게 몰입하게 되는 행위중독 또한 더 강한 자극이 들어와야만 처음 만큼의 효과를 느낄 수 있는 인간의 적응문제와 연관되는 현상이다. 이러한 심리적 기제를 '습관화habituation'라 하며, 흔히 '둔감화desentization'라는 용어로도 사용하고 있다. 습관화는 특정 자극에 대한 노출이 반복되면 동일한 수준의 자극으로 인해 일어나는 신경계 각성의 정도가 낮아지고 둔감해 지는 현상이라고 정의된다.

따라서 인터넷이나 게임, 도박 등 특정행위에 습관화되어 처음과 같은 수준의 '짜릿함' '통쾌함' '절정감' 등 흥분상태를 느끼기 위해서는 시간이 갈수록 더욱 더 강한 자극이 들어와야만 한다.

범죄행동에도 이런 습관화가 일어난다. 상습적 폭행범인 경우 폭력을 당한 피해자의 고통스런 반응에 무감각해 지거나 자신의 반사회적이고 공격적인 행동 자체에 대해 무감각해 진다. 이것은 피해자의 고통이라는 외부 자극 또는 양심의 고통이라는 내부 자극에 대해 습관화가 되어 버린 것이다. 그래서 무슨 범죄든 처음 하는 것이 어렵지, 그 다음부터는 별게 아닌 것으로 심리적 적응이 일어나게 된다.

곽금주(1992). 공격영화시청에 따른 공격스크립트의 활성화. 한국심리학회지: 발달, 5(1), 85-98.

곽금주, 윤진(1992). 공격성의 사회인지적 매개과정에 관한 두가지 기초연구. 한국심리학회지: 사회, 6(2), 1-10.

권준모(1996). 미디어 폭력의 고찰. 중국 동북 사범대학 발표논문(미발간 자료).

Berkowitz, L.(1984). Some effects of thoughtson anti- and prosocial influences of media events: A cognitive neo-association analysis. *Psychological Bulletin, 95,* 410-427.

Berkowitz, L., & LePage, A.(1967). Weapons as aggression-eliciting stimuli. *Journal of Personality and Social Psychology, 7,* 202-207.

Blasi, A.(1980). Bridging moral cognition and moral action: A critical review of the literature. *Psychological Bulletin, 88,* 1-45.

Campagna, A.F, & Harter, S.(1975). Moral judgement in sociopathic and normal children. *Journal of Personality and Social Psychology, 31,* 199-205.

Collins, A., & Loftus, E.(1975). A spreading-activation theory of semantic memory. *Psychological Review, 82,* 407-428.

Fodor, E.M.(1972). Delinquency and susceptibility to social influence among adolescents as a function of level of moral development. *Journal of Social Psychology, 86,* 257-260.

Jennings, W.S., Kilkenny, R., & Kohlberg, L.(1983). Moral development theory and practice for youthful and adult offenders. In W.S. Laufer & J.M. Day(eds.), *Personality theory, moral development, and criminal behavior.* Toronto: Lexington Books.

Leyens, J.P., Parker, R.D., Camino, L., & Berkowitz, L.(1975). Effects of movie violence on aggression in a field setting as a function of group dominance and cohesion. *Journal of Personality and Social Psychology, 32,* 346-360.

Phillips, D.(1983). The impact of mass media violence on U.S. homicides. *American Sociological Review, 48,* 560-568.

제6장 범죄적 성격이론 계열

오랫동안 성격심리학 영역에서는 성격의 원인을 설명하기보다는 성격의 특성 및 유형을 기술하는데 집중해 왔다. 즉 사람마다 성격의 개인차가 있는 것에 대해서 왜 그런 차이가 생기는지에 대해서는 설명하지 못하고, 사람마다 어떤 차이가 있는지를 성격검사 수치로 제시하는 것이다. 성격 연구가 개인차를 기술하는 데 한정되었던 이유는, 첫째 인간의 신경과학이 초보적 단계에 있었기 때문이다. 두 번째 이유는 사람들이 공통적으로 갖고 있는 성격 특질을 유형화하여 분류하는 것이 필요했기 때문이다. 특질trait이란 각 사람이 연령이나 상황 변화에 관계없이 정서, 행동, 인지 등에서 비교적 안정적인 패턴을 보이는 심리적 속성을 의미한다. 성격의 Big Five모델이라든지 아이젠크 성격이론의 외향성, 신경성, 정신병질성 차원도 성격을 구성하는 세부 특질들을 제시한 것이다(DeYoung & Gray, 2009).

최근의 심리학 이론 추세는 성격 특질들은 각각이 완전히 독립된 속성이라고 보는 것 보다는 인간 성격의 다양한 측면을 조작적으로 구분한 인위적 개념이기 때문에 어느 정도는 서로 간에 상관되어 있거나 상하간 수직적 위계를 이루고 있다고 본다.

성격이론의 대표격인 'Big Five' 모델도 처음에는 신경증neuroticism, 친화성agreeableness, 성실성conscientiousness, 외향성extroversion, 개방성openness/intellect 등 5개 특질이 각기 독립된 속성으로 개념화되었다. 그러나 후속연구들을 통해, 신경증, 친화성, 성실성의 3개 특질은 '안정성stability 또는 α'라고 명명된 상위의 특질로 통합된다고 하였다. 그리고 외향성과 개방성의 2개 특질은 '유연성plasticity 또는 β'라고 명명된 상위특질 아래 모인다(Jang et al, 2006).

1. 성격 신경과학(Personality Neuroscience)의 출현

인간의 행동과 경험은 뇌 속에서 진행되는 생물학적 과정을 거쳐 생성되는 것이다. 성격이란 내재된 특성은 겉으로 드러나는 행동과 경험의 규칙성과 안정성에 의해 규정된다. 성격 또는 행동의 규칙성은 뇌의 생물학적 기능이 갖는 규칙성과 연관되기 때문에, 최근에 이러한 규칙성을 탐구하는 '성격 신경과학'[18] 이라는 학문이 활발해지고 있다. 성격 신경과학에서는 성격에 즉각적인 영향을 주는 뇌 기능을 찾을 뿐만 아니라, 유전자와 환경의 상호작용으로 오랜 기간 축적된 성격의 발달적 근원을 찾고자 한다. 2000년대 들어 성격에 영향을주는 생물학적 요인으로는 신경전달물질과 호르몬이 집중 조명을 받고 있다(Netter, 2004; Hennig, 2004; Zuckerman, 2005; Deyoung & Gray, 2009 재인용).

① 세로토닌

신경과학 연구결과를 보면, 성격의 안정성은 세로토닌과 관련되고, 성격의 유연성은 도파민과 관련된다. 세로토닌과 도파민의 활동은 뇌체계에 광범위하게 퍼져 영향을 주는 신경조절자 역할을 한다(Deyoung & Gray, 2009: 12).

구체적으로 세로토닌의 기능은 안정성을 구성하는 하위 특질인 친화성 및 성실성과는 정적 관계를 갖고, 신경증과는 부적 관계를 갖는다. 세로토닌 수준이 낮은 것이 공격성을 일으키고, 충동성 조절이 잘 안되며, 우울과 불안을 유발한다. 그래서 세로토닌 기능을 강화해 주는 약물은 이러한 외현적·내현적 문제를 치료하는데 성공적임이 보고되고 있다(Spoont, 1992; Deyoung & Gray, 2009: 13).

여러 성격이론들에서 신경증의 병리적 특성을 다루고 있다. 신경증은 다가올 위협에 민감한 경향성을 의미하고, 처벌경험에 대한 전반적인 부적 감정과 인지내용에 영향을 받는 성격 특질이다. 여기에는 불안, 우울, 분노, 예민함, 자의식, 취약성 등이 포함된다. 신경증과 위협에 대한 민감성은 다양한 정신병리에 강력한 영향을 주는 요인으로서 특별한 주목을 받는다. 신경증은 세로토닌 수준이 낮아져서 생긴다. 또한, 신경증은 스트레스 호르몬인 코르티졸의 기저선이 정상보다 높고, 특정한 스트레스 요인이 발생했을 때 이에 대응하는 코르티졸 수준이 낮은 것과도 관련된다(Netter, 2004).

Gray는 동기이론에서 행동억제체계와 행동활성화 체계로 학습을 설명한다. 행동억제체계(Behavioral Inhibition System, BIS)는 처벌이 올 것으로 예상되거나 '보상없음'을 알리는 단서가 있을 때 수동적인 회피행동을 하거나 또는 이미 학습한 행동일지라도 하지 않게 한다.

---

18) 성격 신경과학 : Personality Neuroscience

억제체계를 관장하는 뇌중추는 중격해마septo-hippocampal에 위치하고 전전두엽prefrontal cortex에 연결되어 있다. BIS의 중요한 기능은 노어아드레날린과 세로토닌의 증가와 관련이 있다. 뇌의 행동억제기능이 감퇴하는 것은 노어아드레날린과 세로토닌 기능의 약화와 관계된다(Quay, 1993:169-173).

행동활성화체계(Behavioral Activation System, BAS)와 BIS가 동작반응에는 상반된 결과를 내지만, 양자가 공통적으로 작동할 때에는 환경적 자극에 대해 주의가 증강 되고 각성수준이 높아진다. 그렇기 때문에 행위자의 반응이 접근이든 회피든 BAS 및 BIS 활성화는 그 반응의 강도를 높이게 된다.

② 도파민

도파민의 기능은 유연성 특질과 밀접한 관련이 있다. 유연성은 일반적으로 탐험적 경향성을 의미하는 성격특질로서 탐험의 행동적 양태인 '외향성'과 인지적 양태인 '개방성/지성'을 포괄하는 상위 특질이라 볼 수 있다. 도파민의 역할은 행동적 외향성과 인지적 개방성을 촉진시켜서 유연성이 높은 성격으로 표출되는 생물학적 기저가 되는 것이다. 도파민과 더불어 테스토스테론도 외향성과 정적인 상관을 가지며, 세부 특징으로 주장성과 지배성에 영향을 준다(Zuckerman, 2005).

외향성 특질은 인간관계의 기초가 되는 '사회적 유대'의 심리생물학적 기저를 이해하는 데 중요하다. Gray 이론에서 제시한 행동활성화체계BAS를 관장하는 뇌체계가 외향성 특질과 관련된다. 즉 외향성이 내포한 친화적 속성은 긍정적 정서에 관여하는 내분비계 활동과 매우 강하게 관련되어 있고, 긍정적 정서를 가지면 외부로부터의 보상획득이 수월해지고 또한 사회적 유대도 더욱 강해진다(Depue & Morrone-Strupinsky, 2005).

행동활성화체계BAS는 생리학적으로 도파민 기능과 연관되고 성격적 특질로는 충동성을 일으킨다. 그러나, BAS의 민감도를 가장 잘 나타내는 측정값은 충동성이 아니라, 외향성 수준이다. 외향성 특질에는 충동성도 포함하지만 사회성도 내포되어 있다(DeYoung & Gray, 2009:8). BAS는 일종의 "go"시스템으로서, 자극에 대한 접근반응 및 회피반응을 관장한다. 접근행위는 직접적인 보상 단서에 의해 촉발되며, 반면에 '처벌없음'을 알려주는 단서가 있을 때도 행동을 하게 한다. 뇌의 BAS 기능에서 중요한 신경전달물질은 도파민으로서 BAS 기능이 활성화되면 도파민 기능이 올라간다.

신경과학에서는 성격과 관련되는 생물학적 기제를 측정하기 위하여 다양한 신종 의학적 도구들을 사용한다. 대표적인 측정방법은 다음과 같다(Deyoung & Gray, 2009:5).

- 신경영상(neuro-imaging) : 자기공명영상(MRI), 양전자방사단층촬영법(PET)
- 분자유전학(molecular genetics) : 게놈
- 전기생물학 기법(electro-physiological) : 뇌전도그래프(EEG), 피부전도반응(EDA)
- 내분비계 향정신성 물질 분석(endogenous psychoactive substances) : 호르몬 수준, 신경전달물질 대사 수준
- 정신약물학적 조작(psycho-pharmocological manipulation) : 세로토닌 수준을 바꾸기 위해 특정약물 투입

신경과학적 관점에서 성격을 설명하고자 하는 대표적 이론가로는 Eysenck, Jeffrey Gray, Zuckerman을 들 수 있다. 본 장에서는 아이젠크의 성격이론과 그레이의 동기이론을 상세히 고찰한다.

2. 아이젠크 성격이론[19]

아이젠크H.J. Eysenck는 종래의 사회학적 범죄이론들이 범죄행동에 대한 이해와 교정치료에 구체적인 기여를 하지 못한다고 비판하였다. 그 대안으로서, 개인의 성격을 형성하는 신경계가 바로 개인이 행하는 반사회적인 범죄 행동에도 영향을 주는 일차적 요인이라고 보는 생물학적 관점의 범죄이론을 제시하였다.

아이젠크는 범죄행동은 부모로부터 유전된 특정한 신경계의 특성과 특정한 환경적 조건이 서로 상호작용한 결과로 발생한다고 보았다. 신경계, 성격, 환경 사이의 조합이 어떻게 결성되는가에 따라 각기 다른 범죄행동을 일으키게 된다.

---

19) '아이젠크 성격이론' 부분은 이명숙(2006)이 집필한 "범죄사건을 통해서 본 범죄심리"(경기대학교 출판부), pp. 39-42에서 발췌, 인용하였다.

아이젠크 이론이 롬브로소 등 초기의 생물학적 범죄이론과 다른 점은, 범죄행동 자체 또는 범죄잠재성이 선천적인 것이 아니라, 중추신경계와 말초신경계가 선천적인 것이고 그러한 신경계의 어떤 특성이 열악한 환경 속에서 성장하거나 잘못된 가정양육을 받게 되면 반사회적 행동을 할 가능성을 높이는 것으로 본다는 점이다(Eysenck & Gudjonsson, 1989:7). 사람들은 유전적 영향으로 인해 각기 다른 대뇌피질과 자율신경계를 갖고 태어난다. 신경계는 환경자극으로부터 학습하는 능력에 영향을 준다. 일반적으로 신경계의 이러한 특성을 기질 temperament이라 부른다. 범죄인은 태어날 때부터 자기 몸 속 신경계가 보이는 반응성, 민감성, 흥분성 등의 특성 때문에 범죄행동에 쉽게 빠지게 된다.

아이젠크는 성격의 세가지 기질 차원으로 외향성Extraversion, 신경증Neuroticism, 정신증 Psychoticism을 제시하고, 모든 사람은 이 세가지 기질 차원으로 성격을 묘사할 수 있다고 가정하였다. 대부분의 사람은 세가지 차원 상에서 중간 정도에 위치하고, 극소수의 사람은 연속선상의 극단에 위치한다. 성격기질이 극단에 치우쳐 있는 사람이 범죄위험성이 높다.

성격 기질이 외향성인지 내향성인지, 또는 신경증이나 정신증이 어느 정도 수준인지는 선천적으로 타고난 자신의 신경계와 관련있다. 외향성-내향성 기질은 중추신경계 기능과 연관되어 있고 신경증은 자율신경계와 관련된다.

① 외향성-내향성 차원

인간의 대뇌는 많지도 않고 적지도 않은 적당한 수준의 자극을 필요로 한다. 과다한 자극이 대뇌에 들어오면 심리적으로 고통과 혐오감을 느끼게 되고 너무 자극이 안 들어와도 권태와 수면으로 빠져든다.

외향성 기질을 갖는 사람은 평소에 대뇌피질이 과소 각성상태를 유지하고 있다. 그 이유는 외향성인 사람의 신경계는 대뇌에 입력되는 자극을 피질에 전달하는 입구(망상체)[20]에서 자극의 강도를 감소시켜 정보처리를 하기 때문이다. 그 결과로 외향성인 사람은 적정수준에서 대뇌피질의 각성을 유지하기 위해서 일상생활 중에서 강한 자극을 추구한다. 음식도 맵고 강한 맛, 음악도 시끄러운 락음악, 색깔도 강렬한 것 등을 선호한다. 외향성인 사람은 행동이 충동적이고 흥분을 쉽게 하기 때문에 자연히 학습 수행이 저조하고 범죄에도 취약하다.

---

20) 망상체 : reticular activating system

내향성 기질의 대뇌피질은 외향성과 반대의 속성을 갖는다. 즉, 평소에 내향적인 사람의 대뇌피질은 과다 각성되어 있기 때문에 적정수준에서 피질의 각성을 유지하여 안정감을 느끼기 위해서 일상생활에서 가능한 한 강한 자극들을 피하고 조용하고 신중한 생활 패턴을 찾는다.

② 신경증 차원

성격과 범죄와의 관계에서 중요한 차원으로 신경증을 주목해야 한다. 신경증은 다른 용어로 '정서성emotionality'이라고도 하는데, 이는 스트레스를 주는 사건에 대해 신체적으로 반응하는 특성을 말한다. 신경증은 말초신경계와 자율신경계의 기능과 관련이 있고 선천적으로 타고난다.

자율신경계가 불안정한 사람은 성격적으로 신경증이 심하다. 행동적인 면에서는 불쾌하거나 고통스런 자극에 대해 강한 반발로 대응하며 분노에 취약하고 불안이 높으며 그 결과로서 학습수행도 저조하다.

학습 효과면에서 보면, 신경증이 낮으면서 내향적인 사람이 가장 학습을 잘 할 수 있고, 이와는 반대로 신경증이 높으면서 외향적인 사람이 학습에 가장 불리하다.

③ 정신증(정신병질성) 차원

아이젠크가 성격과 범죄를 연결짓는 세 번째 기질차원으로 제시한 요소가 정신증이다. 그러나 아이젠크이론에서 외향성 및 신경증에 비해 정신증에 대해서는 구체적인 개념화가 미흡하다. 단지 정신증도 유전적으로 타고난 특성으로서 정신증이 높은 사람은 고독을 선호하고, 타인에 대한 감정이 결핍되고, 강한 자극을 추구하고, 거친 행동과 공격성을 보인다고 제시하였다. 아이젠크는 후기 이론에서 정신증 대신에 정신병질성psychopathy 개념으로 대체할 것을 제안한 바 있다(Eysenck & Eysenck, 1971).

McGurk와 McDougall(1981)은 외향성, 신경증, 정신증 등 세가지 기질차원이 범죄와 어떠한 관련성이 있는가를 조사하였다. 비행청소년 100명과 일반 대학생 100명을 대상으로 세 가지 기질차원을 측정하기 위한 심리검사를 실시한 결과, 양 집단 모두 '내향적인 높은 신경증'과 '외향적인 낮은 신경증' 집단이 나타났다. 그런데 '외향적인 높은 신경증' 성격은 비행청

소년 집단에만 나왔고, '내향적인 낮은 신경증'은 사회화 수준이 높았고 대학생 집단에서만
나왔다.

<표 7> 외향성과 신경증 비교

구분	신경증	
	높음	낮음
외향성	비행청소년 집단	비행청소년 집단/대학생 집단
내향성	비행청소년 집단/대학생 집단	대학생 집단

이상의 연구결과와 Eysenck가 제시한 가설을 종합해 보면, 아이젠크 이론에서 높은 신경증
과 높은 정신증은 범죄와 연관이 있는 성격 차원이다. 첫째, 신경증이 높은 사람은 정서적으로
안정된 사람보다 정서유발 자극에 대해 더 쉽게 반응하게 된다. 둘째, 정신증은 세로토닌 작용
과는 부적 상관을 갖고, 도파민 기능과는 정적 상관을 갖는다. 다시 말해 세로토닌 수준이 높
으면 정신증이 낮고, 도파민 수준이 높으면 정신증이 높아진다.

그러나 외향성은 범죄와 직접적인 연관성이 없었다고 결론 짓는다. 외향성 차원은 하위 개
념으로 사회성과 충동성으로 구성되어 있고, 범죄와 관련있는 특질은 '충동성' 요인일 뿐이고
'사회성'은 범죄와 무관한 특질인 것이다. 외향성의 신경계 특징 측면을 보면 첫째, 외향성은
내향성보다 대뇌피질 각성의 기저선이 더 낮다. 그래서 외향성은 각성수준을 높이기 위하여
보다 강렬한 자극을 선택하게 된다. 둘째, 외향성은 각성의 최적 수준optimal level이 높은 것을
선호한다(Eysenck, 1997; DeYoung & Gray, 2009:7).

④ 비행에 대한 아이젠크의 해석

보통의 아이들은 어릴 때부터 양심의 발달을 통해 비행행동을 스스로 통제하는 것을 배운
다. 양심이란 '비행행동과 연합된 환경적 사건에 대한 일종의 조건화된 정서반응conditioned
response'이다. 즉, 양심은 학습된 반응이다.

예를 들어, 비행S1을 저지른 아동은 부모의 화R1를 불러 일으키고, 다시 부모의 화S2는 자극
이 되어 아동에게 내적 공포와 고통R2이라는 반응을 일으킨다. 이때 비행S1)과 공포·고통R2
사이에 연합이 일어나는 조건형성(학습)이 진행된다. 이와 같이 아동들은 성장하는 동안 다양

한 행동들에 대해 여러 상황에서 이러한 조건형성(사회화) 학습을 거치면서 점차 규범적 행위자로 성장한다.

결국 '양심'이라는 것은 추상적 도덕성이 아니라 오랜기간 조건형성된 결과물이고 '양심의 학습'하는 능력은 태어날 때부터 선천적으로 부여받은 신경계의 특성에 달려 있다는 관점이다. 자율신경계가 불안정하고 평소에 대뇌피질이 과소각성 상태에 있는 사람은 정서가 불안정하고 과도하게 외향적인 성격이 되며, 그 결과로 양심이나 규범에 대한 학습이 제대로 일어나지 않으며 범죄에도 취약해 진다.

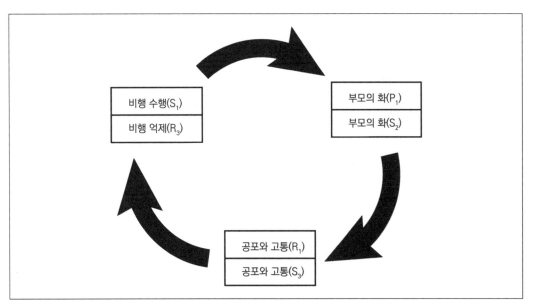

• 〈그림 7〉 양심의 조건형성 과정 •

3. 그레이의 충동성 동기 이론

정신병리에 관한 최근의 신경생물학 이론들은 대다수가 신경전달물질에 초점을 맞추고 있다. 행동이론 및 동기이론은 학습연구에서 도출된 것이기 때문에 자연히 환경의 영향에 초점을 맞춘다. Gray의 동기이론은 생물학이론과 정신병리의 심리적, 행동적 특징 사이의 간격을 연결하는 교량이 될 수 있다.

Jeffrey Gray는 Eysenck의 제자로서 성격 자체에 대한 연구보다는 신경생물학에 더 큰 관심을 기울였다. 그는 "개념 신경계"[21]를 제안하면서 사람의 각 심리기능을 관장하는 부위를 뇌지도에 표시하고자 하였다. 또한, 일련의 연구를 통해, 인간행동을 지배하는 뇌활동과 관련된 동기체계 모델을 제시하였다.

1) 범죄인의 신경생물학적 동기체계

Gray 모델의 기본 가정은, 인간의 동기체계에는 '욕망성 체계appetitive system'와 '혐오성 체계aversive system'로 구분된다. '욕망성'이란 용어가 의미하는 것은 기아, 갈증, 성과 같은 욕구와 연합한 동기라는 것을 의미하며 욕망성 동기가 만족되면 긍정적 쾌락상태가 수반된다. '혐오성' 동기는 처벌의 두려움이나 기대했던 보상을 받지 못할 것 같은 불유쾌한 상황과 연합된 것이다. 욕망적인 동기체계는 보상추구적이거나 접근반응을 유발한다. 즉 욕망성 동기체계는 긍정적 인센티브를 취하기 위해 반응을 활성화시킨다. 그래서 이 체계를 '행동활성화체계BAS'[22]로 명명하였다(Fowles, 1988:375).

이 개념을 범죄상황에 적용해 보면, 범죄인은 차후에 자신에게 부과될 체포나 처벌이 두려워 도망가거나 증거를 인멸하는 등 회피적 행동을 활성화시키는 것은 욕망성 동기체계가 작동하는 것이다. 이와 같은 특정 행동을 활성화시키는 자극들은 범죄인에게 범죄행동을 해도 안전하다는 믿음을 주는 '안전 단서'이거나 범죄에 수반되는 처벌이 실제로 없을 것이라고 안심시키는 학습된 조건자극conditioned stimulus이 그 기능을 한다. 보상신호로 인해 범행을 하게 되는 동기상태를 "범죄적 희망criminal hope"이라 부르고, 잡히거나 처벌받지 않는다는 안심신호로 인해 범행하게 되는 동기상태는 "범죄적 안심criminal relief"이라 명명하였다. 안전단서는 위협적인 처벌이 닥치지 않을 것임을 알려주는 자극으로 역할하며, 그렇기 때문에 보상단서와 동일한 심리적 효과를 가진다(Fowles, 1987:419-420).

이와는 반대로, 특정 상황에서는 보상으로 동기화된 행동을 하게 되면 그에 따른 처벌이 올 것이라는 단서가 있는 경우에 불안이나 공포를 생성하여, 행위자가 실행하려고 했던 보상성 행동을 스스로 억제하게 된다. Gray는 이와 같은 혐오성 동기체계를 "행동억제체계BIS[23]"

---

21) 개념 신경계 : conceptual nervous system
22) BAS : Behavioral Activation System
23) BIS : Behavioral Inhibition System

라고 명명하였다. 혐오성 동기체계는 만약 특정반응을 한다면 혐오적인 결과가 뒤따라올 것이라는 것을 암시하는 단서나 조건자극이 있을 때 욕망성 동기로 활성화된 행동을 억제하게 된다. 행동억제체계의 기능은 범죄행동을 하게 되면 이에 따른 처벌 또는 수치심, 후회 등 부정적 감정이 수반될 것을 알려주는 단서가 신경계를 자극하여 불안이나 좌절 등 정서를 유발시킴으로써 범죄행동을 억제하게 만든다. 알코올과 같은 항불안 약물의 효능은 BIS의 기능을 감퇴시켜 불안, 좌절과 같은 범죄억제 단서의 기능을 약화시키는 것이다. 항불안 약물이 BIS 기능을 약화시켜 불안, 좌절 등 정서에 영향을 미치게 되는 과정에는 인지적 왜곡이 개입한다. 즉 환경적 단서가 주는 중요성과 정확성을 평가함에 있어서 범죄인의 인지는 단서의 의미를 과장 또는 축소하는 쪽으로 현실왜곡을 일으켜서 범행시 불안을 없애고 과감한 행동을 하게 한다. 이러한 정서 탈억제가 일어나는 대표적 정신병리는 사이코패스이다(Fowles, 1988:376).

절도 동기가 있더라도 주변에 CCTV가 설치된 것을 보면 훔치는 행동을 억제하게 되는 것은 혐오성 동기체계가 작동하는 것이다. 음주가 취중 범죄행위를 강화시키는 것은, 술이 중추신경 이완제로서 혐오성 동기체계의 반응성을 약화시키기 때문이다. 다시말해, 이러한 약물의 효능은 처벌을 회피해야 하는 상황에서 범죄를 억제시키는 대뇌의 BIS 기능을 감퇴시키는 것이다(Fowles, 1988:375).

BIS 기능 결손은 몇가지 심리적, 행동적 요소들에 의해 초래된다. 불안이 없는 성격을 가진 사람이 충동적인 행동패턴과 결합되면 범죄에 대한 탈억제가 더욱 심각해진다. 충동적 행동은 향후 닥칠 잠재적 처벌이나 실패로 인해서 제동이 잘 안걸리고 과도한 보상만 추구하게 만든다.

사이코패스 범죄인은 특정 성격장애 뿐만 아니라, 과거의 실수 및 처벌로부터 배우는 능력(오류학습)에 결손이 있어서 처벌을 받아도 차후에 재범 억제 효과가 나타나지 않는다. 그들은 욕망성 동기체계BAS는 정상적으로 작동하므로 보상이 나오는 행동을 학습하는 데는 결손을 보이지 않는다. 그러나 잔혹한 공격성을 보이고 처벌을 피하기 위한 거짓말에 능숙한 것은 혐오성 행동체계BIS에만 이상이 있음을 의미한다(Fowles, 1988:377).

간단히 요약하면, 사법제도 또는 교정치료가 대상자의 혐오성 동기체계를 활성화시키게 되면 불안과 좌절 정서가 느껴지면서 범죄억제 효과가 나타낸다. 그러나 교정치료에도 불구하고 범죄인의 욕망성 동기체계가 계속 활성화되는 경우에는 "범죄적 희망criminal hope"과 "범죄적 안도감criminal relief" 정서가 생성되어 범죄가 발생하게 된다는 것이 Gray 동기이론이다.

2) 성격의 개인차

Gray는 개인의 성격차가 생기는 것은, 행동활성화체계와 행동억제체계간 상호작용에서 양자의 상대적 강도가 다르기 때문에 생긴 결과로 해석한다. 예를 들어, 활성화체계에 비해 억제체계가 더 강한 사람은 불안한 성격을 보이고, 그 반대의 경우는 충동적이거나 탈억제가 심한 정신병리에 빠지기 쉽다.

이와는 반대로 억제체계보다 활성화체계가 더 강한 대표적 정신병리가 반사회적 성격장애인 것이고 비사회적 품행장애도 이에 속한다. 품행장애 청소년은 반사회적 성격장애 환자와 마찬가지로, 상황에 부적합한 반응을 하거나 곧 처벌받을 것이 예상되는 행동을 하는 부적응 증세를 보인다. Quay(1993) 연구에서도 비사회적 품행장애 청소년이나 더 심한 신체적 폭력자의 생리특성으로서 노어아드레날린과 세로토닌의 기능저하를 보고하였고, 그 결과로서 행동억제체계가 제대로 기능을 하지 못한 것으로 결론지었다(Quay, 1993:169).

3) 아동 양육 환경과 신경계 발달

아동들이 행동억제체계BIS의 기능을 발달시키지 못하여, ADHD 또는 품행장애 증상을 보이는 것은 다음의 몇가지 요인에 기인한다. 첫째, 처벌이 올 것이라는 것과 또는 아무런 보상이 오지 않을 것을 알려주는 환경적 단서(조건자극)를 학습하지 못하는 가정환경에서 양육되는 경우가 있다. 둘째, 적절한 시점에 그러한 단서가 제시되지 않는 환경에서 자라는 경우다. 셋째, 부모의 양육태도나 요구가 변칙적이고 일관성이 없는 것이 자녀의 '비사회적 품행장애'[24]와 연관된다(Quay, 1993:176).

성장할 때의 경험이 심지어는 욕망성 또는 혐오성 동기체계를 조절하는 신경전달물질(노어에피네프린, 세로토닌, 도파민 등)에도 영향을 준다는 연구가 있다. 쥐를 대상으로 한 동물행동 실험에서 양육기간에 어린 쥐에게 스스로는 피할 수 없는 혐오적 자극을 오랫동안 주었을 때, 즉 학습된 무력감이 생기는 상황에서 성장한 어린 쥐의 뇌에서 스트레스적응 호르몬인 노어에피네프린 수준이 상당히 낮았다(Gray, 1987b; Quay, 1993:176 재인용).

---

24) 비사회적 품행장애: Undersocialized Conduct Disorder

Depue & Morrone-Strupinsky(2005). A neurobehavioral model of affiliative bonding: Implications for conceptualizing a human trait of affiliation. *Behavioral and Brain Sciences, 28,* 313-350.

DeYoung, C.G., & Gray, J.R.(2009). Personality Neuroscience: Explaining Individual Differences in Affect, Behavior, and Cognition. In Corr, P. J., & Matthews, G. (eds.). *The Cambridge handbook of personality psychology(pp. 323-346).* New York: Cambridge University Press.

Eysenck, H.J., & Gudjonsson, G.H.(1989). *The Causes and Cures of Criminality.* New York: Plenum.

Eysenck, S.B.G., & Eysenck, H.J.(1971). Crime and personality: Item analysis of questionnaire responses. *British Journal of Criminology, 11,* 44-62.

Fowles, D.(1987). Application of a behavioral theory of motivation to the concepts of anxiety and impulsivity. *Journal of Research in Personality, 21,* 417-432.

Fowles, D.(1988). Psychophysiology and psychopathology: A motivational approach. *Psychophysiology, 25(4),* 373-391.

Gray, J.A.(1987b). *The psychology of fear and stress.* New York: Cambridge Univeristy Press.

Hennig, J.(2004). Personality, serotonin, and noradrenaline. In R.M. Stelmack(ed.), *On the psychbiology of Personality: Essays in honor of Marvin Zuckerman (pp.379-395).* New York: Elsevier.

Jang, K.L., Livesley, W.J., Ando, J., Yamagata, S., Suzuki, A. Angleitner, A., Ostendorf, F., Riemann, R., & Spinath, F.(2006). Behavioral genetics of the higher-order factors of the Big Five. *Personality and Individual Differences, 41,* 261-272.

Netter, P.(2004). Personality and hormones. In R.M. Stelmack(ed.), *On the psychbiology of Personality: Essays in honor of Marvin Zuckerman (pp.353-377).* New York: Elsevier.

Spoont, M.R.(1992). Modulatory role of serotonin in neural information processing: Implications for human psychopathology. *Psychological Bulletin, 112,* 330-350.

Zuckerman, M.(2005). *Psychobiology of personality(2nd edition).* New York: Cambridge University Press.

범죄인의 특성

<table>
<tr><td>제**7**장</td><td># 내분비계와 신경계</td></tr>
</table>

1. 범죄인의 내분비계 이상

많은 성인 범죄자들은 다양한 내분비계 이상 증상을 갖고 있다. 내분비계 기능은 성적 행동을 촉발하는 성호르몬 분비와 관련되어 있다. 성범죄자나 폭력범죄자들의 경우 그 기능에 이상이 있는 사례가 많다. 내분비계의 이상은 기분의 변화나 인지기능의 손상, 정신병질적 증상 및 공격적 행동 등과 관련된다(Bain et al., 1989). 범죄자들에게 가장 흔한 내분비장애로는 당뇨가 있으며, 외국에서 성범죄자나 폭력범죄자들의 경우 당뇨를 갖고 있는 비율이 13.9%로 일반 인구의 두 배 수준이다.

특히, 강력범의 당뇨 유병율(28.1%)은 일반 성범죄자(13.9%)에 비해서 2배 이상 높으며, 일반인(6.2%)과 비교하면 무려 4배가 더 높다(Langevin et al., 2008). 당뇨를 치료하지 않을 경우 부조화적 행동과 공격성으로 나타날 수 있다. 내분비계 비정상성을 치료하면 환자는 정신적 증상, 충동 조절, 그리고 인지 기능의 개선을 보일 수 있으며 향후 범죄의 발생위험을 낮춰준다(Langevin & Curnoe, 2014).

반사회적 행동과 관련해 가장 많이 연구된 호르몬은 코르티졸cortisol이다. 스트레스 발생요인에 대한 코르티졸 반응성과 반사회적 행동 발생 간에는 부적 관계가 있다는 사실이 여러 연구에서 확인되고 있다(Lahey et al., 1995; Van Goozen et al., 2007; Cornet et al., 2014).

반사회적 행동과 관련된 또 다른 생리적 지표는 심박수 변이도HRV[25] 이다. 높은 HRV은 특히 공감, 감정 조절, 자기통제력과 정적 상관관계를 가진다. 품행장애가 있는 아동들은 낮은 HRV 수준을 가지고 있다고 보고된다(Mezzacappa et al., 1996). 아동들의 HRV 수준과 공

---

25) HRV : heart rate variability

격 형태간의 관계를 조사한 연구에서, '대응적 공격성'은 낮은 HRV와 상관이 있고, '선제적 공격성'은 높은 HRV와 각각 상관관계를 가진다는 것을 확인했다. 대응적 공격성reactive aggression은 외부의 도발에 대한 분노반응이고, 선제적 공격성proactive aggression은 특정 목표를 얻기 위해 미리 준비된 공격이다(Scarpa et al., 2010).

최근 연구들은 반사회적 행동을 한 아동 중에서 교정치료를 받은 후에도 교정효과의 폭이 크지 않은 아동들이 가진 생리적 특징들을 보고하였다.

- 치료 전의 낮은 기저 피부 전도도 (Van Bokhoven et al., 2004)
- 낮은 휴식기 심박수 (Stadler et al., 2008)
- 높은 휴식기 HRV (Bagner et al., 2012)
- 스트레스에 대해 낮은 코르티졸 반응성 (Van de Wiel et al., 2004)
- 높은 테스토스테론 수준 (Shenk et al., 2012)

인간을 포함하여 모든 동물들은 스트레스를 받으면 몸속에서 호르몬 변화가 생긴다. 스트레스 자극이 들어오면 아드레날린, 노어아드레날린 등 적응호르몬이 분비되어 신체적, 심리적 적응을 하도록 돕는다. 이런 생리적 반응까지도, 어린 시절 경험에 따라 적응 호르몬 분비 정도가 "학습될 수 있다". 생리심리학의 실험 예로서, 쥐를 대상으로 한 실험에서 어린시절에 적당한 스트레스 자극을 받지 않고 성장한 쥐는, 나중에 스트레스 받을 때 여기에 적응하는 호르몬 분비가 느렸고 정상수준으로 회복하는데도 느렸다.

이러한 실험결과를 인간 적응에 대응시켜보면, 어린 시기에 사회화 또는 동일시가 제대로 되지 않아서 자아와 초자아의 발달이 부진한 아동들은 학업부담, 성문제 등 스트레스가 가중되면 청소년기에 비행에 빠지기 쉽고 그 후 성인이 되어도 범죄적 삶에 취약해 진다. 이는 프로이드와 아이호른이 제창한 정신분석 관점과도 일맥상통한다. 따라서, 스트레스에 대처하는 우리 몸의 적응조차도 어릴 때부터 적당한 자극을 받아 훈련되는 것이다.

2. 범죄인의 신경계 이상

1) 중추신경계 이상

① 롬브로소의 범죄인 관찰

최근에 반사회적 행동과 관련된 신경생물학적 특징에 관한 지식이 급속하게 증가하고 있다. 반사회적 행동에 대한 현재의 심리사회적 모형 내에서 신경생물학적 관점이 가지는 부가적 가치에 대한 연구는 흥미로운 작업이다(Cornet et al., 2014).

오래전 이태리 범죄인류학자인 롬브로소 연구에서도 범죄인의 독특한 생물학적 특성이 보고되었다. 교도소내 범죄인의 두개골 689개를 관찰 및 측정한 결과, 범죄인은 전반적으로 일반인보다 두개골 용적이 적은 사람이 많았으며 특히 절도범의 용적이 적었다. 골상학자들은 인간의 잔혹성이 숨겨져 있는 곳은 바로 관자놀이 근처 전두엽 부분이라고 지적한 바 있다. 또한 두개골이 비정상성을 보여 후두부 중앙 함몰 현상이 있는데 이는 원숭이의 하위 부류나 뉴질랜드인, 아이마라족 같은 야만인들이 보이는 특징이기도 하다. 뇌회(腦回)는 뇌에서 소장과 같이 꼬인 부분인데 범죄인의 뇌회 구조는 뇌질환을 앓고 있는 정신이상자들과 비슷하다고 보고하였다(롬브로소, 1889:346).

롬브로소는 좌·우반구 비대칭성이 심하면 범죄와 관련있다고 하였다. 범죄인 중 왼손잡이와 왼발잡이가 더 많이 관찰되는 것으로부터 "범죄는 우반구와 관련"이 되고, 범죄인들은 우반구 뇌가 더 발달되고 좌반구 뇌 기능에 이상이 있다고 주장하였다.

최근의 의학 연구에서는 '뇌회결손증후군'을 발견하였고, 이는 뇌회가 발달되지 않아 뇌표면이 편평하게 되는 기형아 증상을 말한다. 임신 8-16주에 신경세포의 이동이 정지됨으로 인해 뇌구조 이상이 발생한 것이고 주요 증상은 소두증, 간질, 긴장저하, 정신지체 등으로 나타난다.

② 편도체 이상

텍사스 대학에 난입해 14명을 총기로 살해한 C. Whitman 사건 이후 중추신경계(뇌)와 범죄와의 관련성을 밝히고자 하는 연구가 활발해 졌다. 범인의 사체를 부검한 결과, 편도체에 커다란 종양이 있음이 밝혀졌다.

불안한 환경에 노출되면 편도체가 울리기 시작하고, 이로 인해 탐색회로가 정지한다, 그러면 이성적인 말이나 새로운 정보가 뇌에서 처리되지 않고, 오로지 현재 위험에서 벗어날 수 있는 어떤 정보만 받아들인다. 예를 들어, 적이라고 간주되는 타인을 어떻게 방어할지 어떻게 공격할지만 생각하게 되며, 이럴 때 인간의 뇌는 마치 성질난 호랑이의 뇌와 동일하게 된다. 편도체가 계속 울리게 되면, 코르티졸 호르몬이 뇌로 올라가고, 뇌 속에 오래 머무르게 되는데, 그러면 뇌의 기능들이 파괴되기 시작한다(김형근, 2015:269).

편도체의 경보 울림이 오작동을 일으키게 되면, 현실적으로 아무 위협이 없는데도 불구하고 심각한 위협으로 감지하여 부적응 행동을 하게 된다. 편도체는 인간이 어떤 고통스러운 일이 발생하면 그 사건에서 살아 남아야 한다는 본능적 시스템인데, 이것이 오작동하는 것이다. 그 예가 외상후 스트레스장애 증상이다.

비난을 많이 듣고 자란 아이들은 자신을 보호하려고 노력도 하지만, 늘 비난 받을지 모른다는 두려움에 노출되어 있는 상태로(편도체 과다작동), 사소한 단서나 자극에도 자신을 공격하는 행위로 감지하여 과잉 대응을 하게 된다(김형근, 2015:270).

치료기법으로서 부드러운 신체접촉을 촉진하면 편도체를 진정시킬 수 있다. 신체접촉은 뇌에서 불안을 낮추고 공격성을 낮추는 진정효과를 가진 호르몬(도파민)을 뇌에서 분비하게 한다. 영국에서 개발된 스킨십 프로그램을 학교폭력 또는 ADHD 아동에게 실시한 결과, 아동들의 폭력성이 40% 이상 감소하였다(김형근, 2015:274).

③ 전두엽 이상

신경생물학적 요인과 반사회적 행동간 관련성에 관한 연구들은 뇌의 전두엽frontal lobe에 초점을 맞춘다. 전두엽 이상이 있는 사람은 주의력과 계획성은 낮고 충동성이 높다. 특히 세로토닌 방출부위로 알려진 전전두엽prefrontal cortex에 이상이 생기면 충동적 공격성이 출현하고 사회적·도덕적 행동 및 의사결정기능에도 손상이 생긴다(Cornet et al., 2014).

범죄를 저지른 환자가 보이는 전두엽의 구조적, 기능적 이상은 포도당, 대사작용, 대뇌혈류량, 회색질 부피의 감소로 알 수 있다. 전전두엽은 인지 과정과 정서 과정의 모니터링에 관계하기 때문에 전전두엽 손상은 반사회적 행동을 촉발시킬 수 있다(Raine, 1997, 2002). 이 외에도, 반사회적 행동은 계획 수립, 문제 해결, 충동성, 언어유창성 등의 기능적 손상과 상관관계를 가진다(Ogilvie et al., 2011). 게임에 중독된 사람이 폭력범죄를 종종 저지르게 되는 것은 뇌 부위 중에서 폭력적이고 잔인한 장면을 접할 때 공포를 느끼게 하는 전두엽이 둔감해져서 공격성을 조절하기 어렵게 되기 때문이다.

아동과 청소년을 대상으로 한 연구에서 전두엽 이상과 비행이 연관되었다. 전두엽에 종양이 있으면, 아동의 ADHD(또는 MBD) 발생 가능성이 높아지고 이런 장애 있는 아동이 자라면 범죄인이 되는 경향이 높다.

성인 범죄자를 대상으로 한 강북삼성병원 연구에서 청송보호감호소 피감호자 58명에 대한 신경심리기능검사결과, 전두엽 기능이 정상인 분포의 하위 15% 수준에 머물렀다. 범죄인 집단이 저조한 전두엽 기능을 갖는 것은 사회적 행동, 감정조절, 행동 억제, 타인배려, 미래를 고려한 판단 등을 적절하게 하지 못함을 의미한다(서울신문, 2005. 4. 13).

결론적으로 전두엽의 기능이 저하되면 상습적이고 폭력적인 범죄에 영향을 주기 때문에 이들 범죄자에 대한 교정을 위하여는 인지재활치료를 시행하여야 하는 것이다.

2) 범죄인의 자율신경계 이상

인간의 모든 심리적, 정신적 경험은 신경계로부터 출발한다. 기억, 논리, 창의 등 인간의 인지활동과 기쁨, 우울, 충동, 주의집중 등 정서활동은 세포와 세포 간의 연결(시냅스)에 의해 가능해지고, 세포들을 연결시키는 시냅스가 얼마나 가소성plasticity이 있는가는 세포들 간 정보를 전달하는 신경전달물질에 의해 영향 받는다. 그래서 세로토닌, 노어에프네프린, 도파민 등 감정조절과 정서에 중요한 신경전달물질이 부족하면 즐거운 상황에서도 기쁨을 제대로 느끼지 못하고 충동을 조절해야 할 때도 조절하지 못한다. 예를 들어, 인터넷중독이 되면 생물학적으로 신경전달물질 대사 장애가 생기고, 충동조절장애로 진단되는 행동적 이상 증상을 보이게 된다.

자율신경계 기능이상도 범죄 및 비행과 관련이 있다. 우리 몸에서 자율신경계는 스트레스 상황에서 적응능력을 높여주고, 적응 호르몬 이나 성호르몬 분비 등을 관장하는 기능을 한다.

오래전에 롬브로소도 범죄자들은 태어날 때부터 내장과 혈관에 비정상 증세가 있다고 보고 하였다. 병리학적 해부자료를 통해, 혈액의 비정상적 분배가 정신질환의 원인이라고 보고하였 다. 대동맥 질환자는 신경질적인 기질이 있어 분노가 폭발하고, 심실 수축시 부정맥 증세를 보이는 심장질환자는 우울증, 환각을 동반한 착란, 충동성 특징을 보였다(롬브로소, 1889:232-233).

최근 연구들에서도, 비행청소년들의 심장박동수가 일반 청소년보다 더 낮고, 아버지가 범죄 자인 아동은 아버지가 범죄경력이 없는 일반 아동보다 심장박동수가 더 낮고, 위협적 자극이 올 때는 범죄자의 피부전도반응이 일반인보다 더 늦다고 보고하였다.

① 범죄인 저각성 이론

범죄에 관한 저각성 이론low arousal theory에 의하면, 반사회적 행동은 낮은 수준의 생리적 각성과 관련된다. 여러 연구들을 통해 일관성있게 확인되는 결과는 낮은 휴식기 심박수와 반 사회적 행동 간의 높은 상관관계가 있었다. 낮은 휴식기 심박수는 범죄 행위에 대한 두려움이 결여되고 죄책감/수치심을 느낄 확률이 낮은 것을 의미한다. 이와 같이 자율신경계의 각성수 준이 낮은 것이 반사회적 행동이 가져 올 수 있는 부정적 결과에 대한 인식을 약화시키는 것으 로 해석된다(Armstrong & Boutwell, 2012; Gatzke-Kopp et al., 2002; Cornet et al., 2014).

범죄인의 개인별 심리생리학적 요인들로 교정치료 효과를 예측한 연구에서, 전반적으로 낮 은 각성 수준을 보이는 대상자의 치료효과가 저조하였다. 이에 비해, 더 높은 각성 수준을 보 이는 경우 더욱 긍정적인 치료 결과를 예측할 수 있다. HRV 수준과 각성수준 간의 부적 관계 는 다소 모순적으로 보일 수도 있지만, 높은 HRV는 부교감신경의 활동이 상승한 것을 반영하 고, 이는 이어서 심박수를 낮추고 전반적인 각성수준을 낮추게 된다(Cornet et al., 2014).

이와 같이 각성 수준이 비정상적인 경우에 낮은 치료효과가 나오는 이유는 인지행동치료에 서 치료효과를 낮추는 학습 스타일과 관련된다. 학습을 잘하기 위해서는 학습자가 최적의 각 성optimal arousal 수준을 유지해야 하는데, 학습 장애 아동과 청소년 중 50% 이상은 낮은 각성 수준, 28%는 과다각성 수준을 보였다(Mangina et al., 1992). 또한 각성 수준이 낮은 범죄자

집단은 무감각하고 무감정적이며 정신병적 기질을 가졌다. 정신병적 기질이 높은 집단은 다음과 같은 부정적 기능을 보였다(Cima et al., 2008; Hawes et al., 2009).

- 부정적 피드백이나 잘못된 정보에 대해 반응한다.
- "오류 학습"(error learning) 등 장애적 학습 행태를 보인다. 오류 학습은 잘못된 정보 또는 부정적 피드백에 따라 행동을 조정하는 것이다(Von Borries et al., 2010).
- 오류학습과는 반대로, 타인이 보이는 긍정적 행동을 관찰하고 이를 학습할 수 있는 "사회적 학습" 능력 수준은 낮다(Blair et al., 2005).

부정적인 감정이 일어나는 상황에서 두려움이나 복종의 표현과 같은 사회적 정보를 정확히 해석하기 위해서는 생리적 스트레스 체계의 적절한 반응(예, 스트레스 후의 코르티졸 증가)이 필수적이다. 그러나, 각성 수준이 낮은 범죄인 집단은 이러한 생리 매커니즘이 결여됨으로 인해, 사회적 갈등 상황에서 과도하게 공격적으로 반응하고 자신의 행동이 초래할 부정적 결과에 대해 인지적, 생리적으로 덜 민감하다. 이런 특성이 지속적인 반사회적 행동으로 이끌게 되고 교정치료에 대한 무반응성으로 이어진다(Van Goozen et al., 2007).

3. 미래 교정과 신경생물학(Neuro-Biology)

1) 신경생물학적 치료의 출현

신경적 장애를 갖고 있거나 뇌기능 손상을 입은 개인들은 극단적인 문제들을 내포하고 있으며 특히 폭력적 성범죄에 취약하다. 범죄인에 관한 치료 모형은 지금까지 심리학적 관점과 사회학적 관점이 주를 이루지만, 신경생물학적 지식은 범죄 및 교정 치료에 관한 새로운 관점으로서 점차 부각되고 있다. 예를 들어 Ross 등 심리학자가 개발하여 시행하는 "추론과 재활"(Reasoning and Rehabilitation: R&R) 모델은, 인지 신경학의 연구 결과를 바탕으로 교정치료 프로그램을 개발한 것이다(Ross & Hilborn, 2008). 그러나 교정 임상 실무에 신경생물학적 지식의 도입은 여전히 미미한 수준이고, 인지-행동적 측정에 대한 표준 절차도 아직 수립되지 않고 있다. 대부분은 구조화 또는 반구조화된 인터뷰부터 시작하는 수준에 있다(Dobson & Dobson, 2009).

국내외 연구에서 교정치료와 관련된 문헌 수는 점차 증가하고 있으나, 범죄인의 신경생물학적 기능과 비정상 문제를 다룬 연구를 찾기는 쉽지 않다. 신경생물학적 비정상이 탐지될 경우, 그런 손상을 입은 범죄자를 치료할 수 있는 교정치료는 전무한 실정이고 범죄자에 특화된 클리닉도 찾아보기 어렵다. 앞으로, 다양한 신경생물학적 요인의 발견은 치료를 받아야 할 대상자의 선별 및 치료적 지시 절차에 활용될 수 있다. 생리적 각성 수준 또는 스트레스 반응 수준이 인지행동 치료의 효과를 예측하는 데도 유용하다(Cornet et al., 2014).

2) 테스토스테론/코르티졸 비율 가설

미래의 교정치료에 관한 연구로서, 생리학적 스트레스 반응성이 잘 회복되면 반사회적 행동도 감소될 수 있음을 입증하는 것이 새로운 분야가 될 수 있다. 대표적인 테스토스테론/코르티졸 비율 가설을 소개하고자 한다.

Shenk 등(2012)은 테스토스테론 수준의 상승이 불량한 치료 결과로 이어진다는 것을 발견했다. 테스토스테론 수준이 높을수록 공격적 행동의 비율이 높아지며, 이는 반항적 품행장애 아동들에 대한 치료 효과에 부정적 영향을 미쳤다. 테스토스테론과 코르티졸은 사회적 공격성에 관여하는 것으로 확인되며 이 두 스테로이드 호르몬들간의 상호작용이 공격적 행동을 조절한다는 가설이다(Montoya et al., 2012).

테스토스테론/코르티졸 비율 가설에 따르면 이 비율이 높을수록 공격적 행동이 촉진되며(Terburg et al., 2009; van Honk et al., 2010), 처벌에 대한 민감성이 낮다(van Honk et al., 2003). 이러한 환자들은 자신들의 행동으로부터 학습을 하는 경향이 낮으며 이것이 치료에 대한 반응성을 감소시킬 수 있다.

교정심리학 영역에서도 유전적, 신경생물학적, 환경적, 사회적 요인들의 역할을 통합하는 다음과 같은 경험적 모형들이 제안되고 있다.

- Van Goozen 등(2007) : 아동의 초기 경험 및 유전자와 같은 가족 요인들이 어떻게 중증 반사회적 행동의 특징인 신경생물학적, 인지·정서적 기능 붕괴의 선행요인으로 작용하는지에 대한 증거를 통합한다.

- Fishbein & Sheppard(2006) : 신경심리학 조사도구를 이용하여 범죄인이 보이는 위험 감수 행동, 부정적 결과에 대한 민감성, 충동성, 주의산만성, 인지적 유연성, 감정 처리능력 등을 측정한 결과, 저조한 치료 효과를 정확하게 예측한 요인은 높은 충동성 및 새로운 정보를 바탕으로 한 "반응전환능력의 부재"이다.

- Mullin & Simpson(2007) : 성인 재소자들을 대상으로 한 교정치료에서 치료 전에 주의 전환능력 부족 및 계획수립기술 부족을 가진 재소자들에게 부족한 신경심리적 기능을 개선시킨 것으로 인해, "부정적 행동"(충동성, 자기중심적 행동)이 감소하고, "긍정적 행동"(문제해결력)이 개선되는 치료성과를 보고하였다.

김형근(2015). 현대정신분석학적 관점에서 본 범죄 행동의 이해와 개입(대상관계이론을 중심으로). 보호관찰, 15(1), 235-278.

서울신문(2005. 4. 13). "상습범죄자들 '뇌' 감정조절기능 크게 낮다".

체사레 롬브로소(1889), 이경재 역. 범죄인의 탄생(Criminal Man). 서울: 법문사.

Armstrong, T.A., & Boutwell, B.B.(2012). Low resting heart rate and rational choice: Intergrating biological correlates of crime in criminological theories. *Journal of Criminal Justice, 40,* 31-39.

Bagner, D.M., Graziano, P.A., Jaccard, J., Sheinkopf, S.J., Vohr, B.R., & Lester, B.M.(2012). An initial investigation of baseline repiratory sinus arrhythmia as a moderator of treatment outcome for young children born premature with externalizing behavior Problems. *Behavior Therapy, 43,* 652-665.

Bain, J., Langevin, R., Hucker, S., Dickey, R., Wright, P., & Schonberg, C.(1989). Sex hormones in pedophiles: I. Baseline values of sex hormones: II. The Gonadotropin Releasing Hormone Test. *Annals of Sex Research, 1,* 443-454.

Blair, R.J.R., Mitchell, D.G.V., & Blair, K.S.(2005). *The Psychopath: Emotion and the Brain.* Oxford, UK: Blackwell.

Cima, M., Smeets, T., & Jelicic, M.(2008). Self-reported trauma, cortisol levels, and aggression in psychopathic and non-psychopathic prison inmates. *Biological Psychology, 78,* 75-86.

Cornet, L.J.M., de Kogel, C.H., Nijman, H.L.I., Raine, A., & van der Laan, P.H.(2014). Neurobiological factors as predictors of cognitive-behavioral therapy outcome in individuals with antisocial behavior: A review of the literature. *International Journal of Offender Therapy and Comparative Criminology, 58(11),* 1279-1296.

Dobson, D. & Dobson, K.S.(2009). *Evidenced-based Practice of Cognitive-behavioral Therapy.* New york, NY: Gulilford.

Fiahbein, D., & Sheppard, M.(2006). Assessing the role of neuropsychological functioning in inmates treatment response. *Transdisciplinary Behavioral Science Program RTI International.* Baltimore, MD: RTI International.

Gatzke-Kopp, L., Raine, A., Loeber, R., Stouthamer-Loeber, M., & Steinhauer, S.R.(2002). Serious delinquent behavior, sensation seeking, and electrodermal arousal. *Journal of Abnormal Child Psychology, 30*, 477-486.

Hawes, D.J., Brennan, J., & Dadds, M.R.(2009). Cortisol, callous-unemotional traits, and pathways to antisocial behavior. *Current Opinion in Psychiatry, 22*, 357-362.

Lahey, B.B., McBurnett, K., Loeber, R., & Hart, E.L.(1995). Psychobiology of conduct disorder. In G.P. Sholevar(ed.), *Conduct Disorders in Children and Adolescents (pp.27-44)*. Washington, DC: American Psychiatric Press.

Langevin, R., & Curnoe, S.(2014). Are dangerous offenders different from other offenders? A clinical profile. *International Journal of Offender Therapy and Comparative Criminology, 58(7)*, 780-801.

Langevin, R., Langevin, M., Curnoe, S., & Bain, J.(2008). The prevalence of diabetes among sexual and violent offenders and its co-occurrence with cognitive impairment, mania, psychotic symptoms, and aggressive behavior. *International Journal of Prisoner Health, 4*, 83-95.

Mangina, C.A., & Beuzeron-Mangina, J.H.(1992). Psychophysiological treatment for learning disabilities: Controlled research and evidence. *International Journal of Psychophysiology, 12*, 243-250.

Mezzacappa, E., Tremblay, R.E., Kindlon, D., Saul, J.P., Arseneault, L., Pihland, R.O., & Earls, F.(1996). Relationship of aggression and anxiety to autonomic regulation of heart rate variability in adolescnet males. *Annals of the New York Academy of Science, 794*, 376-378.

Montoya, E.R., Terburg, D., Bos, P.A., & van Honk, J.(2012). Testosterone, cortisol, and serotonin as key regulators of social aggression: A review and theoretical perspective. *Motivation and Emotion, 36*, 65-73.

Mullin, S., & Simpson, J.(2007). Does executive functioning predict improvement in offenders' behavior following enhanced thinking skills training? An exploratory study with implications for rehabilitation. *Legal and Criminological Psychology, 12*, 117-131.

Ogilvie, J.M., Stewart, A.L., Chan, R.C.K., & Shum, D.(2011). Neuropsychological measures of executive function and antisocial behavior: A meta-analysis. *Criminology, 49*, 1063-1108.

Raine, A.(1997). Antisocial behavior and psychophysiology: A biosocial perspective and a prefrontal dysfunction hypothesis. In D.M. Stoff, J. Breiling, & J.D. Maser(eds.), *Handbook of Antisocial Behavior* (pp. 289-303). New York, NY: Wiley.

Raine, A.(2002). Annotation: The role of prefrontal deficits, low autonomic arousal, and early health factors in the development of antisocial and aggressive behavior. *Journal of Child Psychology and Psychiatry, 43*, 417-434.

Ross, R.R., & Hilborn, J.(2008). *Reasoning & Rehabilitation 2: Short version for youths.* Unpublished Report.

Scarpa, A., Haden, S.C., & Tanaka, A.(2010). Being hot-tempered: Autonomic, emotional, and behavioral distinctions between childhood reactive and proactive aggression. *Biological Psychology, 84*, 488-496.

Shenk, C.E., Dorn, L.D., Kolko, D.J., Susman, E.J., Noll, J.G., & Bukstein, O.G.(2012). Predicting response to treatment for oppositional defiant disorder and conduct disorder using pre-treatment adrenal and gonadal hormones. *Journal of Child and Family Studies, 21*, 973-981.

Stadler, C., Grasmann, D., Fegert, J., Holtmann, M., Poustka, F., & Schmeck, K.(2008). Heart rate and treatment effect in children with disruptive behavior disorders. *Children Psychiatry and Human Development, 39*, 299-309.

Terburg, D., Morgan, B., & van Honk, J.(2009). The testosterone-cortisol ratio: A hormonal marker for proneness to social aggression. *International Journal of Law and Psychiatry, 32*, 216-223.

Van Bokhoven, I., Matthys, W., Van Goozen, S.H.M., & Van Engeland, H.(2004). *Prediction of Treatment Effect in Children with Disruptive Behavior Disorders: An exploratory study.* Doctoral dissertation. Universitair Medisch Centrum Ultrecht, Netherlands.

Van de Wiel, N.M., Van Goozen, S.H., Matthys, W., Snoek, H., & Van Engeland, H.(2004). Cortisol and treatment effect in children with disruptive behavior disorders: A preliminary study. *Journal of the American Academy of Chid & Adolescent Psychiatry, 43*, 1011-1018.

Van Goozen, S.H.M., Fairchild, G., Snoek, H., & Harold, G.T.(2007). The evidence for a neurobiological model of child antisocial behavior. *Psychological Bulletin, 133*, 149-182.

van Honk, J., Harmon-Jones, E., Morgan, B.E., & Schutter, D.J.L.G.(2010). Socially explosive minds: The triple imbalance hypothesis of reactive aggression. *Journal of Personality, 78*, 67-94.

van Honk, J., Schutter, D.J.L.G., Hermans, E.J., & Putman, P.(2003). Low cortisol levels and the balance between punishment sensitivity and reward dependency. *Neuroendocrinology, 14,* 1993-1996.

Von Borries, A.K.L., Brazil, I.A., Bulten, B.H., Buitelaar, J.K., Berkes, R.J., & De Bruijn, E.R.A.(2010). Neural correlates of error-related learning deficits in individuals with psychopathy. *Psychological Medicine, 40,* 1559-1568.

제**8**장 **성격과 정서**

1. 성격을 보는 관점

범죄행동을 성격특성으로 설명하는 최근의 심리학 이론들이 범죄행동을 정당화시키려는 것은 아니다. 범죄자들이 좋지 못한 환경에 노출된 탓이라든지(예: 차별적 접촉이론) 또는 잘못된 학습 탓이거나(예: 사회학습이론) 무의식적 동기의 표현(예: 정신분석이론)만으로 설명하려는 단순한 범죄이론들을 보완하려는 것이다(이인혜, 1991:133).

범죄행동과 성격특성간 관련성을 설명하기 위해 최근 심리학 이론들은 성격의 근원에 대한 생물학적 접근을 시도한다. 범죄와 관련된 성격특성으로서, Eysenck는 정신병적 경향성과 외향성을, Gray는 충동성을, Zuckerman은 감각추구성향을 제시하였다. 그러나, 범죄행동이 어느 하나의 성격특성에 의해서만 결정되는 것이 아니라, 몇가지 범죄유발성 성격특성들의 결합으로 범죄행동이 촉발된다.

정신병적 경향성이든 충동성이든 감각추구성향이든 내·외적 자극에 대한 개인의 반응 잠재성을 의미하며, 모두 정상적인 성격특성들로 보아야 한다. 이는 범죄자들에게서 뿐만 아니라 일반인들에게서도 널리 연속적으로 발견되는 성격특성이다. 개인의 고유한 성격적 잠재성을 올바로 이해하게 되면, 우리 사회가 정신병질성이 높고 충동적이며 감각추구성향이 높은 사람들에게 반사회적인 방식이 아니라 사회적으로 허용된 방식으로 자신의 성격적, 정서적 잠재성을 표출할 수 있도록 기회를 주고 심리적 지원을 해 주는 것이 범죄예방적 사회서비스가 될 것이다(이인혜, 1991:134).

2. 충동성

성격과 범죄행동간 관계를 충동성으로 설명하려는 이론으로서, Gray(1981)는 범죄자들은 처벌자극에 대해서는 조건화가 잘 안되지만 보상자극에 대해서는 정상인들과 다름없는 조건화능력을 보여준다고 하면서, 처벌자극에 대해서 조건화가 잘 안되는 이유는 강한 충동성 때문이라고 주장한다.

충동성은 반응의 속도가 빠르고, 생각없이 말하고 행동하며, 예견능력이 부족한 성격특질로 정의된다. Barratt은 충동성 안에 내재된 인지적, 운동적, 정신생리학적 특성을 제시하면서, 학습 실험 상황에서 충동성이 강한 사람은 인지적 템포가 빠르고 각성수준이 낮았다고 한다 (Barratt, 1983; 이인혜, 1991:127 재인용).

심리학에서 충동성이 주목을 받는 이유는 충동성이 중요한 성격 특질일 뿐만 아니라 일상생활에서 어려움을 주거나 사회적 일탈행동을 유발하기 때문이다. 충동성은 개인이 어떤 행동을 하거나 문제해결을 할 때 긍정적 또는 부정적으로 영향을 준다. 종래에는 충동성을 만족지연을 잘 하지 못하고 즉각적인 욕구만족을 하는 부적절한 성격특징으로 간주해 왔다. 그러나 충동성이 행동과 삶에 부정적 영향을 주는 것만은 아니다(이인혜, 2001:68-70).

충동성의 부정성 뿐만 아니라 긍정성까지 포함한 본격적 연구는 Dickman(1990)에 의해 시작되었다. 그는 정보처리적 접근을 통해 '기능적 충동성functional impulsivity'과 '역기능적 충동성dysfunctional impulsivity'이라는 2차원적 충동성 이론은 제안하였다. 기능적 충동성은 한 예로 "나는 순간적으로 결정을 내려야 하는 직무를 좋아한다"와 같이 개인에게 긍정적 결과를 가져오는 성격 특질로서 열정, 모험성, 활동성 등과 함께 빠르게 행동하는 것이 유리할 때 빠른 정보처리를 할 수 있게 해 준다.

이와는 대조적으로 역기능적 충동성은 개인에게 부정적인 결과를 가져오는 특질로서, 어떤 결정을 할 때 중요한 측면을 무시하고 별 생각없이 쉽사리 행동하거나 때로는 신중하게 조직적으로 접근하는 능력이 부족하여 오류를 범하는 정보처리를 하기 쉽다. 한 예로서, "나는 미리 생각하지 않고 머리 속에 떠오르는 것을 말하곤 한다"가 이에 속한다.

전통적으로 심리학에서 사용하였던 충동성 개념은 기능적 충동성이 아니라 역기능적 충동성과 상관이 높다. 역기능적 충동성을 가진 사람은 아이젠크이론에서 제시한 기질인 정신병적 경향성이 높고, 자아존중감이 낮으며, 의사결정할 때 중요하지만 까다롭고 골치 아픈 사실들을 무시하려는 경향성이 높아 계획없이 행동하기 때문에 문제를 더욱 악화시키게 된다(이인혜, 2001:69).

〈표 8〉 Dickman의 기능적 및 역기능적 충동성 검사

예(1점) , 아니오(0점) 로 답하시오

기능적 충동성

F1. 나는 어떤 옷을 입을지, 저녁식사로 무엇을 먹을지 같은 비교적 단순한 결정이라도 빨리 내리는 것을 좋아하지 않는다.

F2. 나는 즉시 무엇을 해야 하거나 포기해야 하는, 예기치 않는 기회를 활용하는 것을 잘한다.

F3. 나는 머리 속에 떠로르는 생각을 재빠르게 말할 수 있다.

F4. 나는 결정을 빨리 내려야 할 때 불편하다. [-]

F5. 나는 매우 빨리 진행되어, 말하기 전에 생각할 시간이 많지 않은 대화에 참여하는 것을 좋아한다.

F6. 나는 별로 어렵지 않은 일조차도 빨리 하는 것을 좋아하지 않는다. [-]

F7. 나는 순간적으로 결정을 내려야 하는 직무를 좋아한다.

F8. 나는 매우 빠르게 다음 동작을 선택해야만 하는 스포츠와 게임을 좋아한다.

F9. 나는 재빠르게 결정을 내리지 못해서 기회를 잃어버리는 일이 많다. [-]

F10. 사람들은 재빠르게 생각해 내는 나에 대해서 감탄하곤 한다.

F11. 나는 충분히 생각할 시간이 없이 행동해야 하는 활동을 피하려고 노력한다. [-]

역기능적 충동성

DF1. 나는 미리 생각하지 않고 머리 속에 떠오르는 것을 말하곤 한다.

DF2. 나는 느리고 신중하게 문제를 푸는 것을 좋아한다. [-]

DF3. 나는 내가 지킬 수 있을지, 없을지를 생각하지 않고 약속을 하는 일이 자주 있다.

DF4. 나는 재게 경제적 여유가 있는지, 없는지를 생각하지 않고 물건을 사는 일이 자주 있다.

DF5. 나는 모든 각도에서 상황을 고려하지 않고 결정을 내리는 일이 자주 있다.

DF6. 나는 행동하기 전에 상황에 대해 충분히 생각하지 않는다.

DF7. 나는 행동하기 전에 생각하지 않기 때문에 어려움에 빠지는 일이 자주 있다.

DF8. 나는 미리 충분히 검토하지 않았기 때문에 내가 세운 계획을 실천에 옮기지 못하게 되는

일이 자주 있다.

DF9. 나는 잠재적인 문제들을 미리 고려하지 않은 채 과제에 말려 들어가는 일이 거의 없다.
[-]

DF10. 나는 중요한 결정을 내리기 전에 먼저 이익과 손해를 계산한다. [-]

DF11. 나는 신중하게 추리하는 일을 잘한다. [-]

DF12. 나는 종종 결과를 생각하지 않고 말을 하거나 일을 하곤 한다.

*주: [-] 문항은 채점시 역산하는 문항임.

출처: 이인혜(2001:89)

3. 감각추구 성향

감각추구sensation seeking 성향은 '다양하고, 새롭고, 복잡하고 강렬한 감각과 체험을 찾으며 그러한 체험으로 인한 신체적, 사회적, 법적, 재정적 위험을 기꺼이 감수하려는 특질'로 정의 된다(Zuckerman, 1994:7). 일반적으로 '감각추구'와 '위험추구'를 동의어로 쓰고 있음에도 알수 있듯이, 감각추구 성향의 가장 두드러진 특징은 위험스러운 모든 유형의 감각을 '기꺼이 (적극적으로)' 찾는다는 것이다.

감각추구 성향은 모든 사람이 갖고 있는 보편적 동기는 아니다. 그러나 특정인들에게서 강 하게 나타나는 특질이며, 특히 극한 스포츠선수 또는 특정 직업군에서 높게 나타난다. 최근 연구에서 Zuckerman(2007)은 다양한 스포츠 종목별로 감각추구 점수를 측정하였다. 가장 높은 점수는 암벽타기 종목에서 나왔고 다음으로는 스카이다이버, 전문등산가, 계곡 카누타기 이다. 직업 중에서는 경찰과 군인은 감각추구 성향이 높지 않았고, 하지만 위험스런 행위와 관련된 업무를 하는 사람들, 예를 들어 공항 교통통제사, 응급실근무를 선택하는 의료진, 강간 위기 카운슬러 등의 감각추구 성향은 일반인보다 높게 나왔다. 이러한 작업환경은 근로자 자 신의 신체위험을 초래하지는 않지만 대단히 긴박한 상황들이라서, 높은 감각추구자는 스트레 스가 많은 환경을 즐길 수 있다. 반면에 조용한 상황(권태감)은 높은 감각추구자에게 오히려 고통을 준다(Zuckerman, 1994).

자동차 폭주는 신체적 또한 법적 위해가 있음에도 불구하고 자신의 스릴과 흥분 욕구를 표출하는 기회이다. 감각추구자들이 보이는 위험스런 운전패턴은 과속, 고속의 꼬리물기 운전, 약물중 운전, 급작스런 차선변경, 보복운전 등의 형태로 나타난다. 문제는 이들 자신은 이러한 운전행태가 '위험한' 행위임을 인식하지 못한다는 것이다. 감각추구성향이 높은 사람들의 '위험판단' 역치가 보통사람들보다 낮기 때문에 위험스런 행동을 하는데 내적 억제가 없다.

미국에서는 1990년대에 AIDS 질병의 확산으로 인해 감각추구 성향과 동성연애 섹스와의 관련성에 대한 연구가 많았다. 여기서 제시된 결론으로서, 섹스행태에서 AIDS 위험성이 높은 3가지는 ①난잡한 섹스 파느너 교체 ②콘돔없이 항문성교 ③섹스 중 알코올 및 약물사용 등이다(Zuckerman & Aluja, 2014:354).

대학생을 대상으로 위험행위를 조사한 연구에서는, 위험추구자는 음주, 흡연, 약물사용, 그리고 성교 등이 일반인보다 높았고, 이들 위험요인들은 하나의 '위험인자군'을 구성하는 상호연관된 속성이라고 보고하였다. 이러한 상호연관성이 의미하는 것은 감각추구 성향은 곧 '탈억제'와 '충동성'과 밀접한 관련이 있다는 것이다. 감각추구적인 약물중독자는 상식적으로 헤로인 같은 진정제 보다는 코카인 같은 자극제를 선호할 것으로 생각되지만, 연구결과에서 감각추구 성향은 약물유형이 아니라 사용하는 약물의 개수와 높은 상관을 보였다. Zuckerman(2007)은 자신이 개발한 감각추구검사를 사용하여 고교생 1,000명의 감각추구 점수를 측정하여 1년 후 추적조사에서 이들의 실제 약물사용여부를 의미있게 예측할 수 있었다. 즉 청소년기의 감각추구 성향이 미래의 흡연, 음주, 약물사용을 알려주는 위험인자라는 것이다.

감각추구자들이 선호하는 오락은 위험은 없지만 자극 자체가 주는 보상적 요소가 있어야 한다. 즉, 자극이 새롭고novelty, 강하고intensity, 복잡한 것complexity을 선호한다. 그래서 감각추구 점수가 높은 사람들은 디자인이 복잡하고 비대칭적인 것을 좋아하고, 이와는 대조적으로 감각추구 점수가 낮은 사람들은 단순하고 대칭적인 디자인을 선호한다. 영화도 공포물이나 에로물 또는 폭력적 액션물을 좋아한다. 음악에서도 락뮤직 같은 '강함'을 선호한다. 감각추구자가 선호하는 오락패턴에서 미디어, 음악, 영화, 예술 등 다방면에서 스타일 면에서는 새로움과 강한 것을 찾고, 내용 면에서는 폭력성과 선정성이 들어 있는 것을 찾는 욕구를 드러낸다.

위에서 살펴본 바와 같이 감각추구 성향으로 인한 행동상의 차이가 나는 것은, 유전적, 생리학적, 생화학적, 신경학적 차이 때문이다. 행동유전학 연구에서는 동일 부모에게서 태어나서 같이 성장하거나 분리되어 성장한 쌍생아에 대한 비교연구를 실시하였다. 쌍생아는 높은 유전 일치율을 갖기 때문에, 유전의 영향을 추론할 수 있다.

감각추구에 관한 '모노아민 이론26)'이 제시한 연구결과에서 도파민, 세로토닌, 노어에피네프린 등 여러 신경전달물질이 상호작용하여 감각추구 성향이 나타나는 것을 보여준다. 구체적으로, 새로움 추구와 '도파민수용기4 유전자'27) 가 연관이 있고, 도파민이 새롭고 각성을 주는 자극에 대한 접근을 유도하며, 세로토닌 반응성이 억제 강도를 조절하며, 노어에피네프린은 일반적인 각성수준을 조절한다. 즉 감각추구 성향이 나타나는 것은, 외부의 새롭고 강한 자극이 들어올 때 어떤 사람 내부에서는 강한 도파민 반응성이 생기고, 세로토닌 반응은 약화된다. 기능적 자기공명영상fMRI을 사용한 연구에서는 감각추구자의 대뇌피질에서 고강도 자극에 대하여 피질 각성수준이 높아지고 내성이 있어서 자극의 강도 지각이 증가하고, 반면에 감각추구성향이 낮으면 고강도 자극에 대해 피질내 억제반응이 나타나서 자극의 강도 지각이 약화되는 결과가 나왔다(Zuckerman, 1990; Zuckerman & Aluja, 2015:355).

결론적으로, 이러한 생리학적 근거로부터 감각추구성향과 충동성이 동일 기제를 가지는 유사한 성격 특질이라고 볼 수 있다.

4. 분노와 증오

1) 분노감

우리가 흔히 부정적이라고 부르는 정서(분노, 공포, 슬픔, 죄의식 등)는 그 자체가 문제를 갖는 것이 아니라, 그러한 정서의 강도, 빈도, 특히 그로 인한 행동적 결과 때문에 '문제성' 정서로 평가되는 것이다. 그렇기 때문에 분노, 공포, 슬픔이 정상적 정서임에도 공격, 회피,

---

26) 모노아민 3가지 : 도파민, 세로토닌, 노어에피네프린
27) 도파민수용기4 유전자 : Dopamine receptor 4 gene

도피와 같은 부적응 행동을 야기하는 측면 때문에 자기자신이나 타인을 괴롭히는 '부적응적' 정서가 된다(Howells & Day, 2003:319).

분노통제를 통하여 폭력을 저지르는 범죄자들이 흔히 보이는 특징은 피해자의 고통을 공감하지 못할 뿐만 아니라, 남에 대한 공감 이전에 자신의 정서상태를 자각하는 능력에서도 결핍을 보인다. 공감 결핍empathy deficit은 사이코패시처럼 지속적인 기질로 굳어진 경우도 있지만, 특정 상황이나 특정 정서에 제한적으로 공감이 안되는 경우도 있다. 교정치료를 위해 사전 평가를 하는 경우에 특정한 범죄인이 공감결핍이 어느 유형에 속하는지 또는 얼마나 결핍되어 있는지 등을 진단하여야 한다(Polaschek & Reynolds, 2004:205).

Marshall 등(1995)은 4단계 정보처리 모델을 제시하여 세밀이 공감결핍의 원인을 진단하여야 한다고 주장한다. 공감을 구성하는 4단계는 다음과 같다.

- 타인의 감정을 인식하는 것
- 타인의 관점을 받아들이는 것
- 타인의 관점에서 이에 적절한 정서반응을 체험해 보는 것
- 잘 정돈된 행동적 반응을 생성하는 것

어떤 사람들은 늘 내면에 분노를 가지고 있고, 그래서 타인에게 피해를 줄 수 있는 선택을 하게 된다. 분노라는 감정 자체가 건강하지 않은 것이 아니라, 분노를 통해 만들어내는 부산물이 건강하지 않은 것이다. 분노가 일상화한 가정에서 자라난 경우 매일 분노를 표현하는 습관을 들일 수도 있다. 분노는 억압되고, 부인되고, 투사되고, 조건화 되며, 오랫동안 반복될 경우 경화(硬化)되어 증오로 귀결되는 만성적 고착을 만들어 낸다.

예를 들어, 오랫동안 학대받고 자란 아이는 외부의 어떤 것에 의해서 자신이 공격당한다고 생각하게 되는데 이런 경험이 반복되면서 모든 것을 남 탓하기 시작하면서 자신은 피해자고 희생자라는 생각이 굳어지게 된다(김형근, 2015:244).

2) 증오감

인간은 태어나면서 너무 나약하고 의존적일 수 밖에 없기 때문에 두려움의 정서를 느낀다. 어머니가 촉진적 환경을 제공해 줄 때 만이 그 두려움이 감소된다. 촉진적 환경이란 아이가 건강하게 성장할 수 있는 환경을 말한다. 이런 촉진적 환경의 결핍은 일탈적인 모습으로 나타나는데, 아버지 부재나 아버지의 방임 및 폭력적, 엄한 태도 때문에 아버지와의 관계를 맺지 못할 때 증오 감정으로 표출될 가능성이 더욱 높아진다. 신체적 위해 보다도 증오라는 영혼의 위협이 더 큰 외상이 될 수 있다(김형근, 2015:251).

증오의 핵심에는 '나는 피해자'라는 원망이 함께 뒤섞여 있다. 희생자는 자신에게 분노를 터뜨린 사람에게 '증오감'을 가지면서 자신도 가해자에게 권력을 행사한다는 느낌을 갖게 된다. 증오는 희생자에게 자신을 공격하는 사람에 맞설 힘과 통제력을 가졌다는 비현실적 느낌을 준다는 의미다. 증오를 품는 동안 희생자는 고통을 느끼지 않으며, 자신을 공격한 사람보다 우위에 있다는 느낌과 고통이 사라지는 체험을 한다. 희생자는 조금씩 가해자로 변해가고, 상대방을 벌하고자 하는 억누를 수 없는 욕구가 생긴다. 오랫동안 상대방의 공격에 굴복하고 그로 인해 고통을 받았으니 이번에는 상대방에게 벌을 주어 굴복시켜야 한다고, 상대방에게 고통을 줘야 한다고 느끼게 된다(김형근, 2015:248-249).

발달과정 중에 타인과 증오의 관계성을 맺게 되면, 이 관계성에 고착이 되어 애착장애로 발전하게 된다. 애착장애는 증오의 관계를 맺기 위해서 자신의 삶의 에너지를 증오하고 증오받는 관계를 맺기 위해서 사용한다. 사이코패스는 차가운 증오심으로 잔인한 살인을 저질러도 당황하거나 흥분하지 않는 이유가 바로 이 증오심으로 인해 마음이 얼어버렸기 때문이다(김형근, 2015:252-253).

3) 분노치료 프로그램

최근에는 세계 여러 나라의 형사사법체계에서 대규모로 범죄자의 분노관리 프로그램을 실시하고 있는 추세이다(Dowden et al., 1999; Novaco et al., 2001). 종전에 시행해 오던 교정치료 프로그램이 효과적이라는 평가를 받는데 미흡한 것은, 프로그램 내용이 너무 이질적으로 섞여 있거나, 평가 및 진단에서 분노 문제를 무시했거나, 내담자의 범죄위험성 평가에서 분노요구(anger needs)를 누락시켰기 때문이라는 비판이 있다(예: Howells et al, 1997). '분노요구'란 분노를 표출하는 사람에게 분노 자체가 갖는 고유한 기능적 의미('파워감' 등) 또는 필요성이 있음을 찾아내는 것을 말한다(Howells & Day, 2003:320).

분노치료 프로그램에서는 당사자가 자신이 느끼는 분노가 어느 정도인지, 어떤 종류인지를 자각할 수 있도록 분노측정을 하는 것이 우선적으로 필요하다. 현존하는 심리측정도구 중에는 분노를 일으키는 상황을 측정하거나, 분노반응이 성격 특질로서 얼마나 폭넓게 표출되는지, 분노가 어떤 방식으로 표출되고, 분노를 얼마나 스스로 통제할 수 있는지 등 다양한 영역을 측정하는 도구들이 개발되어 있다(Polaschek & Reynolds, 2004:205).

최근에 범죄인의 성격과 정서를 정신분석학적 측면에서 고찰한 김형근(2015)의 연구에서는 비행청소년과 범죄인의 진정한 교정은 그들의 감정조절을 돕는 것이라고 주장하면서, 구체적으로 다음과 같은 치료지침을 제시하였다.

첫째, 내담자가 변화되는 것은 외부의 강압이 아닌 내면의 동기에서 시작한다. 그 내면의 동기를 이끌어 내는 것은 "내담자를 교정하려고 하지 않는 것"이다. 대신에, 내담자가 가지고 있는 "생각, 감정을 존중해 주는 것"에서부터 시작한다.

둘째, 영국의 정신분석학자 도널드 위니캇은, 촉진적인 환경이 주어지지 않았기 때문에 자신과 타인에게 상처를 주는 행동을 하게 된다고 하였다. 어머니가 촉진적 환경을 제공해 줄 때 그 두려움이 감소된다. 촉진적 환경이란 아이가 건강하게 성장할 수 있는 환경을 말한다. 가정에서 당하는 아동학대와 같은 신체적 위협의 두려움 뿐만 아니라 부모로부터 거절당하고 자신이 무가치할까 두려워하는 정신적 상처가 범죄로 이어질 가능성도 높다.

셋째, 내담자가 느끼는 감정과 생각을 먼저 인정해 주어야 하며, 인정을 받는 내담자는 안정감을 느끼게 된다. 사람이 변화하는데 안정감이 매우 중요하다. 촉진적 환경의 결핍은 일탈적인 모습으로 나타나는데, 아버지 부재나 아버지의 방임 및 폭력적, 엄한 태도 때문에 아버지와의 관계를 맺지 못한 때 공격적인 행동으로 표출될 가능성이 더욱 높아진다. 이 경우 내담자의 정서적 안정감은 더욱 중요하다.

이인혜(1991). 범죄행동과 성격특성의 연결: 정신병적 경향성, 외향성, 충동성, 그리고 감각추구성 향을 중심으로. 한국심리학회지: 임상, 10(1), 126-136.

이인혜(2001). 기능적 충동성과 역기능적 충동성의 성격적 및 인지적 특징. 한국심리학회지: 일반, 21(1), 67-89.

Barratt, E.S.(1983). The biological basis of impulsiveness: The significance of timing and rhythm disorder. *Personality and Individual Differences, 4(4)*, 387-391.

Dickman, S.J.(1990). Functional and dysfunctional impulsivity: Personality and cognitive correlates. *Journal of Personality and Social Psychology, 58(1)*, 95-102.

Dowden, C., Blanchette, K., & Serin, R.(1999). *Anger management programming for federal male inmates: An effective intervention.* Research Report R82e. Correctional Service Canada.

Gray, J.A.(1981). A critique of Eysenck's theory of personality. In H.J. Eysenck(ed.), *A Model for Personality* (pp.246-276). Berlin: Springer-Verlag.

Howells, K., & Day, A.(2003). Readiness for anger management: Clinical and theoretical issues. *Clinical Psychological Review, 23*, 319-337.

Howells, K., Watt, B., Hall, G., & Baldwin, S.(1997). Developing programs for violent offenders. *Legal and Criminological Psychology, 2*, 117-128.

Marshall, W.L., Hudson, S.M., Jones, R., & Fernandez, Y.M.(1995). Empathy in sex offenders. *Clinical Psychology Review, 15*, 99-113.

Novaco, R.W., Ramm, M., & Black, L.(2001). Anger treatment with offenders. In C.R. Hollin(ed.), *Handbook of Offender Assessment and Treatment* (pp.281-296). Chichester: Wiley.

Polaschek, D.L.L., & Reynolds, N.(2004). Assessment and treatment: Violent offenders. In C.R. Hollin(ed.), *The Essential Handbook of Offender Assessment and Treatment.* John wiley & Sons Ltd.

Zuckerman, M.(1990). The Psychophysiology of Sensation Seeking. *Journal of Persoanlity, 58(1)*, 313-345.

Zuckerman, M.(1994). *Behavioral Expressions and Biological Bases of Sensation Seeking.* New York: Cambridge University Press.

Zuckerman, M.(2007). *Sensation Seeking and Risky Behavior.* Washington, DC:

American Psychological Association,

Zuckerman, M., & Aluja, A.(2014). Measures of sensation seeking. In Boyle, G.J., Saklofske, D.H., & Matthews, G.(eds.). *Measures of personality and social psychological constructs*. Academic Press.

제9장 인지와 사고

범죄를 예방하기 위해서는 범죄를 방생시키는 요인들을 이해하는 것이 필요하다. 일반적으로 범죄학자들은 범죄를 일으키는 사회적 원인들에 초점을 맞추고, 심리학자들은 성격에 많은 관심을 가져 왔다(Hare, 1996). 성인범죄자의 재범을 예측하는데 반사회적 태도와 신념들이 가장 강력한 요인이라는 연구들이 보고되는데도 불구하고 상대적으로 '범죄적 사고'에 대한 연구는 미미한 편이다(Gendreau et al, 1996). 인지적 왜곡이 범죄행동을 어떻게 이끌어내는지를 보여준 최초 연구자인 Sykes와 Matza(1957)는 '중화neutralization' 개념을 제안하면서, 사람들은 범죄를 행하면서 외적 상황에 그 책임을 돌리는 변명을 함으로써 불법적 행위에 자신이 가담하는 것에 대한 죄책감을 중화시키고자 한다.

이를 더 폭넓게 적용하여 범죄의 인지사회학습 모델을 제시한 Walters(1990)는 반사회적 행동을 하기 이전에만 인지 왜곡이 있는 것이 아니고, 범죄행위와 관련된 전 과정에서 인지적 왜곡이 일어난다고 주장한다(Walters, 2006:24).

1. 사회적 역능의 결핍

종래에 범죄인의 사회성이 부족한 것에 대하여 '사회적 기술 결핍social skills deficit'으로 보던 관점에서, 최근에는 정보처리 모델이 새로운 분석 틀을 제시한다. McFall(1990)에 따르면, 사회적 역능social competence은 특정한 상황에서 사회적 과업을 수행하는 적절성을 의미한다. 사회적 역능에 관여하는 세부과정은 다음의 3 과정이다.

- 해독 기술(decoding skill) : 단서와 같이 입력되는 정보를 정확히 지각·해석하는 능력
- 결정 기술(decision skill) : 상황에 맞게 가능한 반응을 생성하고 반응에 뒤따를 결과를

미리 평가하는 능력

- 실행 기술(enactment skill) : 선택한 행동절차를 잘 수행하고 본래 의도했던 효과가 나오도록 실행을 조정하는 능력

범죄인들의 특성은, 상대방의 행동하는 의도가 무엇인지 잘못 판단하거나 자신의 행동이 자신의 목표를 가장 잘 이루어 줄지에 대한 판단을 제대로 하지 못하기 때문에, 그들이 보이는 사회적 행동 범위가 빈약하고 상황에 적절하고 상대방에 부합하는 행동을 유연하게 선택하지 못하는 것이다(Polaschek & Reynolds, 2004:206).

2. 범죄적 사고양식

Walters(1990)가 제시한 범죄행위의 '생활양식 모델lifestyle model'에 의하면, 중범죄는 '3가지 C'로 요약되는 조건Condition, 선택Choice, 인지Cognition 등 세가지 요인의 영향을 받는다. 즉, 삶의 조건Condition은 유전이나 지능 같은 내적 특성과 가족이나 또래 같은 외적 특성을 포괄하는 개념으로서, 삶에서 개인의 선택을 확장 또는 제한함으로써 각자의 미래 행위를 조성해 나간다. 따라서 조건이 직접적으로 범죄행위를 일으키는 것은 아니고, 다만 개인이 향후 범죄에 가담할 취약성을 알려주는 지표가 될 수 있다.

개인은 자신이 처한 삶의 조건들이 제시하는 여러 선택지 중에서 특정한 선택Choice을 하게 된다. 이런 과정에서 선택된 행위는 이후에 자신이 내린 결정을 합리화하고 자신의 행위로 인한 부정적 결과에 따른 죄책감을 제거하기 위하여 인지Cognition를 재조정 또는 완화시키는 내적 변환과정을 거친다(Walters, 1995:307-308).

범죄의 생활양식 모델이 범죄행위의 발생 및 유지에 인지적 요인을 강조하기는 하나, 모든 범죄를 설명해 준다고 가정하는 '범죄적 사고criminal mind' 또는 '범죄적 성격criminal personality' 개념은 반대한다. 여러 범죄자들에게서 공통적으로 나타나는 '사고내용'은 범죄적 생활양식에 기인한 것이고, 범죄자들이 가진 범죄적 신념에서 보이는 유사성은 '사고과정'의 패턴화와 관

련된 것으로 본다. 생활양식 모델에 의하면, 범죄자들이 전형적으로 보이는 생활양식들은 서로 연관되어 있어서 일반적인 '범죄적 정체성criminal identity' 패턴을 형성한다(Walters, 1995:308).

여기에 근거하여 Walters와 White(1989)는 범죄에 영향을 주는 8가지 사고패턴 체계를 제안하였다. 범죄적 사고방식과 관련된 8개 하위 척도는 책임 누그러뜨리기, 단절, 권리부여, 권력지향, 감상적 행위, 초낙관주의, 인지적 나태, 불연속성 등이다(Walters, 1995, 1996).

첫째, 사고패턴은 '책임 누그러뜨리기mollification'이다. 사회 불공평에 초점을 맞춤으로써 규범 위배 행동을 정당화, 합리화하고 특정한 반사회적 행동의 심각성을 축소평가하고 범죄 희생자에게 그 원인을 전가한다. 낮은 점수는 자신의 행위에 대한 책임을 기꺼이 수용하는 정도를 의미한다. "내 자신에게 말하길, '만약 내가 좋은 직업이 있었다면 나는 범죄를 절대 저지르지 않았을 거야'"라는 내용이 척도에 포함되어 있다.

둘째, 사고패턴은 '단절cut-off'로서, 범죄 행위에 대한 두려움, 불안감 및 기타 심리적 억제를 급속하게 제거하려고 한다. 낮은 점수는 정서관리를 잘하고 정서적 극복기술을 갖게 되는 것을 의미한다. "범죄를 저지르기 전에 잡히는 공포에서 벗어나기 위해 알코올 또는 약물을 사용했다"라는 내용이 척도에 포함되어 있다.

셋째, 사고패턴은 '권리 부여entitlement'로서, 소유 의식, 특권 의식, 원하는 것wants을 필요한 것needs으로 오인하는 경향성이다. 낮은 점수는 다른 사람의 관점을 염두에 두고 자신이 원하는 것과 필요한 것을 적절히 구별하는 능력을 의미한다. "나의 의무를 다했고 그렇기 때문에 내가 원하는 것을 가지는 것이 정당하다고 생각한다"라는 내용이 척도에 포함되어 있다.

넷째, 사고패턴은 '권력 지향power orientation'으로서, 타인들을 통제하고 조작하기 위해 공격성을 표출하는 특징을 갖는다. 낮은 점수는 다른 사람의 요구에 맞추어 자신의 행동을 순응하려고 하는 것이다. "상황을 내 뜻대로 다룰수 없을 때, 나는 약하고 무력함을 느끼고 다른 사람에게 힘을 행사하고 싶은 욕구를 느낀다"라는 내용이 척도에 포함되어 있다.

다섯째, 사고패턴은 '감상적 행위sentimentality'로서, 자신의 과거 범죄 행위를 속죄하기 위한 변명 등 자기 중심적 시도를 한다. 낮은 점수는 자신의 범죄행위가 피해자에게 미친 충격에 대해 보다 현실적인 생각을 갖게 되는 것이다. "비록 내가 범죄를 저질렀지만 지난날을 되돌아보면, 나는 꽤 괜찮은 사람이었어"라는 내용이다.

여섯째, 사고패턴은 '초낙관주의superoptimism'로서, 범죄적 생활스타일의 부정적 결과를 피할 수 있는 기회에 대해 과다추정을 한다. 낮은 점수는 자신의 범죄행위가 자신에게 미친 악영향에 대해 보다 현실적인 생각을 갖게 되는 것이다. "내가 범죄를 더 많이 실행하면 할수록, 수사당국이 나를 붙잡기 더 어렵게 된다고 생각한다"라는 내용이 척도에 포함된다.

일곱째, 사고패턴은 '인지적 나태cognitive indolence'로서, 게으른 사고, 손쉬운 문제 해결, 자신의 생각과 계획에 대한 무비판적 수용 경향성을 의미한다. 낮은 점수는 상황에 적절한 비판적 추론과 계획수립 기술을 갖게 되는 것이다. "나는 오늘 해야 할 일을 내일까지 미루는 경향이 있다" 라는 내용이 척도에 포함된다.

여덟째, 사고패턴은 '불연속성discontinuity'으로서, 인지적 나태함과 관련되는 특성이다, 행동하기 전에 생각을 적게 하고 사고과정이 와해된다. 그 결과로서 처음에는 선의였던 행동이 문제를 일으키게 된다. 즉, 사고와 행동의 불일치를 뜻한다. 낮은 점수는 마음먹은 대로 실행할 수 있는 능력을 갖게 되는 것이다. "내 가족과 함께 뭔가를 할 계획을 세웠다가도 친구와 어울리거나 약물 또는 범죄에 가담하기 위해 그 계획을 취소하는 때가 종종있다" 라는 내용이 척도에 포함된다.

범죄적 사고양식 검사 (PICTS)

교정 상황에서 치료적 처우를 실시하는 임상가가 직면하는 주된 문제 중 하나는, 일정기간 공식적 치료프로그램에 참여한 내담자가 행동 또는 사고에서 일어났을 미묘한 심리적 변화를 탐지할 수 있는 적합한 평가도구를 찾는 일이다. 이러한 실무적 목적으로 범죄적 인지 왜곡의 내용과 왜곡과정을 측정하는 도구가 '범죄적 사고양식 검사PICTS'이다.

PICTS는 범죄에 취약한 생활방식을 유지시킨다고 가정되는 8가지 사고양식thinking styles을 측정하는 심리검사로서, '범죄적 사고내용'와 더불어 범죄에 영향을 주는 '범죄적 사고방식(과정)'에 초점을 맞춘다. 8가지 사고 양식 각각에서 점수가 높을수록 범죄 행동과 관련된 사고 스타일을 의미한다. 교정치료에서는 PICTS 및 하위척도 점수의 감소를 목표로 한다. 검사지는 4점 척도로 응답하는 80문항으로 구성된다(Walters et al., 2002).

현재 PICTS는 세계 여러나라에서 다양한 교정처우 프로그램에 참여한 내담자에 대하여 범죄적 인지가 얼마나 변화했는가를 측정하는데 사용되고 있다. 특히, PICTS 하위 영역 중에서 '단절', '감상적 행위', '초낙관주의', '권리부여' 등 4개 지표가 재범률을 예측하는데 가장 강력한 예측력을 가진다고 보고된다(Walters, 2006:32).

외국의 교정현장에서 PICTS 점수로 경비수용 등급인 경구금, 중간구금, 중구금 등 수용자의 분류등급을 변별하는 예측력이 있음이 부분적으로 검증되었다. 부분적인 검증이란 의미는, PICTS검사가 경구금 수용자와 중간구금 수용자 집단에서는 비슷한 평균값을 산출했으나, 중간구금 수용자와 중구금 수용자를 변별하는데 PICTS 검사가 유용하다는 것이다. 8개 하위영역 중에서 6개 영역의 변별력이 의미있게 검증되었다(Walters, 1995:322).

PICTS 중에서 '단절', '권리부여', '불연속성'의 3개 지표는 남녀 수용자 모두에서 '과거 범죄력'과 가장 강한 상관을 보였고(Walters, 1995), '권력지향' 척도는 남성 수용자의 시설내 적응을 가장 잘 예측해 주는 요인이고(Walters, 1996), '감상적 행위' 척도는 여성 수용자의 출소후 성공적인 사회적응을 예측하는데 가장 강력한 예측력을 가졌다(Walters & Elliott, 1999).

PICTS의 8가지 하위척도 값은 범죄자의 과거 범죄력과 높은 상관을 보일 뿐 아니라, 구금후 시설내에서의 원만한 적응과 석방후 순조로운 사회복귀라는 미래 적응도 잘 예측해 주는 지표라고 보고된다(Walters, 1995, 1996, 1997).

그럼에도 불구하고, 임상가들이 PICTS 점수값을 사용하여 수용자의 구금수준 또는 가석방 등 출소에 관한 의견을 제시하는 데에는 매우 신중해야 한다. 인지적 특징 이외에도 과거 범죄력, 설문조사에 대한 범죄자들의 교묘한 '반응 왜곡response bias' 가능성 등 다양한 요인들이 함께 고려되어야 할 것이다(Walters, 1995:324).

심리학 이론들은 다양한 관점에서 분노를 설명하고자 한다. 대표적으로 분노를 촉발시키는 사건, 이에 대한 인지적 판단과 평가, 생리적 활성화, 분노감정의 주관적 경험, 행동 경향성, 자기조절능력, 행동 반작용 등 다양한 심리적 개념으로 분노를 설명하고자 한다. 종합하면, 분노라는 정서는 생리적, 인지적, 현상학적, 행동적 요소가 다양하게 포함되는 중다차원적 개념이라는 것에 심리학 이론들이 동의한다(Wright et al., 2009).

Copello와 Tata(1990)에 따르면, 폭력적인 남성 범죄자는 비폭력범이나 비범죄인에 비해 불확실한 메시지를 '위협적'이라고 해석하고, 상대방의 의도를 적대적으로 받아들이는 귀인오류attributional bias를 많이 보인다. 이런 판단상의 오류가 생기는 것은 기존에 갖고 있는 자기만의 도식schema 또는 행동각본behavioral scripts이 영향을 미치기 때문이다.

분노에 관한 대표적 이론가인 Novaco는 다양한 형태의 폭력행위 뒤에 중심을 잡고 있는 분노감정을 개념화한 최초 학자이다. 분노가 일어나서 공격에까지 이르는 과정 중에 발생하는 인지 왜곡을 정보처리 관점에서 설명하면서 5가지 유형의 정보처리 오류를 제시하였다. 왜곡된 정보처리가 일어나기 때문에 분노를 느끼게 되고 그래서 곧바로 공격행동이 표출되는 것이다(Novaco & Welsh, 1989). Novaco 이론은 인지-정서적 관점으로 분류되는데, 그 강조점은 분노, 짜증 등 정서적 촉발자와 정서상태를 불러 일으키는 개인의 인지적 구조 및 기능에 둔다. 구체적으로, 분노는 4가지 차원이 서로 주고받는 상호관계 속에서 작동해서 발생된다. 분노감정을 일으키는 것은 ①외적·내적 사건, ②인지 과정, ③생리적 각성, 그리고 ④행동 반응의 4차원이다. 예를 들어, 분노를 일으키는 외적 상황은 교통체증시 자동차 끼어들거나 내적 사건으로서 과거의 교통범칙금 낸 것이 기억나는 것이 될 수 있다. 이러한 내·외적 사건이 생긴다고 모든 사람이 분노를 느끼는 것은 아니고, 개인마다 현재 또는 과거 상황에 대한 평가 및 귀인, 기대 등 인지과정에 따라 달라질 수 있다. 기질적으로 높은 분노 특질을 갖는 사람은 이러한 인지과정에서 왜곡이 일어나서 상대의 의도를 적대적으로 간주하는 경향이 있고, 불공평하고 의도적인 공격이라고 받아 들인다. 생리적 각성 면에서도 도발에 대응하여 생리적 활성화가 쉽게 고조된다. 끝으로, 분노감정을 느끼게 되면 행동적 반응으로서 폭력적인 행동을 하기 쉽고, 개인에 따라서는 공격하는 대신에 자기주장을 하는 등 건강한 대응을 한다(Wright et al., 2009:397).

충동성은 성격특성이라고 보는 관점도 있지만, 최근 이론들은 충동성이 인지과정상의 결핍이라고 개념화한다. 자기조절self-regulation은 한편으로는 자기주창적이고 잘 조직화된 목표지향적 활동을 지칭하고, 다른 한편으로는 욕구만족을 지연시킬 수 있고 긴장을 참아낼 수 있는 능력도 포함한다(Ward et al., 1998).

폭력범죄자들이 흔히 보이는 자기조절의 실패는, 즉각적인 단서에 반응(범죄)하는 것을 억제하는 것이 실패했거나, 자기 생각에 도발적이라고 해석되는 여러 가지 단서들에 대해 자신의 행위가 초래할 댓가는 생각해 보지 않은 채 폭력적으로 반응하는 것이 전형적인 패턴이다 (Polaschek & Reynolds, 2004:204).

4. 성폭력범의 인지 왜곡[28]

성폭력범을 대상으로 추적조사한 61편의 종단연구에서 29,000명의 성범죄자 특성을 메타분석 방법으로 고찰한 Hanson과 Bussiere(1998)의 연구에서, 성범죄에 대한 예측력이 가장 높은 변인은 '반사회적 성격'이고, 그 다음이 범죄경력, 반사회적 인지 순서로 나왔다. 덧붙여서 성일탈에 있어서는 성범죄를 곁에서 부추키는 동료들의 사회적 지지가 중요한 요인으로 나타났다. 그래서 성범죄를 잘 예측하는 "Big Four" 요인은 성격, 인지, 사회적 지지, 범죄경력이라고 보고하였다.

성범죄자에 대한 종래의 정신병질적 모델에서는 일반적 성격특성 같은 고정된 개인적 변인들을 찾는데 초점을 맞추어 왔다. 그러나, 이런 유형의 임상적 진단은 성일탈행위와 관련된

---

28) '성폭력범의 인지 왜곡' 부분은 이명숙(2006)이 집필한 "범죄사건을 통해서 본 범죄심리"(경기대학교 출판부), pp. 69-74에서 발췌, 인용하였다.

중요한 개인 변인을 규명하는데 실패해 왔다(Andrews & Bonta, 1998). 아동성애자들이 MMPI의 Pd(척도 4)와 Ma(척도 9)에서 높은 프로파일을 보인다고 하였으나, MMPI 검사가 성범죄자를 예측하는 데 유용성이 거의 없다고 보는 견해도 있다(Marshall & Hall, 1995).

그래서, 최근에는 성격요인 한가지 만으로 성범죄의 원인규명과 재범예측을 하는 방식에서 벗어나, 다요인적 접근을 하는 추세이다. Marshall(1996)은 정신병질이나 성일탈을 지지하거나 격려하는 인지나 환상과 같은 성격적, 인지적 특성은 물론이고, 약물남용 같은 상황적 요인과 불안정한 고용상태, 반사회적 생활양식과 같은 사회학적 요인들이 성범죄 유발에 미치는 영향에도 초점을 맞추어야 한다고 주장한다.

성범죄로 이끄는 인지적 특성으로는 성일탈을 지지하는 태도(Hanson et al., 1991, 1994), 인지적 왜곡(Hall & Hirshman, 1992), 잘못된 성적 환상(Knight et al., 1994) 등의 요인들이 있다. 성범죄에 영향을 주는 인지적 중재과정으로서 '여성에 대한 태도'와 '강간에 대한 인식' 간에 관련성이 있어서, 전통적이고 폐쇄적인 성역할 속에서 여성을 인식하는 남성들은 강간이 여성의 잘못이라고 응답하는 경향이 높았다(Field, 1978).

성폭력범이 모두 성도착장애를 갖는 것은 아니고 정신적으로 이상이 있는 것도 아니다. 성폭력에 대한 잘못된 '강간신화'가 영화나 소설 등 미디어를 통해서 일반에게 잘못 전파되어 있다. 대표적인 예는 다음과 같다.

- **"강간범은 어린 시절에 성폭행 당한 피해경험이 있다?"**

어린 시절의 성적 학대는 성인기에 성범죄 같은 특수형태로 발전하는 것이 아니고, 일반적인 정신장애나 부적응문제로 발전한다. Hanson & Slater(1988)의 연구에서 어릴 때의 성학대 경험과 성인기 성범죄와는 상관관계가 거의 없었다.

- **"남성은 한번 일어나면 통제되지 않는 강한 성욕을 갖는다?"**

대다수의 강간은 사전에 계획되어 수행된다. 강간이 대부분 계획범죄라는 사실은, 강간이 남성의 생리적 욕구 때문에 생기는 우발적, 순간적 실수라고 보는 생각이 잘못된 것임을 입증하는 것이다. 강간 사건의 과반수가 칼, 총 등 무기를 사용하였고 이는 사전에 철저히 준비된 행위다.

강간 사건에서는 강간범이 여성에 대해 갖고 있는 일반적인 신념과 태도가 중요하고, 강간범이 특정 상황에서 상대 여성의 반응을 어떤 의미로 인지하는가에 따라 강간행위가 발생할 수도 있고 반대로 억제될 수도 있다.

인지적 치료의 방향

성폭력범의 교정치료는 범죄자가 갖고 있는 생각의 틀과 내용을 변화시키는 것이 반드시 필요하다. 외국에서 범죄자들의 왜곡된 인지를 교정하는 프로그램으로 시행하는 대표적 사례를 소개하면 다음과 같다.

배리 말레츠키는 미국 오레곤주 포틀랜드에서 성학대 클리닉을 운영하면서 20여년간 5천명 이상의 성범죄자를 치료하였다. 그곳에서 치료받은 성범죄자 3,800명의 재범방지 비율이 91%로 나왔다고 보고하였다. 말레츠키의 클리닉에서는 각각의 성범죄자에게 가장 적합한 방식의 치료방법을 적용하였다. 그가 사용한 방법은 인지행동치료법CBT으로서, 일탈적 성적 각성을 감소시키기 위해서는 '혐오적 조건형성' 방법을 사용하고, 대인관계를 원만하게 만들기 위해서는 '사회적 기술훈련'을 시키면서, 강간이나 변태적 성행위에 대한 환상을 떠올리면서 자위행위를 하는 대신에 보통의 에로틱한 환상을 떠올리면서 자위행위를 함으로써 오르가즘을 맛보도록 하는 '재조건형성reconditioning' 절차를 사용하였다(Malezky, 1991; Andrews & Bonta, 1998:315).

Marques와 Nelson(1992) 또한 인지행동치료법CBT과 재발방지프로그램RPP을 성범죄자들에게 실시한 결과, 성범죄 재범율이 8.2%로 감소하는 효과를 보았다. 재범률을 추적한 기간은 치료가 끝난후 34.2개월 동안이다. 이런 심리치료를 받지 않는 통제집단의 재범률은 13.4%이었다.

말레츠키와 마르케스 등이 보고한 인지행동치료법은 성범죄자 치료에 매우 낙관적이라고 학계에서는 평가하고 있다. 그들이 사용한 치료절차의 핵심 요소는, 성범죄자들에게 성범죄행위를 할 위험이 있는 상황들을 스스로 인식할 수 있도록 가르치고, 어떻게 범죄위험 상황을 스스로 피하는지 또는 그 상황을 어떻게 비범죄적인 방식으로 대처하는지를 훈련시키는 것이다(Hanson, 1996).

이 외에도 세계적으로 널리 실시되고 있는 '인지와 재활Reasoning & Rehabilitation: R & R' 프로그램이 있다. 'R & R'은 인지행동 치료를 통하여 범죄적 인지왜곡을 치료하는 대표적인 프로그램으로서 Ross가 주축이 되어 개발하였고, 지난 20여년 동안 호주, 영국, 캐나다, 중국, 일본 등 세계 각지 교정시설에서 7만여명의 성인수용자 및 비행청소년들에게 실시되고 있는 프로그램이다(Ross & Hilborn, 2009).

다양한 교정치료 기법 중에서 범죄자 교정에 있어 가장 효과적이라는 평가를 받고 있는 인지행동치료에 관하여는 본서 15장에서 보다 상세히 다룰 것이다.

Andrews, D.A., & Bonta, J.(1998). *The psychology of criminal conduct.* Cincinnati, OH: Anderson publishing co.

Copello, A.G., & Tata, P.R.(1990). Violent behavior and interpretative bias: An experimental study of the resolution of ambiguity in violent offenders. *British Journal of Clinical Psychology, 29,* 417-428.

Field, H.H.(1978). Mental representation. *Erkenntnis, 13(1),* 9-61.

Gendreau, P., Little, T., & Goggin, C.(1996). A meta-analysis of the predictors of adult offender recidivism: What works! *Criminology, 34,* 575-607.

Hall, G.C.N., & Hirshman, R.C.(1992). Sexual aggression against children: A conceptual perspective of etiology. *Criminal Justice and Behavior, 19,* 8-23.

Hanson, R.K.(1996). Evaluation the contribution of relapse prevention theory to the treatment of sex offenders. *Sexual Abuse: A Journal of Research and Treatment, 8,* 201-208.

Hanson, R.K., & Bussiere, M.T.(1998). Predicting relapse: A meta-anlaysis of sexual offender recidivism studies. *Journal of Consulting and Clinical Psychology, 66,* 348-362.

Hanson, R.K., & Slater, S.(1988). Sexual victimization in the history of sexual abusers: A review. *Annals of sex research, 1(4),* 485-499.

Hanson, R.K., Cox, B., & Woszczyna, C.(1991). Assessing treatment outcome for sexual offenders. *Annals of Sex Research, 4,* 177-208.

Hanson, R.K., Gizzarelli, R., & Scott, H.(1994). The attitudes of incest offenders: Sexual entitlement and acceptance of sex with children. *Criminal Justice and Behavior, 21,* 187-202.

Hare, R.D.(1996). Psychopathy: A clinical construct whose time has come. *Criminal Justice and Behavior, 23,* 25-54.

Knight, J.P., Prentky, R.A., & Cerce, D.D.(1994). The development, reliability, and validity of an inventory for the multidimensional assessment of sex and aggression. *Criminal Justice and Behavior, 21,* 72-94.

Maletzky, B.W.(1991). *Treating the sexual offender.* Newbury Park, CA: Sage.

Marques, J.K., & Nelson, C.(1992). The relapse prevention model : Can it work with sex offenders? In R.D. Petres, R.J. McMahon, & V.L. Quinsey (eds.), *Aggression and violence throughout the life span* (pp.222-243). Newbury Park, CA: Sage.

Marshall, W.L.(1996). Assessment, treatment, and theorizing about sex offenders: Developments during the past twenty years and future directions. *Criminal Justice and Behavior, 23*, 162-199.

Marshall, W.L., & Hall, G.C.N.(1995). The value of the MMPI in deciding forensic issues in accused sexual offenders. *Sexual Abuse: A Journal of Research and Treatment, 7*, 205-219.

McFall, R.M.(1990). The enhancement of social skills: An information-processing analysis. In W.L. Marshall, D.R. Laws, & H.E. Barbaree(eds.), Handbook of sexual assault: Issues, theories, and treatment of the offender (pp. 311-330). New York: Plenum.

Novaco, R.W., & Welsh, W.N.(1989). Anger disturbances: Cognitive mediation and clinical prescriptions. In K. Howells & C.R. Hollin (eds.), *Clinical approaches to violence* (pp.39-60). Chichester, UK: Wiley.

Polaschek, D.L.L. & Reynolds, N.(2004). Assessment and treatment: Violent offenders. Hollin, C.R.(ed.), *Offender Assesment and Treatment* (chap 13).

Ross, R.R. & Hilborn, J.(2009). *Reasoning & Rehabilitation 2 :Short Version for Youths (Program Overview)*.

Sykes, G., & Matza, D.(1957). Techniques of neutralization: A theory of delinquency. *American Sociological Review, 22*, 664-670.

Walter, G.D.(2006). Proactive and reactive composite scales for the Psychological Inventory of Criminal Thinking Styles(PICTS). *Journal of Offender Rehabilitation, 42(4)*, 23-36.

Walters, G.D.(1990). *The criminal lifestyle: Patterns of serious criminal conduct.* Newbury Park, CA: Sage.

Walters, G.D.(1995). The psychological inventory of criminal thinking styles: Part I. Reliability and preliminary validity. *Criminal Justice and Behavior, 22(3)*, 307-325.

Walters, G.D.(1996). The psychological inventory of criminal thinking styles: Part III. predictive validity. *International Journal of Offender Therapy and Comparative Criminology, 40(2)*, 105-112.

Walters, G.D.(1997). Predicting short-term release outcome using the LCSF and PICT.

Journal of Mental Health in Corrections Consortium, 43, 18-25.

Walters, G.D., & Elliott, W.N.(1999). Predicting release and disciplinary outcome with the Psychological Inventory of Criminal Thinking Styles: Female data. *Legal and Criminological Psychology, 4,* 15-21.

Walters, G.D., & White, T.W. (1989). Thinking Criminal: A Cognitive Model of Lifestyle Criminality. *The Women Law. Journal, 76,* 4.

Walters, G.D., Trgovac, M., Rychlec, M., di Fazio, R., & Olson, J.R.(2002). Assessing change with Psychological Inventory of Criminal Thinking Styles. *Criminal Justice and Behavior, 29(3),* 308-331.

Ward, T., Hudson, S.M., & Keenan, T.(1998). A self-regulation model of the sexual offense process. *Sexual Abuse: A Journal of Research and Treatment, 10,* 141-157.

Wright, S., Day, A., & Howells, K.(2009). Mindful and the treatment of anger problems. *Aggression and Violent Behavior, 14,* 396-401.

제 10장 정신장애

1. 정신장애 정의 및 분류[29]

1) 정상과 이상의 구분

우리는 일상생활에서 어떤 사람이 보이는 생각이나 행동에 따라 흔히 '정상' 또는 '비정상'이라는 구분을 한다. 심리학에서는 '비정상'이라는 용어 대신에 '이상abnormal'이라는 용어를 사용하고, 이런 행동을 '이상행동' 또는 '장애'라고 칭한다. 정신장애mental disorder라는 용어는 이상행동을 보이는 직접적인 원인이 심리내부에 있다고 보는 것이다. 우리나라 형법에서는 이를 '심신상실' 상태 또는 '심신미약' 상태로 적시하고 있으며, 이같은 판단은 형벌의 감경 조건에 해당한다.

그러면 심리학 및 정신의학에서 정상과 이상을 구분하는 기준은 무엇일까? 학자마다 이상행동을 구분하는 기준이 다양하다. 흔히 심리학에서 통용되는 기준으로는 ①통계적 기준, ②사회적 기준, ③주관적 기준, ④정신의학적 기준 등을 종합적으로 활용하여 진단한다.

첫째, 통계적 기준은 특정 행동이 보통사람들의 '평균'에서 얼마나 이탈되어 있는가를 기준으로 이상행동을 규정하는 것이다. '보통사람'이 아닌 사람은 '이상한 사람'이라는 것이다. 이런 구분이 대체로는 인정되고 있지만 어떤 경우는 통념상 맞지 않는 부분도 있다. 예를 들어, 지적능력이 하위 극단에 있는 사람은 정신지체자로서 '이상'으로 구분될 수 있지만, 상위 극단에 있는 수재를 '이상'으로 보지는 않는다.

둘째, 사회적 기준은 어떤 사람이 그가 속한 사회의 규범을 어기고 도덕적으로 일탈된 생활을 하고 사회에 적응하지 못하는 것을 '이상'으로 구분하는 것이다. 하지만 이 기준에도 맞지

---

29) '정신장애 정의 및 분류' 및 '범죄관련 주요 정신장애' 부분은 이명숙(2006)이 집필한 "범죄사건을 통해서 본 범죄심리"(경기대학교 출판부), pp. 84-95에서 발췌, 인용하였다.

않는 경우가 있다. 예를 들어, 뛰어난 창조성과 재능을 가진 예술가 중에서 보통사람들이 인정하는 사회규범에서 이탈하여 자신만의 독창적인 행동과 삶을 사는 사람이 있다고, 이들을 '이상'으로 구분하기는 곤란하다. 이런 경우는 '기인'이라고 표현한다.

셋째, 주관적 기준은 자기 자신이 불편하고 괴로우면 이를 이상행동으로 보자는 것이다. 즉 주관적 불편감이 '이상'의 기준이 된다. 하지만, 어떤 사람은 남들이 볼 때는 문제가 많은데 자기자신은 전혀 고통이나 불편을 느끼지 않는 경우에 이를 '정상'으로 구분하는 것도 통념에 맞지 않는다. 예를 들어, 성도착장애자는 자기 자신은 불편감이 없고 쾌감을 주는 특정한 성적 행태를 보이는 사람이다.

넷째, 정신의학적 기준은 위에서 말한 통계적·사회적·주관적 기준을 모두 종합하여 만든 객관적인 기준으로서 정신의학계가 제시한 것이다. 기준설정의 과정으로서 정신의학자들이 주관적 괴로움을 호소하거나 사회적 부적응 증상을 보이는 다양한 환자들을 진단하면서 오랜기간 축적된 데이터를 기초로 하여, 자주 발생하는 이상행동들을 '정신장애 유형'으로 분류하고 그 진단기준과 증세를 정리한 진단체계를 만들어 통용하고 있다.

2) 정신장애 유형 및 증상

세계적으로 가장 많이 사용되고 있는 정신장애 진단체계는 두가지가 있다. 세계보건기구에서 공인한 '국제질병분류체계ICD'[30]와 미국정신의학회에서 독자적으로 개발한 '정신장애 진단 및 통계편람DSM'[31] 이다. 우리나라에서는 최신판으로 2013년에 발표된 DSM-5를 활용하고 있다.

이 절에서는 DSM-5를 기준으로 정신장애 유형 및 주요 증상을 간략히 소개하고, 범죄행동과 특히 관련성이 높은 몇가지 정신장애, 예를 들면 ADHD, 품행장애, 간헐성 폭발성장애, 반사회적 성격장애, 사이코패스, 조현병, 성도착장애 등의 발병원인과 범죄 위험성, 및 치료적 교정처우에 대해 기술한다.

DSM-5의 각종 정신장애 정의는 법원이나 법조인의 기술적 요구를 위해 개발된 것이 아니

---

30) ICD : International Classification of Disorder
31) DSM : Dyagnostic Statistical Manual of Mental Disorder

고, 정신의학 임상가 및 공중보건 전문가들의 필요에 따라 개발된 것이다. 따라서 미국정신의학회 지침(APA, 2013)에서는 DSM 진단기준을 검사, 판사 등 사법기관에서 활용할 때는 다음과 같은 위험성과 제한성에 각별히 유의할 것을 명시하고 있다.

① DSM-5는 진단체계이지, 특정 장애에 대한 치료지침을 제공하는 것은 아니다.

② 대부분의 상황에서 DSM-5의 특정 장애(지적발달장애, 조현병, 신경인지장애, 도박장애, 성도착장애 등)에 대한 임상적 진단을 내리는 것이, 그 개인이 정신장애가 존재한다는 법적 기준 또는 법률상 표준(행위능력, 범죄책임성, 심신상실 등)에 부합함을 의미하는 것은 아니다.

③ 행위능력 등 법률상 표준에 부합하기 위하여는 행위자의 기능적 손상(functional impairment)에 대한 추가정보 및 그러한 기능적 손상이 특정한 범죄행위에 어떠한 영향을 주었는지에 대한 정보가 요구되어야 한다.

④ 손상(impairment), 능력(ability), 무능력(disability)의 판단은 각 장애유형 안에서도 다양하게 나올 수 있기 때문에, 특정한 장애진단이 특정한 손상 및 무능력 수준을 내포하지는 않는다.

⑤ 특정장애의 진단은 개인이 정신장애를 일으킨 원인을 말해주는 것은 아니고, 그 장애와 관련하여 환자의 행동통제 능력이 어느 정도인지를 말해주는 것도 아니다.

〈표 9〉 DSM-5에 포함된 정신장애의 범주

장애 유형	주요 증상
신경발달장애 Neurodevelopmental D.	● 중추신경계, 즉 뇌의 발달지연이나 뇌손상 등과 관련되어 나타나는 장애로서 ● 유아기 및 아동기에 출현하고 심리사회적 문제보다 뇌의 발달문제와 관련됨.
정신분열 스펙트럼 장애 Schizophrenia Spectrum D.	● 조현병 및 이와 유사한 증상으로서, 5가지 증상 중 1가지 이상 이상행동을 보임. ● 5가지 증상: 망상, 환각, 와해된 사고 및 언어, 부적절한 행동, 정서적 둔마/사회적 고립

양극성 및 관련장애 Bipolar & related D.	• 기분의 변화가 매우 심해서 어떤 때는 기분이 극적으로 들떠있고, 어떤 때는 기분이 침체된 상태가 주기적으로 나타남.
우울장애 Depressive D.	• 우울하고, 슬픈기분이 들고, 매사 의욕이 없고, 공허하고, 무가치감과 죄책감을 느끼고, 짜증스러운 기분 등 복합적 감정이 지속됨.
불안장애 Anxiety D.	• 과도한 불안과 공포가 주된 증상이다. • 불안은 미래의 위협에 대한 정서적 반응, 공포는 현재 일어나는 위협에 대한 반응
강박 및 관련장애 Obsessive-Compu lsive & related D.	• 마음속에 강박적인 생각이 가득차 있고(강박사고-Obsession) • 가득 차있는 강박적 생각을 중화시키기 위해 반복적인 행동을 지속함 (강박행동-Compulsion).
외상 및 스트레스 관련장애 Trauma & Stress related D.	• 충격적인 외상적 사건 또는 스트레스 사건을 경험한 후, 그 후유증으로 심각한 부적응적 증상들이 나타남. • PTSD: 사건에 대한 기억, 심상, 이미지, 플래시백의 자동적 침투증상 및 회피행동이 재경험됨.
해리장애 Dissociative D.	• 강한 심리적 쇼크를 경험한 후 갑자기 의식, 기억, 행동, 자기정체감, 환경지각 등에서 붕괴가 일어남.
신체증상 및 관련장애 Somatic Symptom & related D.	• 원인이 불분명한 신체증상을 호소하거나 신체에 대한 과도한 집착과 걱정으로 부적응적 문제가 나타남.
급식 및 섭식장애 Feeding & Eating D.	• 개인의 건강과 심리사회적 기능을 심각하게 손상시키는 음식섭취문제 (거식증, 폭식증 등)가 생김.
배설장애 Elimination D.	• 아동기, 청소년기에 흔히 진단되는 장애로서, 대소변을 가릴 충분한 연령이 되었는데도 적절치 못한 장소에 배설함.
수면-각성장애 Sleep-Wake D.	• 수면의 양/질에 문제가 있어서 일상생활에 심각한 부적응적 증상이 초래됨.

성기능 장애 Sexual Dysfunctions	• 원만한 성교행위를 방해하는 다양한 생물학적 성기능의 문제가 생김. • 남성장애(성욕감퇴, 발기장애, 조루증), 여성장애(불감증, 성교통증, 질경련증)
성 불편증 Gender Dysphoria	• 자신이 갖고 태어난 생물학적 성과 자신이 경험/표현하는 성역할 간 불일치가 있어 심한 불편함(불쾌감)이 초래됨(이전에는 성 정체감장애로 명명하였음).
성도착 장애 Paraphilic D.	• 성행위 대상이나 성행위 방식에서 비정상성을 나타내는 장애로서, 흔히 이상성욕, 변태성욕, 성적 일탈로 알려져 있다. • 유형: 관음, 노출, 접촉마찰, 성적 피학, 성적 가학, 아동성애, 물품음란, 의상전환
파괴적,충동통제 및 품행장애 Disruptive, Impulse Control, & Conduct Disorder	• 정서와 행동을 제대로 통제하지 못해 발생하는 다양한 부적응적 증상. • 5가지 하위유형: ①적대적 반항장애 ②간헐적 폭발성장애 ③품행장애 ④방화증 ⑤도벽증
물질관련 및 중독장애 Substance- related & Addictive D.	• 술, 마약 등 중독성 물질을 사용하거나 도박증과 같이 중독성 행위에 몰두함으로써 다양한 부적응적 증상들이 초래됨. • 물질관련 장애: 중독성이 있는 물질을 과도하게 사용하여 부적응적 증상들이 초래 • 비물질관련 장애: 도박장애
신경인지장애 Neurocognitive D.	• 뇌의 손상이나 뇌의 일시적 기능장애로 인하여 정신장애가 유발됨. • 섬망(delirium): 신체적 질병, 물질중독, 금단, 독소노출 등으로 인해 일시적으로 의식이 혼미해 지거나 인식기능이 붕괴됨(이전에는 치매로 명명하였음).
성격장애 Personality D.	• 어린시절부터 서서히 발전하여 아동기/청소년기를 거치면서 성인기 초기에 성격으로 굳어진 심리적 특성이 다른 사람과 조화를 이루지 못하고 • 생활전반에 걸쳐 부적응적 증상이 초래됨(A군장애, B군장애, C군장애) • B군장애 : 반사회적 성격장애 포함.

출처: 김청송(2016:42-59) 재구성.

2. 정신장애와 범죄와의 관계

1) 롬브로소 범죄인류학 이론

체사레 롬브로소Cesare Lombroso는 일생을 통해 교도소에 있는 범죄인들의 생물학적 특성을 관찰, 조사하여 역사적이고 기념비적인 저서 "L'uomo delinquente Criminal Man"를 발표하였다[32]. 현대 심리생물학 범죄이론과의 비교를 위하여 1세기 전에 보고된 롬브로소의 연구결과를 살펴볼 필요가 있다.

정신이상과 범죄성은 유사점이 매우 많다. 도시화, 독신생활, 더운 기후, 남성성, 도시거주 등이 정신이상자를 만들거나 범죄자로 만든다. 두 집단의 공통점을 나열하면 다음과 같다(롬브로소, 1889:312-317).

- 양자 모두, 정신적 외상, 두개골 비정상성, 알콜중독에 의해 야기된다
- 양자 모두, 뇌막염, 뇌연화증(뇌경화), 몽유병 질병에 걸리기 쉽다
- 양자 모두, 어렸을 때 발생할수록 상습범/상습환자가 된다
- 범죄자/정신이상자 공통: 양심의 가책을 느끼지 않는다

롬브로소는 범죄와 깊게 관련된 정신장애 유형을 다음과 같이 요약하였다(롬브로소, 1889:312-325).

- 정신병 : 비현실적이고 비논리적인 사고를 하는 정신문제로서, 정신분열증, 편집장애, 우울증 등이 범죄와 관련된다.
- 신경증 : 불안, 공포를 주로 느끼는 정서장애로서, 강박관념, 공포증 등이 대표적 장애로 나타난다.
- 성격장애 : 사고도 정상이고 불안증세도 없으나 성격자체가 이상성격을 보인다. 예를 들면, 사이코패시 증상 중 범죄와 관련된 특징은 다음과 같다.

---

32) 국내에서는 형사정책연구원에서 "범죄인의 탄생"이라는 제목으로 2010년에 번역본을 발간하였다.

- 위험한 장면에 처해서도 불안, 긴장을 느끼지 않는다.
- 자기 잘못에 대해 뉘우칠 줄 모르고 적당히 거짓말로 모면하려 한다.
- 자신의 이득, 쾌락을 위해서 타인을 속이거나 조종하는 것이 예사다.
- 성생활이 문란, 대인관계에서 무책임, 자기욕구를 위해서는 착취적이다.
- 타인에 대한 공감능력이 결여되어 냉소적이고 냉담하다.
- 자기욕망이 채워지지 않으면 언제든 난폭, 욕망만 채워지면 만족한다.

● 우울증 : 지나친 자기비관, 환각적 충동 때문에 자살을 시도한다. 자기와 같은 운명에 빠지지 않게 하기 위하여 자식을 살해/동반자살하는 등 범죄행위로 나타난다.

● 펠라그라, 간질, 알콜중독에 의한 정신이상 : 조금만 자극을 받아도 살인하거나 자살을 시도한다. 펠라그라 증상은 니코틴산이 결핍되어 생기는 질병으로서 아열대지방에서 많이 발병하고 피부에 붉은 반점이 생기며 시력장애, 경련, 설사 등도 함께 나타날 수 있다.

● 살인 편집증: 환각 상태에 있을 때, 환각망상을 피하기 위해, 상상 속 명령에 따르기 위해 사람을 살해하거나, 물건을 훔치거나 불을 지르기도 한다. 이들의 성격 특징은 대체로 조용, 우울, 변덕, 충동적, 친절한 모습을 보이다가도, 폭력의 촉매제가 되는 음울한 날씨, 소화불량, 신경과민, 종교적 흥분, 모방, 불운, 극심한 가난 등으로 인해 극단적 폭력이 나타난다.

● 히스테리 : 절도, 사기, 모욕, 위선, 독살 등으로 나타난다. 남자보다 여자가 20배이상 많다. 1/6 정도는 생식기관 이상 때문에 생기고, 1/2 정도는 사춘기 때부터 시작한다. 히스테리 범죄자는 대부분 여성범죄자 이며, 남자/아동 중에서 발병하면 훨씬 더 심각하다.

● 도벽: 특히 히스테리나 우울증을 앓고 있는 여성에게서 종종 도벽이 나타난다.

● 조증 : 음란증이나 성욕과잉을 보인다. 사람들 앞에서 자위행위를 하거나 처음 본 여성에게 성적으로 공격한다.

범죄와 정신장애 사이에 어떤 구분선이 있다고 해도, 그 선은 너무 희미해서 이를 인식하기가 매우 어렵다. 롬브로소는 범죄와 광기의 구분은 "성질상" 해석되는 것이 아니라 "사회"에 의해서 해석된다고 하였다. 범죄인과 정신장애인의 주된 차이는 〈표 10〉에서 제시하였다.

<표 10> 범죄인과 정신장애인의 차이

범죄인	정신장애인
• 범행을 자백하지 않는다 • 자신의 행동이 다른사람에게 혐오감을 준다는 것을 안다 • 증거은닉 등을 시도한다	• 범행 일체를 자백한다 • 혐오감 주는 것을 인식하지 못한다 • 증거은닉/발각을 피하는 방법을 무시한다 • 자신이 받을 처벌에 대해서도 무관심하다 • 친구를 사귀지 못하기 때문에 고독하게 혼자 살며 다른 사람을 믿지 못한다 • 범죄를 정당방위로 행동했다든가, 가치있는 행동을 했다고 스스로 믿고서 자신은 죄가 없다고 인식한다

2) 환자 집단과 범죄자 집단

일반적으로 정신장애 환자는 정신증장애 또는 정신병psychosis, 신경증neurosis, 성격장애 personality disorder로 크게 분류할 수 있다. 정신병은 비현실적이고 비논리적인 사고를 하는 인지기능의 문제를 보인다. 신경증은 불안과 공포를 주로 느끼는 정서기능의 문제를 보이며, 성격장애는 사고도 정상적으로 하고 불안증세도 없으나 성격상의 이상을 보인다.

각국마다 정신장애를 가진 범죄자의 비율은 상당히 높다. 이들은 구금 전에 정신착란이 시작되거나 범행전에 이미 착란 상태에 빠져 있다. 예를 들어, 독일에서 168명 정신이상 죄수 중 39명(23%)이 구금 전에 이미 정신장애가 있었고, 이탈리아에서는 1,742명 죄수 중 중 350명(19%)은 구금 전에 정신이상 상태가 있었다고 보고하였다. 350명중 218명은 태어날 때부터 정신이상 상태라고 하였다. 범죄자의 정신이상이 선천적 성격을 지닌다는 것은, 대부분의 죄수들이 감옥에 입소한 직후에 정신이상의 최초 징후를 보인다는 사실에서도 입증된다. 범죄자의 정신이상에 대한 공식통계와 실제 통계가 다른 이유는, 정신질환이 범죄에 대한 면책으로 작용하거나, 형벌 부과에 장애로 작용할 지도 모른다는 두려움 때문에 의사들이 "정신이상" 진단을 억제하려는 경향이 있기 때문이다(롬브로소, 1889:309).

범죄자들은 (정신이상자들처럼) 자신들은 체포되지 않을 것이라고 생각하는 경향이 있다. 또한 사람들을 위협하고, 미래를 생각하지 않고, 양심의 가책도 받지 않으며, 일관되게 범죄행동을 반복한다. 일부 정신이상 범죄자들은 통찰력을 가지고 있으며 세심하게 미리 생각할 수 있는 능력이 있다. 알리바이를 준비하고, 범죄를 범한 후 도망치고, 범죄사실을 부인하며, 때로는 미친 척 하기도 한다. 이런 위장 경향성을 탐지하는 심리평가도구가 M-FAST이다.

범죄자집단에서 빈번하게 출현하는 정신장애의 유형에 대한 선행연구 20편을 개관한 Prins(1980)에 따르면, 범죄자가 갖고 있는 정신장애 중에는 정신병질(사이코패스)이 가장 많고 그 다음이 정신지체, 정신병(주로 조현병과 우울증), 신경증 순으로 많이 나타났다(〈표 11〉 참조).

Gunn 등(1978)은 영국 교도소 2개소를 대상으로 정신장애의 심각성과 치료 수요를 조사하기 위하여 질문지 조사와 인터뷰를 실시하였다. 그 결과, 149명의 재소자 중에서 34% 이상이 정신과 치료가 필요한 사람들인데 비해, 일반인 집단에서는 14%로 낮게 나왔다. 이 연구에서 재소자가 보이는 정신장애의 절반 가량이 우울증이고, 1/3은 불안 증상이었다. 술이나 마약 등 약물문제는 거의 모든 재소자들이 공통적으로 갖고 있었다. 재소자 중 정신병 환자는 드물었고 일반인 집단과 유병율 차이도 없었다. 그러나 조사대상을 강력범으로 한정하면 재소자의 정신병 출현율이 일반인보다 더 높게 나왔다. 이를 지지하는 자료로서, 런던의 남녀 무기수를 조사한 Taylor(1986) 연구에서, 무기수 2/3이상이 정신장애를 갖고 있으며 이 중에서 10%는 정신병(주로 조현병)이고 대부분은 우울증과 성격장애가 차지하였다.

일반인 집단보다 범죄자 집단에서 정신장애 유병율이 높다고 해서, 정신장애와 범죄행위간의 인과관계가 있다고 단정할 수는 없다. 왜냐하면, 일반인보다 정신장애자가 범행을 실행하고 도주하는데 미숙할 수 있고(Feldman, 1977), 실제로 정신장애가 있는 범죄자는 장애가 없는 범죄자보다 범행후 체포되는 비율이 더 높았다(Teplin, 1984).

미국에서 시행된 연구들에서는 대체로 정신장애 환자들이 일반인보다 범죄를 저지르는 비율이 더 높았다. 정신장애 집단에서 강도, 강간 등 강력범죄 발생율은 일반인보다 더 높게 나왔으나, 비폭력 범죄는 일반인집단과 유의한 차이가 없었다(Rappeport & Lassen, 1967).

이와는 대조적으로, 독일연구에서는 정신장애 집단에서 중범죄 발생비율이 매우 낮게 나왔다(Häfner & Böker, 1982). 국가마다 상이한 결과가 나오는 것은 범죄행위를 한 정신장애자를 어느 만큼이나 정신치료시설에 수용하는가 또는 교정시설에 수용하는가 등 사법의료 정책과 밀접한 관련이 있기 때문이다. 예를 들어, 미국과 같이 정신장애 범죄자를 정신병원에 많이 수감하면 정신과 입원환자 중에서 범죄자가 차지하는 비율이 높아지게 된다.

우리나라에서는 정신장애를 가진 범죄자들을 별도로 수용하는 법무의료시설은 '공주치료감호소' 및 '국립부곡정신병원' 등 일부 시설에 국한되고, 경미한 정신장애 증상을 보이는 범죄자는 대체로 일반 범죄자들과 함께 교도소에 수용되기 때문에, 교도소내 재소자 집단에서 정신장애가 구성비가 높게 나온다.

따라서, 정신장애와 범죄간의 관련성은 직접적인 국가간 비교를 하기 어렵다. 미국정신의학회의 DSM-5 사용지침에서도 명시했듯이, 두 행위 양태간의 내재된 관계 뿐만 아니라 정신장애를 가진 범죄자에 대한 의료 형사사법의 제도와 정책을 포함한 국가간 비교 및 학제간 접근이 필요하다.

〈표 11〉 외국의 범죄자집단 정신장애 발생율

장애유형	논문 편수	최고 발생율	최저 발생율	평균 발생율
정신병	11	26.0	0.5	8.4
정신지체	7	28.0	2.4	10.2
정신병질	8	70.0	5.6	26.9
신경증	4	7.9	2.0	5.0

출처: Prins(1980)

〈표 12〉 최근 5년간 우리나라 피치료감호자(공주치료감호소) 현황

구 분		2010년	2011년	2012년	2013년	2014년
계		887	948	1021	1122	1149 (100%)
죄명별	살 인	297	297	318	334	340 (29.6)
	성폭력	131	170	209	247	263 (22.9)
	폭 력	127	149	163	180	195 (17.0)
	절 도	80	70	66	64	58 (5.0)
	방 화	54	62	62	63	71 (6.2)
전과횟수	초 범	566	596	664	721	759 (66.1)
	2 범	93	95	112	130	121 (10.5)
	3 범	46	58	63	63	70 (6.1)
	4 범	45	41	38	44	42 (3.7)
	5범이상	137	158	144	164	157 (13.7)
병명별	조현병	355	382	450	480	509 (44.3)
	정신지체	100	82	86	89	104 (9.1)
	약물중독	68	50	71	85	62 (5.4)
	조울증	64	42	54	57	72 (6.3)
	성격장애	52	33	38	44	38 (3.3)
	간 질	25	25	28	26	20 (1.7)

출처: 법무연수원(2015). "범죄백서" 재구성.

3. 범죄관련 주요 정신장애

이상행동에 대한 객관적인 분류작업은 19세기 독일의 정신의학자로서 '근대 정신의학의 아버지'라고 불리우는 크레펠린Emile Kraepelin이 최초로 기초를 닦았다. 최근에는 미국정신의학

회에서 제작한 DSM이 전세계적으로 널리 통용되는 정신장애분류체계가 되었고 가장 최신판으로는 2013년에 개정된 제5판DSM-5이 우리나라에서도 사용되고 있다. DSM-5는 인간의 다양한 심리장애를 크게 20가지 범주로 구분하고 300개가 넘는 세부 진단명을 제시하고 있다. 이 절에서는 김청송(2016)의 저술을 중심으로, DSM-5 중에서 범죄와 관련이 깊은 주요 정신장애 6가지의 특징을 소개한다.

1) 파괴적, 충동통제 및 품행장애

① 품행장애

품행장애conduct disorder: CD는 다른 사람의 기본적인 권리를 해치거나 나이에 적합한 사회적 규범을 어기는 행동(지위비행)을 반복적이고 지속적으로 나타내는 청소년기 정신장애의 일종이다. 진단기준에 제시된 '사람과 동물에 대한 공격' '재산파괴' '사기 또는 절도' '심각한 규칙위반'의 네 가지 범주에 속하는 15가지 문제행동 중 3개 이상이 지난 12개월 이상 지속되고, 이로 인해 사회적, 학업적, 또는 직업적 기능에 심각한 손상이 초래되는 경우에 진단된다. 품행장애는 행위장애라고도 하고, 나이가 18세 미만인 경우에만 진단된다. 유사한 증세를 보이는 사람이 18세 이상이면 대개 반사회적 성격장애antisocial personality disorder: ASPD로 진단된다(김청송, 2016:591).

품행장애의 원인은 아동의 생물학적 · 기질적 성향과 환경적 요인이 결합하여 발생한 결과로 본다. 생물학적 · 기질적 성향은 부모로부터 물려받는 유전적, 행동적 성향과 밀접한 관련이 있다. 대표적인 성향으로는 까다롭고 요구가 많은 특성, 조절능력의 결핍, 좌절에 대한 인내력 결핍, 도덕적 경각심의 부족, 높은 보상욕구, 낮은 지능(특히 언어적 지능) 등이 품행장애의 위험요인으로 꼽힌다. 이러한 유전적 취약성이 열악한 양육환경을 만나면, 발달단계에 따라 ADHD, 품행장애, 반사회적 성격장애 등으로 발전해 간다.

이러한 유전적 취약성을 발현시키는 외부적 단서가 되는 환경적 요인은 크게 세가지로 구분할 수 있다. 첫째는 아동전기에 경험하는 가족환경 및 양육방식과 관련된 위험요인으로서, 부모의 거부, 일관성 없는 훈육방식, 냉담한 반응, 신체적 · 성적 학대, 아동에 대한 감독소홀, 사회적 · 경제적 곤궁, 부모불화, 가정폭력, 부모의 범죄력, 보호시설에의 위탁, 양육자의 잦은 교체 등이다.

둘째는 아동중기에 학교나 지역사회에서 경험하는 환경적 위험요인으로 또래아이들의 배척, 일탈적 또래들과의 어울림, 폭력이 난무하는 지역에서 자라는 것 등이 있다.

셋째는 사회적 계급과 관련이 있는 문제로서, 하류계층에 속하고 도시에 거주하는 아동들 중에 품행장애가 많다. 그 이유는 빈곤계층에 속한 아이들은 자신의 욕구를 규범적 방식으로는 성취하기가 어렵기 때문에 비행행동을 하게 되고, 이러한 일탈행위가 하류계층에서는 쉽게 용납되는 경향이 있기 때문이다(김청송, 2016:595-596).

이러한 환경에서 유전적 취약성을 갖고 자라난 청소년은 성인이 되어서도 직업의 실패, 가족형성의 실패, 주류사회로의 통합 실패 등의 과정을 거치면서 결국에는 상습적 범죄자의 길로 들어서게 된다. 조기발병일수록 경과가 좋지 않고 성인기의 반사회적 성격장애나 물질중독 및 중독장애로 이어어질 가능성이 높으며, 품행장애는 우울증이 동반되는 경우가 많으므로 자살위험을 잘 살펴보아야 한다.

아동기부터 시작된 품행문제가 청소년기를 거치면서 품행장애라는 정신장애로 발전해 가는 발달경로를 Capaldi와 Patterson(1994)이 명료하게 도식화한 것이 〈그림 8〉에 제시되어 있다.

비행청소년은 심리학적 특성으로 보면 크게 두가지 유형으로 구분된다. 하나는 '비사회화된 공격적 비행청소년undersocialized aggressive delinquent'이고 다른 하나는 '사회화된 비행청소년 socialized delinquent'이다. 비사회화된 비행청소년들이 보이는 증상은 싸움, 저항, 학교폭력, 기물파괴, 폭발적 분노, 또래·어른들과의 관계손상 등이다. 이에 비해 사회화된 비행청소년들은 가정·학교에서 이탈, 집단절도, 집단 약물사용, 기타 집단성 위법행위들을 저지른다. 성인들과의 관계는 손상되지만, 유사한 비행을 하는 또래들과의 밀접한 관계나 충성도는 매우 높다.

DSM-III에서는 비사회화된 비행자를 품행장애의 하위유형으로서 '비사회적 품행장애USC D[33]라고 명명하고, 진단준거로서 사람 또는 재물에 대한 신체적 폭력을 보이고 피해자의 면전에서 절도를 한다. 이러한 행동은 정상적인 수준의 정동, 공감, 타인과의 유대감 형성에서

---

33) USCD : Undersocialized Conduct Disorder

실패하고, 자아중심적이며, 거칠고, 타인조종적manipulative 행동을 하는 상황에서 발생하는 특징을 보인다. '사회화된 품행장애SCD'[34] 는 USCD와 마찬가지로 신체적 폭력과 절도 등이 포함되지만, 다른 점은 이런 비행이 또래집단에 대한 충성심과 배려 상황에서 나타난다는 점이다. 사회화된 비행청소년들은 일반청소년에 비해 인지적으로나 사회적으로나 손상이 없고 충동성이나 자극추구성향에서도 별다른 차이가 없다고 보고된다(Quay, 1993:166).

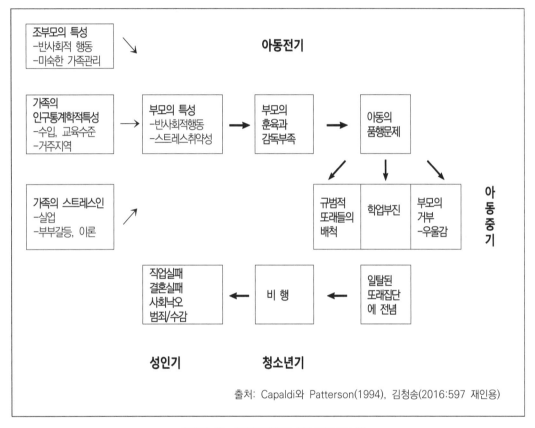

• 〈그림 8〉 품행장애의 발달경로모델 •

② 간헐성 폭발성 장애

간헐성 폭발성 장애intermittent explosive disorder는 공격적 충동이 조절되지 않아서 가끔씩 폭발적으로 파괴적 행동을 나타내는 경우를 말한다. 즉, 언어적 공격행위와 더불어 재산파괴와

---

34) SCD : Socialized Conduct Disorder

신체 공격을 나타내고, 반복적인 폭발에서 나타나는 공격성의 강도가 자극사건이나 촉발적인 스트레스요인에 비해 지나치게 과도하다.

이 장애를 지닌 사람들은 통제할 수 없는 분노폭발(공격적 발작)을 보이고, 그 결과로 다른 사람이 다치거나 기물이 파괴된다. 주로 가까운 주변사람들의 사소한 자극에 의해 폭발적 행동이 타나난다. 공격 이후에는 자신의 행동을 몹시 후회하거나 당황스러워 하며, 자신의 폭발적 행동에 대한 아무런 합당한 이유를 대지 못한다. 환자 중 다수는 우울증, 불안 증세를 보이는데, 분노관리와 스트레스 관리 기술에 결함이 있기 때문이다(김청송, 2016:587).

폭발적인 분노를 나타내는 사람은 환경적 취약성은 물론이고, 생물학적·기질적 요인의 영향을 받는다는 것이 학계 이론이다. 이런 기질적 특성을 타고난 사람은 스트레스 역치수준이 낮고 통제력이 약하기 때문에 사소한 자극에도 충동적이고 폭력적인 공격행동을 보이기 쉽다. 신경생물학적 요인으로는 신경전달물질(예: 세로토닌)과 소뇌 편도체의 반응이상과 관련이 깊다는 연구가 보고된다. 즉, 세로토닌 수준이 비정상적으로 과도하게 분비되었을 때 공격적 행동이 나타날 수 있고, 분노자극을 받았을 때 이들의 편도체 반응이 과도하게 증폭되는 경향이 있었다(김청송, 2016:589).

2) 반사회적 성격장애

반사회적 성격장애antisocial personality disorder: ASPD는 타인의 인격과 권리를 침해하고, 사회의 규범이나 법을 지키지 않으며, 무책임하고 폭력적인 행동을 반복적으로 나타내어 사회적 부적응 또는 범죄행위를 초래하는 성격특성을 말한다. 타인의 권리를 무시하고 침해하는 행동양상이 생활전반에 걸쳐 나타난다. 이런 특성이 15세부터 시작되고, 현재 연령이 18세 이상일 경우에 진단한다.

사람의 성격은 비교적 안정적이고 지속적이다. 그렇기 때문에 반사회적 성격장애는 성인기에 갑자기 나타나는 것이 아니고, 그 이전부터 아동기에는 ADHD 형태로 나타나기 시작하여, 청소년기에는 품행장애CD 형태로 발전하여 성인기가 되어 ASPD로 진단되기까지 발달적 경로를 거치는 것이다(김청송, 2016:737-738).

ASPD의 원인에 대한 하나의 통일된 이론은 없다. 왜냐하면, 유전, 생물학적, 심리적, 사회적, 인지적, 환경적 요인들이 복합적으로 결합되어 나타난 결과이기 때문이다. 학계에서 제시하는 유전, 생물학적 요인은 대체로 다음의 네가지 소인과 관련이 깊다.

첫째, 친부모가 ASPD, 알코올 중독, 품행장애 등 정신과적 병력을 가졌을 경우에 그 자녀가 ASPD로 발전할 가능성이 매우 높다.

둘째, ASPD 환자의 뇌파는 비정상적으로 매우 느린 특징이 있는데, 이는 뇌 활동에 이상이 있다는 것이고, 이로 인해 부적절한 정서적 반응이 표출된다. 즉, 하찮은 자극에 대해서도 충동적, 공격적, 파괴적으로 반응하는 취약성이 나타난다.

셋째, ASPD 환자는 중추신경계와 자율신경계의 각성수준이 매우 낮다. 따라서 각성수준을 정상수준으로 높이기 위해서는 흥분하고 자극적인 것을 충동적으로 추구하고, 지루하고 단조로운 일은 피하는 행동성향을 보인다.

넷째, 선천적으로 불안수준이 매우 낮고, 뇌의 보상중추는 활성화되어 있는 반면, 뇌의 처벌중추는 매우 둔감하기 때문에, 외부에서 위협적인 자극이 있어도 이를 두려워하지 않고 마음내키는 대로 행동하게 된다. 특히 유의할 점은, 처벌중추가 둔감하다는 것은 처벌에 대한 회피학습 능력이 결여되었다는 것을 의미하기 때문에, 범죄로 인해 처벌을 받아도 두려워하지 않고 자신의 보상중추를 만족시키는 쾌감과 보상만을 추구할 뿐이다(김청송, 2016:740).

〈표 13〉 반사회적 성격장애자의 주요 특징

취약성 (위험요인)	감정 · 대인관계	사회적 일탈
• 정신과적 병력을 지닌 부모 • 비정상적으로 매우 느린 뇌파 • 매우 낮은 각성수준과 불안 • 혼란스럽고 역기능적인 양육 경험 • 왜곡된 사고방식 • 매우 열악한 가정환경 • 품행장애를 지닌 병력	• 달변이나 깊이가 없는 언행 • 자기중심적이며 위장된 표현 • 후회나 죄의식의 결여 • 공감능력의 부족과 이해심결핍 • 거짓말과 속임수에 능함 • 피상적 감정과 냉정함 • 착취적인 대인관계	• 충동적이며 즉흥적인 일탈 • 행동조절의 결함 • 자극과 스릴 및 쾌락의 추구 • 책임감의 결여 • 빈번한 육체적 싸움과 폭력 • 타인의 권리와 인격을 침해 • 사법당국에 구속당할 일을 자주 함

출처: 김청송(2016:741)

3) 사이코패스[35]

사이코패시psychopathy는 '정신병질' 진단명이고, 사이코패스psychopath는 정신병질 증상을 가진 '사람'을 의미한다. DSM-III 까지는 '정신병질psychopathy' '사회병질sociopathy' '비사회적 성격장애dyssocial personality disorder'라고 서로 구분하지 않고 사용하던 진단명이 DSM-IV 이후에는 반사회적 성격장애ASPD로 공식화하고 있다. 하지만, 요즘에도 일반 사회에서는 극단적인 반사회성 성격장애자를 지칭하여 '사이코패스'라는 용어를 많이 사용하고 있다.

영국의 '1983년 법'에서 규정한 사이코패스 정의는 '지속적인 정신장애 또는 정신불능으로서 비정상적으로 공격적이거나 심각하게 무책임한 행위를 초래하는 상태'라고 하였다. 사이코패스는 그 자체로서도 정의가 명확하게 확립되지 않은 채, 사회적으로는 연쇄살인, 대량살인 등 흉악한 강력범죄를 저지른 사람과 관련하여 사용되고 있다.

사이코패스 개념을 심리학계 및 법률계 등에 널리 알린 학자는 영국의 Robert Hare이다. 사이코패스의 가장 두드러진 특징은 '정서적 공허emotional emptiness'와 '사회적 공허social emptiness'로 규정하고 범죄자 집단에서 사이코패스를 식별하기 위한 검사로는 '사이코패스 체크리스트PCL'가 전세계적으로 많이 사용되고 있다. 우리나라 사법당국에서도 범죄위험성 진단도구로 사용하고 있다. PCL에 포함된 문항들을 보면, '그럴듯하게 말 잘하고 표면적으로 매력적임' '자아중심적이고 과대하게 자기가치감이 높음' '권태를 잘 느끼고 좌절에 대한 인내심이 낮음' '병리적인 거짓말과 속임수' '후회감과 죄책감이 없다' '사람에 대한 애정과 정서적 깊이가 없다' 등 22개 문항이다(〈표 14〉 참조).

이렇듯 사이코패스는 다양한 증상을 보이기 때문에, 영국 보건사회보장성과 내무성의 보고서(DHHS & HOME OFFICE, 1986)에서는, 사이코패스가 단일한 임상적 장애에 관한 기술이 아니라 다양한 태도문제, 정서문제, 대인관계, 행동문제를 나타내는 극단적인 성격장애를 기술하는 편리한 명칭일 따름이라고 결론지었다(Hollin, 1989:118 재인용).

① 사이코패스의 원인

정신병질의 병인론으로 가장 많이 거론되는 요인들은 가족기능의 결손, 아동기 행동문제(품

---

35) '사이코패스' 관련부분은 이명숙(2006), "범죄사건을 통해서 본 범죄심리", pp.92-95를 발췌, 인용하였음.

행장애), 유전적 영향 등이다. McCord 와 McCord(1964)는 어린 시기에 부모의 애정결핍과 심각한 거부를 경험하는 것이 성인기에 정신병질이 발생하게 되는 주요 원인이라고 하였고, Robins(1966)는 종단적 연구를 통하여 정신병질자는 어린 시기에 출현했던 다양한 행동문제들이 성인기 정신병질과 연관된 것이라 보고하였다. 가정에서 행동훈육을 전혀 시키지 않는 것과 아버지가 반사회적 행동을 자녀 앞에서 보이는 것이 자녀가 성장한 후에 정신병질이나 또는 범죄자가 되는 것과 관련이 있다는 결론은 Robins와 McCord 등의 연구에서 일치한다.

그렇다면, 구체적으로 어떤 요인이 열악한 가정양육을 받은 아동이 성장해서 정신병질자가 되도록 이끄는가? 성인기 정신병질은 아동기 과잉활동성과 연관된다는 Cantwell(1975)의 주장은 정신병질과 과잉활동성 사이에는 어떤 공통의 유전적 기초를 갖는 신경증적 이상이 있을 것임을 시사한다.

〈표 14〉 범죄자용 사이코패스 진단 체크리스트(PCL)

문항	내 용	예 (1점)	아니오 (0점)	채점기준
1	말잘함, 입심좋음/ 피상적으로는 매력적임			
2	이전에 정신병질로 진단받은 적 있음			
3	자아중심적/ 자기가치감이 과다함			
4	쉽게 지루해 함/ 좌절인내심이 낮음			
5	병적인 거짓말과 속임수			
6	교활함/ 진실성 결여			
7	후회나 죄책감 결여			
8	애정 및 정서적 깊이 결여			
9	냉담/ 공감 결여			
10	기생적 생활양식			
11	성마르고/ 행동통제 부족			
12	난잡한 성관계			
13	어린시기의 행동문제			
14	현실적인 장기계획의 결여			
15	충동성			
16	부모로서 무책임한 행동			
17	빈번한 결혼			
18	청소년기 비행			

19	보호관찰/ 가석방 위험도			
20	자신의 행동에 대한 책임인정의 실패			
21	다양한 유형의 범죄			
22	약물/ 알콜 중독			

출처: Hare(1980)

② 사이코패스의 심리적 특성

정신병질의 생리학적 원인을 찾는 연구들은 중추신경계와 자율신경계의 기능에 집중되고 있다. 중추신경계의 기능은 뇌의 전기활동을 측정하는 뇌파(EEG) 패턴을 분석하여 추정한다. Blackburn(1975b; 1979)은 사이코패스와 편집증적 공격장애 사이에 EEG 패턴상에 차이가 있음을 발견하였다. 사이코패스는 EEG 각성수준이 가장 낮은 수준에 있고, 편집증적 공격장애는 EEG 수준이 휴식상태에서 조차도 긴장된 상태를 보였다.

정신병질과 자율신경계 기능간의 관계를 찾는 연구에서는 자율신경계 활동의 지표로서 반응성과 각성수준에 관심을 집중한다. 사이코패스는 휴식상태에서 피부전기반응성이 과도하게 낮은 수준에 있고, 스트레스 상황에서는 심장반응성이 매우 높은 수준에 있다(Hare, 1978; Jutai & Hare, 1983). 그 이유는, 빠른 심장박동으로 감각입력물을 배출해 버리고 그 결과 피질 흥분을 낮추기 위한 것이다. 즉, 사이코패스는 불쾌한 환경적 단서를 효과적으로 털어낸다는 것을 의미한다. 혐오적인 환경 자극을 의도적으로 무시하기 때문에 피부전도가 낮아진다. 이러한 사이코패스의 생리적 특성은 그들의 인지적-행동적 특성과 함께 고찰해 볼 때 그 의미가 보다 명확해 질 것이다.

사이코패스의 주요 특징 중 하나는 자신이 경험한 것에서 무엇인가를 학습하는데 실패한다는 것이다. 저조한 학습능력은 자신이 행한 반사회적 행동에 대한 부정적 결과를 피하는 것에 실패하는 데서도 나타난다. 사이코패스는 자율신경계의 흥분수준이 낮고 불안도 거의 없다. 생리적 기제를 보면, 심장의 각성 수준이 높아져서 앞으로 다가올 불쾌한 사건을 암시해 주는 단서를 미리 차단해 버리고gate-out, 그로 인해 각성수준이 낮아지고 학습에도 손상이 생긴다.

흥미로운 결과는 사이코패스가 모든 경우에 학습이 저조한 것이 아니고, 학습결손으로 인해 발생하는 혐오적 결과가 어떤 유형인가에 따라 학습결손이 생길 수도 있고 정상적으로 기능할 수도 있다는 것이다. Schmauk(1970)가 실시한 실험에서 학습실패에 대한 혐오적 결과가 신체적 고통이거나 사회적 거부인 경우에는 정신병질자가 정상인 통제집단에 비해 학습 수행이 저조했으나, 학습실패의 결과가 재정적 불이익일 때는 그들도 정상인 만큼 잘 학습할 수 있었다. 즉, 정신병질자에게는 특정한 유형의 '처벌'은 아무런 의미를 가지지 못한다는 것을 의미한다. 이전에 획득한 인지가 혐오적 자극이라는 사실을 신호해 주면, 앞서 언급했던 바와 같이 생리적 수준에서의 차폐blocking가 일어나 스트레스 자극을 미리 차단해 버리기 때문이다.

생리적 수준에서의 학습곤란이 정신병질자들이 보이는 과소사회화under-socialization 및 사회적 기능의 결손과 연관되어 있는 것으로 보인다. 정신병질자들이 공격적이고 잔인한 범죄를 하는 것이 특정 상황에서만 발생하는 것은 아니다.

사회규범에 대한 거부 또는 범죄를 범하고 그 다음에 후회감을 느끼지 못하는 것은, 사회적 비난을 회피하는 것을 학습하는데 실패한 것으로 보인다. 상황에 따라 다른 행동이 요구됨에도 불구하고, 이에 관계없이 지속적이고 비효율적으로 동일한 행동을 반복하는 반응지속성 문제를 보이기도 한다(Hollin, 1989:122).

정신병질자는 사회적 단서를 보고 적대감을 지각하는 데 있어서도 주의 편향attentional bias를 보인다. 사회적 단서에 대한 감수성도 결핍되어 있으므로 대인간의 갈등상황에서 부적응적 결과를 초래하는 것이 공통점이다.

사이코패스는 좌절에 대한 반작용으로 보기 보다는, 대인관계에서 발생한 위협에 대해 보이는 분노반응이 두드러진 특성을 보이는 사람들로서, 분노관리 치료가 사이코패스의 긍정적 사회화에 도움이 된다(Blackburn & Lee-Evans, 1985).

③ 사이코패스와 범죄와의 관계

정신병질자를 다른 정신장애자나 정신지체자와 비교해 보면, 정신병질자가 더 많은 '범죄적' 성향을 갖는 것은 사실이다. 정신병질자들이 범행 횟수가 더 많고(특히, 살인, 절도, 폭행), 종신형 선고를 더 많이 받으며, 교도소에 더 오래 수감된다. 그래서 수감자 집단에서 정신병질자 범죄자의 구성비가 실제 유병율보다 높다(Hollin, 1989:123).

사이코패시(정신병질성)에 대한 개념정의는 연구자마다 일관성없이 매우 다양하게 제시되어 왔다. 가장 많이 사용되고 있는 조작적 정의는 Hare(2003)가 제작한 사이코패스 체크리스트PCL-R 점수값으로 규정한다. 정신병질성이 폭력범 치료프로그램에서 중요한 개념으로 인식되는 이유는 정신병질성이 통계적으로 유의미하게 폭력행위 및 치료반응성을 예측하기 때문이다.

그렇다면, 정신병질성과 폭력이 공통의 병인론을 가지는가? 정신병질성을 일으키는 원인은 기질적 요인에서 환경적 요인에 이르기까지 매우 다양하다. 발병원인 중 일부는 심각한 만성적 폭력범, 즉 생애지속형 범죄인이 생기는 원인과도 중복된다(Lösel, 1998).

Hart(1998)는 정신병질성 점수와 폭력 행위간 상관관계가 있는 것은 적어도 다음과 같은 3가지 기제가 작동하기 때문이라고 하였다. 첫째 인지적 기제로서, 높은 수준의 적대적 귀인hostile attribution을 하고 폭력을 휘두르면 보상이 온다고 지각하며 주의집중결핍을 보인다. 둘째 정서적 기제로서, 공감, 죄책감, 공포 등이 결여되어 있어서, 자신의 안전과 타인의 행복을 고려하여 폭력성 충동을 억제하기 어렵다. 끝으로 행동 영역에서 정신병질자는 생각하기 전에 행동부터 하는 경향이 있다. 이러한 행동적 충동성이 폭력행위의 위험을 직접적으로 증가시키고, 알콜남용같은 위험요인을 더욱 가중시키게 된다.

사이코패스는 충동성과 밀접한 관계가 있고, 범죄인들도 공통적으로 충동성 특징을 보인다. 충동성은 특정 행동을 하는 경우 예상되는 결과가 부정적임에도 개의치 않고 그 행동을 실행하는 '행동초과behavioral excess'로 볼 수 있다. 예를 들어, 범죄인이 성적 유혹 또는 금전적 유혹 같은 보상에 동기화되거나 상대방의 도발에 공격적으로 대응하는 것이 충동성에 의한 행동초과인 것이다. 그러한 행동을 충동적이라고 보는 것은, 만약 올바른 판단을 했다면 그런 행동이 억제되었을 것이기 때문이다. 충동성을 일으키는 상황은 과도하게 욕망성 동기가 일어나거나 혐오성 동기가 결핍된 경우이다(Gray et al., 1983).

결론적으로, 정신병질성은 폭력범죄인을 진단하는 특정장애의 명칭이라고 보기 보다는, 폭력성에 영향을 주는 일종의 성격적 차원으로 개념화하는 것이 적절하다Simourd & Hoge, 2000.

정신장애에 의한 범죄를 제대로 이해하기 위해서는 장애와 범죄를 모두 사회적 맥락내에 놓고 보아야 한다. 정신장애와 범죄에 관한 확고한 원칙이 생성되기는 어렵다. 따라서 각 사건마다 특정한 정신장애가 갖는 독특성을 전체 맥락 속에서 이해하고, 범죄위험성이 있는 정신장애의 치료를 우선하는 교정처우가 되어야 할 것이다.

4) 조현병 (정신분열증)

정신분열증schizophrenia은 그 명칭이 주는 부정적 인상과 편견을 피하기 위해 우리나라에서는 조현병이라고 명칭을 바꾸어 사용하고 있다. 조현(調絃)의 의미는 '현악기의 줄을 고르다'의 뜻으로, 조현병은 마치 현악기가 정상적으로 조율되지 못한 것처럼 혼란스러운 상태이지만 치료가 가능하다는 의미를 담고 있다. 주요 증상은 망상, 환각, 와해된 언어, 와해된 행동이나 긴장증적 행동, 음성 증상 등 5가지 중 2개 이상이 나타날 때 이를 진단한다. 다만, 망상, 환각, 와해된 언어 증상 중 1개는 반드시 나타나야 조현병으로 진단한다(김청송, 2016:158).

조현병 환자에 의한 범죄에 관하여 최근 연구들은 조현병 증세와 범죄와의 연관성, 범죄동기 및 범죄행동에 초점을 맞춘다. 외국의 존속살인 사건에서 범인이 조현병 환자인 경우가 47%이고, 조현병 환자가 살인을 저지를 확률이 일반인보다 10배 높았다(Young et al., 1998; Eronen et al., 1996; 정성국, 2009 재인용).

〈표 15〉 조현병의 5대 증상

증 상		특 징
양성 증상*	망 상	• 논리적 불합리나 모순된 증거에도 불구하고 잘못된 믿음이나 지각이 지속되는 상태. • 편집증, 조현병, 정신병적 우울 같은 정신병으로 나타나거나 섬망(delirium) 같은 생리적 증상으로 나타난다. • 망상은 정도, 범위, 내용의 일관성 등이 다양하게 나타나며, 때로는 합리화·희망·갈망 같은 정상적인 것들이 병적으로 과장표현되기도 한다.
	환 각	• 외부자극이 없는데도 심하게 왜곡된 비현실적인 감각을 경험함 • 환청, 환시, 환후, 환촉 등(환청이 가장 흔하다) • 환청 예: 아무도 없는데 어떤 소리나 목소리를 듣는다. 자신에게 지시하는 명령을 듣는다
	와해된 언어	• 말하는 것에 조리가 없고 동문서답, 횡설수설, 비논리적, 지리멸렬한 혼란된 언어 ⇒ 모두 사고장애에서 비롯됨
	와해된 행동/긴장증적 행동	• 나이나 상황에 걸맞은 목표지향적 행동을 하지 못하고, 엉뚱하거나 부적응적인 행동을 한다. • 긴장증적 행동은 마치 근육이 굳은 것처럼 몇 시간씩 움직이지 않고 있다

음성 증상**	• 무의욕증: 목적지향적 행동을 하지 못하고 의욕이 크게 저하된 상태 • 무논리증: 말이 없어지거나 공허한 말, 언어가 사리에서 벗어남. • 무쾌감증: 긍정적 자극에서 쾌락을 느끼는 능력이 크게 감소되어 있음. • 비사회성: 다른 사람과의 사회적 상호작용에 전혀 관심이 없음. • 정서적 둔마: 정서반응이 크게 결여된 상태로, 무반응, 무표정, 무감동.

출처: 김청송(2016:131-160) 재구성.
*양성증상: 정상인들에게는 나타나지 않지만 환자에게서는 나타나는 증상.
**음성증상: 정상인들도 나타낼 수 있는 행동상의 결손, 즉 적응적 기능이 크게 결여된 상태.

① 조현병 환자의 범죄위험성

정신장애 중에서도 조현병의 증상이 복합적이고 심각한 임상적 특성을 보이기 때문에, 실제 사건에서도 국내외에서 극단적 범죄의 가해자가 조현병을 가진 경우가 많이 보고된다. 조현병 환자가 살인을 저지를 확률은 어느 나라에서나 일반인보다 높게 나온다. 영국의 정신과 사법 병동에 입원한 범죄인들(주로 강력범) 중에서 가장 많이 진단되는 정신장애는 조현병과 우울증이라는 보고가 있다. Green(1981)은 모친살해를 하고 사법병동에 입원한 58명의 영국 죄수 중에서 74%가 조현병 증세가 있다고 보고하였다. 존속살인을 행한 정신장애자의 절반 정도가 편집성 정신분열병이라는 보고도 있고(Marleau et al), 사법정신병원에 입원한 존속살인 정신장애자 중 약 79%가 조현병이라는 보고도 있다(Baxter et al).

일반인 집단이나 정신장애가 없는 재소자 집단이 모두 조현병 유병율이 1% 수준인 것에 비교한다면, 강력범죄자의 조현병 유병율은 대단히 높은 수준이다.

우리나라에서도 존속살인 비율이 외국에 비해 상당히 높게 나온다. 정성국 등(2009)의 보고에 의하면, 전체 살인사건에서 존속살인이 차지하는 비율이 미국 2%, 영국 1%, 프랑스 2.8%인데 비해 우리나라는 연평균 50건으로 약 5%를 차지한다. 살해동기로는 범인의 조현병 증세가 43.1%로 가장 많았고, 그 다음이 언쟁 중 우발적 살인 19.4%, 상습폭행과 가정불화가 각각 6.9%를 차지하였다. 2008년 통계를 보면, 일반살인에서는 범인이 조현병인 경우가 3.0%인데 비해 존속살인에서는 범인(자녀)이 조현병인 경우가 55.5%로 압도적으로 높게 나왔다. 정성국 등(2009)은 존속살인 집단에서 조현병 병력있는 경우가 일반살인 집단에서보다 40배 높다고 하였다.

한국에서 조현병 살인자가 보이는 대표적 증세는, 부모를 살해하라는 '지시적 환청 commanding hallucination'이나 부모가 괴물과 같은 형상으로 바뀌었다고 생각하는 '망상성 정신 분열paranoid schizophrenia'이라고 경찰에서 조사되었다(정성국 등, 2009). 조현병 이외에도 편집증적 사고와 폭력 간에 연관이 있다. 편집증 환자로부터 폭력적 공격을 받은 피해자는 종종 그 환자의 망상에 나타났던 사람들이다(안병훈 등, 2008).

② 범행관련 임상적 증상

조현병 환자에 있어 존속살인을 예측할 수 있는 위험인자를 밝히려는 연구들이 보고된다. 존속살인은 대부분 아들에 의해 행해지고, 부친살해보다 모친살해가 더 많고, 희생자가 혼자인 상태에서 집에서 발생하였다. 조현병 범인은 알코올이나 다른 약물을 복용하는 경우가 많고, 범행당시의 임상적 증상으로는 부모를 해치라고 지시하는 환청이 일어나고, 부모가 다른 사람으로 대치되었다는 망상적 믿음CS: Capgras Syndrome을 갖기도 한다. CS에 대한 정신역동적 분석은, 리비도의 대상(모친)에 대한 강한 양가감정을 억압하는데 실패함으로써, 원래의 대상에 대해 가졌던 고통스러운 감정을 망상에서 나타나는 악한 대상에게 돌리려는 것이라고 설명한다(정성국 등, 2009; 안병훈 등, 2008:335).

최근 연구에서 주목받은 위험인자는 위협/통제불능TCO 증상으로 이는 환자를 누군가 해치려 한다는 망상 또는 외부적인 힘에 의해 자신이 조종 당한다는 망상이다. 존속살해가 일어나는 상황적 요인으로서, 존속살인에 앞서 희생자에 의한 언어적, 심리적 학대가 동반된 경우가 40%이다(안병훈 등, 2008).

안병훈 등(2008)이 조현병으로 진단 받고 사법기관에서 치료감호를 받고 있는 살인범 88명36)을 대상으로 분석한 범행과 관련된 임상적 특성들을 소개하면 다음과 한다.

- 거주형태는 1명이상의 가족과 동거하는 경우가 존속살인군이 58명(98.3%), 타인살해군이 9명(31.0%)이다.
- 과거 정신과 치료를 받은 경험은 존속살인군이 43명(72.9%), 타인살해군이 15명(51.7%)이다.

---

36) 2007년 11~12월 기간에 치료감호중인 88명 중 존속살인 범죄자는 65명이고, 타인살해로 치료중인 범죄인 환자는 31명.

- 희생자가 조현병 범죄자 자신을 해칠지도 모른다는 피해망상이 주를 이루는 TCO증상이 존속살인군에서 54명(91.5%), 타인살해군에서 24명(82.8%)으로 나타났다.
- 망상적 지각 증상이 존속살인군에서 12명(16.7%), 타인살해군에서 3명(10.3%)으로 나타났다. 대부분 환자들은 사건 당시 순간적으로 희생자가 자신을 해치려는 '악마'나 '사탄'으로 보였다고 말했다.
- 부모가 다른 사람으로 대치되는 망상적 믿음을 보이는 카그라스 증후군은 존속살인군에서만 7명(11.9%)으로 나타났다.
- 환청 증상은 두 집단 모두에서 높은 비율로 나타났다.

이외에도 조현병을 가진 살해범의 범죄유발을 촉발시키는 범행 당시의 유발사건provoking events은 환자나 환자의 행동에 대한 비난, 강제 약물복용시키는 것, 강제입원시킨다는 위협 등이 대부분을 차지한다. 구체적인 집단별 분포는 아래와 같다(안병훈 등, 2008:337).

- 범행당시 희생자가 조현병 환자를 비난하는 상황의 발생이 존속살인군에서 21명(35.6%), 타인살해군에서 2명(6.9%)으로 나타났다.
- 범행당시 희생자가 조현병 환자를 강제로 입원시킨다고 위협한 상황이 존속살인군에서만 10명(16.9%)으로 나타났다.
- 범행당시 희생자가 조현병 환자에게 강제로 약을 먹이려고 한 상황이 존속살인군에서만 8명(13.6%)으로 나타났다.
- 범행당시 희생자가 조현병 환자에게 초자연적인 치료를 실시하려고 시도한 상황이 존속살인군에서만 4명(6.8%)으로 나타났다.
- 범행당시 희생자가 조현병 환자에게 언어적/신체적 모욕을 가한 상황은 존속살인군에는 없고 타인살인군에서만 5명(17.2%)으로 나타났다.

따라서, 조현병 환자에 의한 강력범죄를 사회내에서 예방하려면, 정신장애자 중에서 위험군을 파악하고 그들의 폭력성에 대한 연구와 이들 환자들과 가족들을 대상으로 한 적절한 교육과 구체적 치료를 병행하여야 할 것이다.

		존속살해(N=59	타인살해(N=29)
살해관련 조현병 증상	위협/통제불능(TCO)	54 (91.5)	24(82.8)
	망상적 지각	10 (16.9)	3 (10.3)
	망상적 믿음(카그라스 증후군)	9 (15.3)	0 (0.0)
	환청 지시에 복종	5 (8.5)	4 (13.8)
살해당시 유발사건	없음	21 (35.6)	23 (79.3)
	환자에게 비난	21 (35.6)	2 (6.9)
	강제입원시키는 위협	10 (16.9)	0 (0)
	강제 약복용	8 (13.6)	0 (0)
	강제 초능력치료	4 (6.8)	0 (0)
	언어적/신체적 모욕	0 (0)	5 (17.2)

출처: 안병훈 등(2008:337).

5) 성도착 장애

성도착 장애의 원인은 생물학적 요인과 심리사회적 요인으로 구분할 수 있다. 생물학적 요인으로는 남성호르몬인 안드로겐이나 테스토스테론의 기능이상, 뇌의 측두엽 기능이상, 기질적인 뇌손상에 의한 지능퇴화, 지적 장애, 성적 자극을 받았을 때 뇌하수체의 비정상적인 활동, 알코올 중독에 따른 뇌기능 변화, 정신병 등이다(김청송, 2016:573).

성도착 장애의 심리사회적 요인은 아래와 같이 구분될 수 있다(김청송, 2016:574-575).

첫째, 성격특성 면에서 불안한 성격이 대표적이다. 예를 들어, 노출증 환자는 매우 양심적이며 자책하는 경향이 높고, 잘못된 것을 알면서도 자제하지 못하고 강박적으로 반복하며, 불안이 높아지면 노출 충동이 더 심해진다. 음주는 불안을 억제하여 비정상적 성적활동을 촉진시킨다.

둘째, 성도착은 인지적 왜곡으로 인해 나타날 수 있다. 예를 들어, 아동성애자는 아동이 자신과 성관계를 원한다고 믿는 경향이 있고, 성폭행범이나 강간범은 처음에는 상대여성이 싫다고 하지만 막상 몸은 성행위를 원한다고 생각하는 경향이 있다. 아동청소년기에 성도착적 행위를 담고 있는 포르노그라피(야동)를 많이 보면 성에 대한 왜곡된 인식을 형성되고 모방학습을 통해 성도착 증세를 보일 가능성이 높다.

셋째, 성에 관하여 왜곡된 조건화가 원인이 된다. 즉 비정상적이거나 부적절한 자극에 대하여 우연하게 생긴 성적 흥분의 경험이 학습되어 이를 반복할 수 있다. 예를 들어, 남성이 자위행위 중 여성의 빨간 손톱을 상상하면서 성적 흥분을 경험한 것이 반복되면 '빨간 손톱'이라는 자극에 조건화되어 빨간 손톱만 보면 성적 흥분이 일어나는 '페티시즘fetishism37)' 증세가 학습된 것이다.

넷째, 아동기의 학대경험과 관련이 깊다. 신체적, 정신적, 성적 학대를 받고 자랐거나 냉정한 부모에게 시달린 아동이 성인이 되어 성도착 증세를 보이는 경우가 많다. 또한, 매우 보수적이고 억압적인 가정환경에서 자란 모범생 출신 중에서 성도착의 증세를 보이기도 한다. 유사한 맥락으로, 국내 대학생을 대상으로 한 강희순과 이은숙(2010)의 연구에서 부모로부터 폭행당한 경험이 많고, 성역할 고정관념과 성폭력 인식도가 낮은 남학생은 데이트시 성폭력 가해정도가 높게 나타났다. 가정폭력에 노출되었던 사람들은 성폭력을 친밀한 관계에서 있을 수 있는 문제해결의 한 방법이라고 자연스럽게 받아들일 가능성이 높다.

다섯째, 정신분석이론에서는 성도착 증세는 어릴 때 남근기에 고착된 것이 성인기까지 지속된 것으로 해석한다. 예를 들어, 노출증은 외디푸스 콤플렉스를 해소하지 못한 거세불안을 갖고 있기 때문에, 아버지 대신에 자기보다 약한 대상(여성, 아이들) 앞에서 자신의 성기를 보여줌으로써 거세되지 않았음을 확인하는 무의식적 충동이 작용한 결과로 본다. 또한 성적 피학 장애masochism는 아동기에 학대받은 경험때문에 성인이 되어서 스스로 폭력을 당함으로써 성적 쾌감을 느끼는 것이고, 성적 가학 장애sadism는 아동기에 받은 성적 트라우마로 인해서 다른 사람에게 가하는 폭력의 복수감을 통해 성적 쾌감을 맛보는 것이라고 본다.

성도착 장애의 치료는 어렵기도 하고 상당한 시간이 필요하다. 자신이 장애가 있음을 깨닫고 스스로 치료를 받으러 오는 경우가 거의 없고, 성범죄로 붙잡혀서 법적인 문제가 발생해야만 강제로 치료상황으로 오기 때문에 치료동기가 거의 없다. 성도착증 범죄인에 대한 장기적

---

37) 페티시즘- 특정물건 또는 신체부위에 대해 성적 자극을 느끼는 것.

교정치료가 필요한 이유는 행위자가 독특한 자신만의 성도착적 행동을 통해서 오랜기간 성적 만족을 얻어 왔고, 그런 행동패턴에 익숙해져서 자기 행동을 일탈 또는 장애로 인식하기는 커녕 오히려 '독특한 성적 취향'으로 생각하기 때문이다. 성도착 장애의 치료 목표는 환자가 정상적인 성행동으로 복귀하고, '일탈적' 자극이 아니라 '일반적'인 자극에 흥분하고 일반적인 방식으로 쾌감을 느끼도록 습관을 바꾸어 주는 것이다(김청송, 2016:576).

강희순과 이은숙(2010). 대학생의 데이트 성폭력 가해경험과 관련 요인. 보건교육·건강증진학회지, 27(3), 75-84.

김청송(2016). 사례중심의 이상심리학 (제2판). 서울: 도서출판 싸이북스.+

롬브로소, 체사레(1889). 범죄인의 탄생(이경재 역). 서울: 법문사.

안병훈, 최상섭, 안성호, 하태현, 김선범, 권경희, 김정현(2008). 정신분열병 환자에서 존속살인의 임상적 특성. *J. Korean Neuropsychiatr. Assoc., 47(4),* 334-340.

정성국, 이효정, 임형수, 강현욱(2009). 살인사건 중 존속살해와 정신분열의 연관성 분석. 한국법과학회지, 10(2), 88-94.

American Psychiatric Association(APA, 2013). *Desk Reference to the Diagonstic Criteria from DSM-5.* 서울: 학지사.

Baxter, H., Duggan, C., Larkin, E., Cordess, C., & Kim, P.(2001). Mentally disordered ptricide and stranger killers admitted to high security care: A descriptive comparison. *Journal of Forensic Psychiatr. Psychology, 12,* 287-299.

Blackburn, R.(1975). An empirical classification of psychopathic personality. *The British Journal of Psychiatry, 127(5),* 456-460.

Blackburn, R.(1979). Cortical and autonomic arousal in primary and secondary psychopaths. *Psychophysiology, 16(2),* 143-150.

Blackburn, R., & Lee-Evans, J.M.(1985). Reactions of primary and secondary psychopaths to anger-evoking situations. *British Journal of Clinical Psychology, 24(2),* 93-100.

Cantwell, D.P.(1975). Genetics of hyperactivity. *Journal of Child Psychology and Psychiatry, 16(3),* 261-264.

Capaldi, D.M., & Patterson, G.R.(1994). Interrelated influences of contextual factors on antisocial behavior in childhood and adolescents for males. In D.C. Fowles, P. Sutker, & S.H. Goodman (eds.), *Progress in experimental personality and psychopathology research* (pp.165-199). New York: Springer.

DHHS & HOME Office(1986). *Offenders suffering from psychopathic disorder.* London: DHSS & Home Office.

Eronen, M., Tiihonen, Hakola, P.(1996). Schizophrenia and homicidal behavior. *Schizophr. Bulletin, 22,* 83-89.

Feldman, M.P.(1977). *Criminal behaviour: A psychological analysis.* Chichester: Wiley.

Gray, J.A., Owen, S., Davis, N., & Tsaltas, E.(1983). Psychological and physiological relations between anxiety and impulsivity. In M. Zuckerman (ed.), *The biological bases of sensation seeking, impulsivity and anxiety.* Hillsdale, NJ: Erlbaum.

Green, C.M.(1981). Matricide by sons. *Med. Sci. Law, 21,* 207-214.

Gunn, J., Robertson, G., Dell, S., & Way, C.(1978). *Psychiatric aspects of imprisonment.* London: Academic Press.

Häfner, H., & Böker, W.(1982). *Crimes of violence by mentally abnormal offenders: A psychiatric and epidemiological study in the federal german republic* (trans. H. Marshall). Cambridge: Cambridge University Press.

Hare, R.D.(1978). A research scale for the assessment of psychopathy in criminal populations. *Personality and Individual Differences, 1,* 111-119.

Hare, R.D.(2003). *Hare Psychopathy Checklist-Revised(PCL-R)*(2nd edition). North Tonawanda, NY: Multi-health Systems.

Hart, S.D.(1998). Psychopathy and risk for violence. In D.J. Cooke, A.E. Forth, J. Newman, & R.D. Hare (eds.), *Psychopathy: Theory research and implications for society* (pp. 355-373). Netherlands: Kluwer Academic Publishers.

Jutai, J.W., & Hare, R.D.(1983). Psychopathy and selective attention during performance of a complex perceptual-motor task. *Psychophysiology, 20,* 146-151.

Lösel, F.(1998). Treatment and management of psychopaths. In D.J. Cooke, A.E. Forth, J. Newman, & R.D. Hare (eds.), *Psychopathy: Theory research and implications for society* (pp. 303-354). Netherlands: Kluwer Academic Publishers.

Marleau, J.D. Millaud, F., & Auclair, N.A.,(2003). A comparison of patricides and attempted patricides: A study of 39 psychotic adults. *Int'l J. of Law psychiatry, 26,* 269-279.

McCord, W., & McCord, J.(1964). *The psychopath: An essay on the criminal mind.*

Prins, H.(1980). *Offenders, deviants, or patients? An introduction to the study of social-forensic problems.* London: Tavistock.

Quay, H.C.(1993). The psychobiology of undersocialized aggressive conduct disorder: A theoretical perspective. *Development and Psychopathology, 5,* 165-180.

Rappeport, J.R., & Lassen, G.(1967). Dangerousness-arrest rate comparisons of discharged patients and the general population. In J.R. Rappeport (ed.), *Evaluation of the dangerousness of the mentally ill.* Springfield, Ill: C.C. Thomas.

Robins, L. N. (1966). *Deviant Children Grown up, A Sociological and Psychiatric Study of Sociopathic Personality.*

Schmauk, F.J.(1970). Punishment, arousal, and avoidance learning in sociopaths. *Journal of abnormal psychology, 76(3),* 325.

Simourd, D.J., & Hoge, R.D.(2000). Criminal psychopathy: A risk-and-need perspective. *Criminal Justice and Behavior, 27,* 256-272.

Taylor, P.J.(1986). Psychiatric disorder in London's life-sentenced offenders. British *Journal of Criminology, 26,* 63-78.

Teplin, L.A.(1984). Criminalizing mental disorder: The comparative arrest rate of the mentally ill. *American Psychologist, 39,* 794-803.

Young, J.L., Hillbrand, M., Irizarry, R., Hoog, W., Alexandre, J.W., & Spitz, R.T.(1998). *Precursors of patricides: Untreated psychosis, paranoid risk-taking, and command hallucination.* Manuscript in preparation.

2

CRIMINAL BEHAVIOR

범죄행위

범죄행위

제11장 교정과 교도소

1. 교정과 형벌

1) 교정의 개념

교정이란 범죄피의자나 수형자를 관리할 책임이 있는 조직, 시설, 서비스 그리고 프로그램의 집합이라고 할 수 있다. 즉 교정이란 사회의 요구에 따라 유죄가 확정된 범죄자를 처벌하고, 그들이 장래 사회에 유용한 삶을 영위할 수 있도록 그들을 지역사회로 재통합시키기 위해 취해지는 행동이다(이윤호, 2007).

교정의 장소를 기준으로 시설 내에서 이루어는 좁은 의미의 교정과 사회 내에서 이루어지는 가장 넓은 의미의 교정으로 구분할 수 있다.

교정의 대상이 되는 사람이 모두 범죄자는 아니다. 예를 들어 구치소나 보호관찰소의 경우 아직 유죄가 확정되지 않은 사람(피의자, 미결수용자) 뿐만 아니라 형을 종료하고 난 이후의 전과자(우범자)도 대상이 된다. 연령을 기준으로 할 때 교정의 대상은 최소 10세부터 가능하다. 형법에 의하면 만 14세부터 형사책임을 지게 된다. 그러나 형벌법령에 저촉되는 행위를 한 10세 이상 14세 미만의 소년과 앞으로 형벌법령에 저촉될 우려가 있는 10세 이상의 우범소년에 대해서도 성행의 교정에 관한 보호처분을 행하도록 규정하고 있다(소년법 제1조, 제4조).

<표 17> 행형과 교정의 구분

구분		개념	근거법률
행형	좁은 의미	자유형의 집행	형의 집행 및 수용자의 처우에 관한 법률
	넓은 의미	자유형의 집행, 사형수의 수용 등 미결수용, 노역장 유치	
교정	가장 좁은 의미	자유형의 집행	형의 집행 및 수용자의 처우에 관한 법률
	좁은 의미	자유형의 집행, 사형수의 수용 등 미결수용, 노역장 유치	
	넓은 의미	좁은 의미의 교정, 시설 내 수용 보안처분의 집행	형의 집행 및 수용자의 처우에 관한 법률, 소년법, 치료감호법, 보호소년 등의 처우에 관한 법률
	가장 넓은 의미	넓은 의미의 교정, 사회 내 교정	형의 집행 및 수용자의 처우에 관한 법률, 소년법, 치료감호법, 보호소년 등의 처우에 관한 법률, 보안관찰법, 보호관찰 등에 관한 법률 등

2) 형벌과 보호처분의 구분

연령에 의하여 소년과 성인으로 구분하며, 19세 미만의 소년이라는 특성으로 인하여 특별한 처우를 한다.

<표 18> 소년과 성인의 구분

구분	소년	성인
원인	환경의 영향을 강조	개인의 자유의지를 강조
중점	처우(treatment)	처벌(punishment)
관점	범죄자	범죄
절차	절차적 비공식	형식
자유재량	판사의 자유재량	적법 절차에 의한 재판

<표 19> 소년원과 소년교도소의 구분

구 분	소 년 원	소년교도소
적용법률	• 소년법 • 보호소년 등의 처우에 관한 법률	• 형법 • 형의 집행 및 수용자의 처우에 관한 법률
처 분 청	• 가정법원 또는 지방법원소년부	• 형사법원
처분종류	• 보호처분(1~10호 처분)	• 형사처분 생명형(사형), 자유형(징역·금고·구류) 재산형(벌금·과료·몰수) 명예형(자격상실·자격정지)
시 설	• 10개 소년원(2개 여자소년원)	• 1개 소년교도소(여자소년은 청주여자교도소)
수용대상	• 범죄소년, 촉법소년, 우범소년	• 범죄소년
수용기간	• 2년 미만	• 선고에 의한 자유형 집행기간
사회복귀	• 퇴원 : 교정목적을 달하였다고 인정할 때 • 임시퇴원 : 교정성적이 양호하고 보호관찰의 필요성이 있다고 인정될 때	• 석 방 : 형기 종료시 • 가석방 : 행장이 양호하여 개전의 정이 현저한 때(행형성적 양호자에 대한 시혜)
신분제한	• 장래신상에 어떠한 영향도 미치지 않음(소년법 32조 6항)	• 법에서 정한 복권 기한이 지나야 허용 - 범죄수사, 누범여부, 자격제한 등을 위해 형이 확정되면 수형인명부 기재·관리(전과기록)

2. 범죄자는 누구인가?

최근 통계청의 한 조사에 따르면 우리사회의 불안감이 높은 순위로 국가안보, 식량안보, 정보보안, 범죄위험, 교통사고 중 범죄위험이 64.2%로 가장 높았다. 그리고 한국사회의 불안요인에 관한 질문 중 29.3%가 범죄위험, 국가안보 (18.4%), 경제위험(15.3%), 도덕성 부족(10.6%)의 순으로 나타나 범죄위험이 가장 높은 것으로 나타났다(이무선, 2014에서 재인용

28면).

안전사회의 적은 통계청의 조사에서도 보듯이 범죄이다. 범죄는 피해자와 가족, 지역사회를 파괴한다. 그 충격은 오랫동안 지속된다. "죄는 미워하되 사람은 미워하지 말라"는 말이 있지만, 죄를 범한 사람(범죄자)에 대한 분노와 증오는 너무도 자연스럽고, 용서는 나의 일이 아니더라도 매우 어렵다. 아래 〈표 20〉을 보면 범죄는 매년 평균 1,969,760건이 발생하고, 범죄자는 1,899,641명이 검거된다(법무연수원, 2016). 단순히 더해보더라도 20년이면 약 3천 8백만명에 이른다. 우리나라 성인인구의 거의 모두라고 할 수 있다. 그러나 다행스럽게도 범죄를 저지른 이들이 계속해서 범죄를 저지르지 않는다.

〈표 20〉 10년간의 범죄발생 건수 및 검거인원

연도	발생건수	검거인원
2005	1,860,119	1,761,754
2006	1,829,211	1,717,011
2007	1,965,977	1,790,833
2008	2,189,452	2,246,833
2009	2,168,185	2,288,423
2010	1,917,300	1,780,917
2011	1,902,720	1,727,176
2012	1,934,410	1,896,191
2013	1,996,389	1,907,721
2014	1,933,835	1,879,548

출처: 2016년 범죄백서 재구성

세 살 버릇 여든 간다든지, 한번 범죄자는 평생 범죄자라는 속담이 있다. 속담에 포함되어 있는 중요한 개념에는 '여든(80세)'과 '평생'이라는 시간 개념이다. 범죄자들에 대해서 평생동안 추적 조사할 수 없었던 과거의 조사능력을 감안해보면 이러한 속담은 개인의 특정한 경험에 의한 추측이라는 것을 쉽게 짐작할 수 있다. 아마도 끔찍한 사건을 저지른 사례를 경험하고 이것을 일반화시킨 데 따른 결과일 것이다. 실제 범죄자들에 대한 생애주기별 조사는 막대한 예산이 투입되는 사업으로 발달범죄학development criminology이라는 이름으로 최근에 등장하였다.

발달범죄학이 등장하기 이전에는 특정시기에 살인, 강도, 강간 등의 범죄가 어떻게 분포되어 있는지 등 단편적인 정보만을 알 수 있었다. 특정 범죄자를 계속 추적해서 조사할 경우에 알 수 있는 정보들, 예를 들면 개인이 생애주기 동안에 겪는 범죄참여율prevalence, 범죄빈도 frequency, 전문화specialization, 지속duration, 그리고 중단desistance에 대해서는 알 수 없다. 또한 폭력범죄 또는 재산범죄 등 범죄crime의 유형이 아니라 '범죄자criminals'의 유형을 알 수 없다. 즉 청소년기 동안에만 범죄를 저지르고 이후 범죄를 중단하는 청소년기 한정형 범죄자 인지 또는 평생동안 범죄를 계속하는지 평생지속형 범죄자인지에 대해서 알 수 없는 것이다 (Thornberry, 1997).

그리고 생애기간 동안에 발생하는 범죄의 패턴변화를 설명하지 못한다. 사람은 연령에 따라 age graded, 그리고 사회적 지위의 변화social transition에 따라 행동이 달라진다. 이러한 변화를 발달범죄학에서는 인생궤도trajectory와 인생전환transition으로 구분하여 설명한다. 인생궤도 trajectory는 직업경력과 같이 일생동안에 계속 이어지는 선line과 같은 개념이고, 인생전환 transition은 인생궤도trajectory 내에서 발생하는 첫 직장, 승진, 실직 등과 같이 긍정적이거나 부정적인 사건event을 의미한다(Laub, Nagin et al., 1998: 225-238). 이러한 인생궤도 trajectory는 시작, 지속, 종료와 같은 과정을 거치고 각 사람마다 다른 모양을 가진다. 예를 들어 직업경력을 인생궤도trajectory로 볼 때 어떤 사람은 다른 사람보다 빨리 직장생활을 시작할 수 있고, 또 다른 사람은 하나의 직업이 아니라 여러 직업을 전전하면서 생활할 수도 있다. 범죄를 경력으로 볼 때도 이와 마찬가지이다. 어떤 범죄자는 일찍 범죄활동을 시작하고, 또 어떤 범죄자는 절도만을 범하는데 반하여 어떤 범죄자는 절도, 강도, 살인 등 다양한 범죄를 닥치는 대로 저지르기도 한다. 그리고 어떤 범죄자는 조기에 범죄경력을 중단하는 데 반하여 어떤 범죄자는 생애기간동안 범죄를 지속하는 경우도 있다.

결과적으로 발달범죄학자들은 범죄유형이 아니라 범죄자유형에 주목하면서 범죄자들 criminals 중에서 일반적인 범죄자와 구별되는 특별한 범죄자 집단이 있다는 것을 종단적 연구를 통하여 발견하였다. Wolfgang과 그의 동료들은 30년 동안의 필라델피아 출생집단 연구를 통해서 17세 이전까지 5회 이상 범죄를 저지른 만성범죄자chronic offender가 6%이고 이들 만성범죄자가 전체범죄의 52%를 저지른 것을 밝혀 소수의 만성범죄자 집단이 존재하는 것을 확인하였다(Wolfgang et al., 1990: 15-20).

Moffitt(1997)는 호주의 청소년범죄자들을 조사한 결과 범죄자를 청소년기 한정형 범죄자와 평생지속형 범죄자로 구분하였다. Moffitt의 주장에 의하면 청소년기 한정형 범죄자의 경우, 10대 후반에 가장 높은 범죄발생율을 기록하다가 성인기 초기에 급격히 감소한다. 반면에 평생지속형 범죄자는 범죄를 중단하지 않는다. 따라서 청소년기 한정형 범죄자라고 판단하기 위해서는 성인기 초기에 범죄를 중단하여야 한다. 성인기 초기에 범죄를 중단하지 않으면 평생 지속형 범죄자로 분류된다.

우리나라에서 전국 소년원과 소년분류심사원에 수용되어 있는 3,102명에 대하여 12년간의 구속기록을 조사한 한영선(2011)의 연구에 의하면 개인범죄율이 0.1 미만으로 10년 동안에 1건 미만의 범죄를 한 범죄중단자는 2,298명인 74.1%이었다. 이들은 T. Moffitt이 정의하는 청소년기 한정형 범죄자에 속한다. 개인범죄율이 0.5 이상인 범죄지속자는 모두 207명인 6.7%으로 이들은 평생지속형 범죄자에 속한다. '청소년기 한정형 범죄자' 또는 '평생지속형 범죄자'에 포함되지 않는 집단은 592명, 19.2%으로 나타났다. 한영선은 이들을 '잠정적 범죄지속자'로 분류한다. 이와같이 10년 이상의 기간을 추적 조사한 연구들에 의하면 평생 범죄를 저지르는 평생지속형 범죄자는 5-6%에 불과하다.

그렇다면 일반범죄자와 구별되는 만성범죄자가 있다고 할 때 이들 만성범죄자는 어떤 존재인지에 대하여 많은 논란이 있다. 만성범죄자들을 보는 시각은 크게 두 가지이다. 만성범죄자들이 생애주기 동안에 변화하여 정상적인 시민으로 돌아오는 것으로 보는 견해와 범죄자의 범죄성향이 평생 동안 일정하게 유지되어 평생 범죄를 저지르는 것으로 보는 견해로 대별된다. 먼저 Gottfredson과 Hirschi 등과 같은 학자들은 이들 만성범죄자는 일반적인 사람과 근본적으로 다르며 이들은 생애기간 동안 변하지 않는다고 본다(Gottfredson & Hirschi, 1990). Sampson 등과 같은 학자들은 이들 만성범죄자가 보통 사람들과 다르지 않으며, 단지 상황에 따라 범죄를 저지르는 것으로 본다(Sampson & Laub, 1990: 609-627; Thornberry, 1997; Laub, Nagin et al., 1998: 225-238).

3. 교정시설은 어떤 곳인가

교정시설(교도소와 소년원을 통칭한다)은 형 또는 보호처분을 집행하는 곳이다. 형벌의 역사는 오래되었지만, 현대적 의미의 교정시설의 역사는 길지 않다. 범법자에 대한 교화와 개선을 목적으로 설립된 최초의 교정시설은 1773년의 '월넛가 교도소'Walnut Street jail이다(이백철, 2015). 그러므로 현대 개념의 교도소가 발생한 역사는 200여년에 불과하다.

1950년대부터는 행형제도의 목적이 처벌에서 사회복귀로 바뀌었고, 교정corrections의 개념도 교정시설 내에서 수용자 처벌 이외에 처우 및 지역사회 프로그램과 관련 서비스를 통괄하는 것으로 바뀌었다(이백철, 2015). 우리나라 형집행법(약칭)에서도 수형자의 교정교화와 건전한 사회복귀를 도모한다고 규정하고 있다. 이를 위하여 기존의 '행형법'을 '형의 집행 및 수용자의 처우에 관한 법률'로 변경하였다. 교정시설의 명칭도 '형무소'에서 '교도소'로 바뀐지 오래되었다. 그러나 법률명칭에서 볼 수 있듯이 여전히 핵심 키워드는 형의 집행에 있음을 알 수 있다. 형의 집행을 통하여 교정이라는 목적을 달성하려는 것이다(김상균 & 신석환, 2009; 이백철, 2015; 허주욱, 2013)

1) 교정시설의 존재이유

형이 집행되는 곳이 교정시설이다. 교정시설의 목적은 형의 집행을 위해서 존재하는 것일까? 교정시설의 존재이유에 대하여는 3가지 관점이 있다. 공정식과 정선희(2010)는 교정시설의 목적에 대하여 제도론적 접근, 사회구조적 접근, 수정주의적 접근으로 구분하고 있다. 그러나 교정시설은 크게 형벌의 집행 기능, 사회통제장치로서의 기능, 그리고 재사회화 가능이 주를 이루는 것으로 보아야 할 것이다.

① 형벌의 집행기능

교정시설은 구금형을 집행하기 위한 제도로써 존재한다고 본다. 교정시설은 근대 이전의 형벌과 마찬가지로 응보라는 목적을 가지고 있지만 동시에 공리주의적인 목적 즉 범죄자의 무력화와 범죄행위의 억제, 그리고 범죄자의 사회복귀를 위하여 존재한다고 한다. 따라서 교정시설은 사회적으로는 범죄에 대응하면서도 동시에 무자비한 전제적인 권력의 행사로부터 인권을 보호하는 기능을 가진다고 한다.

② 사회의 통제장치

제도적 접근이나 사회구조적 설명과 달리 교정시설은 특별한 역사적 상황에서 나온 사회적 정치적 요구의 결과로 나타났다는 설명이다. 대표적으로 푸코(Michel Foucault)와 로쓰만(David Rothman)이 있다(한인섭, 2006). 이들은 교정시설이 기본적으로 범죄예방과 교정이라는 목표가 처음부터 실패했음에도 불구하고 교정시설이 처벌의 가장 중요한 장치로 이용되는 이유가 무엇인가는 질문에서 출발한다. 교정시설은 단순한 형벌장치가 아니라 사회를 통제하기 위한 장치로 이해한다. 교정시설이 비인권적인 감옥을 개혁한 산물 또는 합리적인 제도로 보는 것이 아나라 교정 시설을 정신병원, 학교, 공장 등과 함께 일반 대중의 일상을 규율하는 총체적인 통제장치의 하나로 보는 것이다(한인섭, 2006).

③ 재사회화 기관

구금기간 동안에 인지행동치료프로그램을 실시하여 범죄인의 범죄적 사고방식을 개선하고, 생계유지를 위한 기능을 익히도록 하여 범죄인의 재통합을 목표로 한다. 이를 위하여 재소자의 행동변화 뿐만 아니라 사회의 변화도 수반되어야 한다. 재소자를 처우의 객체가 아니라 자율성을 가진 주체로 보면서 자발적인 참여와 책임을 부여함으로써 범죄인의 재사회화를 담당하는 기관의 역할을 한다(공정식, 2010).

2) 교정시설의 특수성

교정시설은 자유형 또는 보호처분을 집행하는 시설을 말한다. 물적 시설과 함께 인적 구성요건을 갖추고 수형자와 보호소년을 수용하여 처우하는 인적, 물적 설비의 총합체이다.(이백철, 2015) 수용한다는 말은 외부와 격리하여 생활하게 한다는 의미이다. 격리를 위하여 높은 담장과 벽, 도주방지를 위한 철조망과 육중한 철문, 감시탑, 무장한 경비인력 등이 동원된다.

그리고 수용자에게는 침구와 의류 등 필요한 물품이 지급되며 이들은 동료재소자, 교도관 등과 교류를 하며 형집행법 등의 관련법규에 따라 생활하게 된다. 그러므로 교정시설은 수용자를 사회와 격리isolation하기 위한 시설이며, 격리된 수용자들에게 의식주와 교정교화를 위한 프로그램을 제공하는 시설이라 할 수 있다. 따라서 교정시설은 수용시설, 교육시설, 작업시설, 후생시설, 의료시설, 체육시설 등의 기능을 담당하는 복합시설이다(李淳吉, 1992). 그리고 수용자들은 교정시설이라는 틀 안에서 서로 영향을 주고 받으며 생활하는 존재이다.

3) 교정시설의 물리적 조건

교정시설은 다중의 범법자를 수용하여 공동생활하는 공간이다. 우선 수용자의 구금확보에 지장이 없는 구조로서 사회와 격리수용이 가능하며, 공동생활에 불편이 없고 위생적이어야 한다. 교정시설은 수용실 이외에 작업장, 취사장, 창고, 보일러실 등 부속건물을 완비하여야 한다.

〈표 21〉 국내 교정시설 기준

구분	주요 내용
수용실	1. 원칙: 독거수용원칙, 혼거수용 가능, 혼거수용실은 3인 이상 수용 2. 일반 수용실: 독거를 원칙, 혼거 가능, 최소 4.62 3. 엄정 독거실: 최소 3.63 4. 혼거실: 최소 2.48 5. 병실: 4.3 6. 기타 수용실: 장애인 수용실, 격리수용실
보안시설	1. 감시대 미설치 원칙 2. 중앙감시실 설치(CCTV 모니터실)
기타 시설	1. 창고, 치료실, 수용자 주방 2. 교육실, 작업실, 도서실, 종교실 등

출처: 공정식, 정선희(2010: 70)자료 재구성

4) 박탈공간으로서 수용시설

① 구금의 고통

Sykes는 1958년 뉴저지 주립 교도소를 직접 방문하여 교도소 내 수형자들을 관찰 및 연구한 결과, 수형자들은 교도소 안에서 크게 다섯 가지의 박탈로 인해 고통을 받는다는 결론을 내리고 이를 '구금의 고통The Pains of Imprisonment'이라고 하였다. 다섯 가지 박탈이란 첫째, 자유의 박탈The Deprivation of Liberty, 둘째, 재화와 서비스의 박탈The Deprivation of Goods and services, 셋째, 이성과의 성적 관계의 박탈The Deprivation of Heterosexual Relationships, 넷째, 자율성의 박탈The Deprivation of Autonomy, 다섯째, 안전의 박탈The Deprivation of Security을 말한다.

자유의 박탈이란 수형자들은 교정시설이라는 한정된 공간 안에서 거주해야 한다는 거주의 자유와 이동의 자유를 제한 받는 것을 의미한다. 물질의 박탈이란 현대사회에서 '소유'라는 개념은 필연적 현상이 되었고, 그 중에서도 '물질의 소유'는 단순히 경제적 지표를 떠나 개인의 '자아상'을 형성하는 중요한 요인으로 꼽힌다. 이런 점에서 물질의 박탈 및 물질적 궁핍은 단순히 경제적 재화의 상실 그 이상의 의미를 가지며, 나아가 인격의 손상까지 야기할 수 있다. 이성과의 성관계의 박탈이란 교정기관의 남·녀 재소자에 대한 엄격한 성별 분리정책으로 인해 수형자들은 이성과의 접촉기회를 완전히 박탈당하게 된다. 성별을 떠나 이성과의 접촉 및 성관계의 박탈은 수형자들에게 성적 욕구불만을 야기시키며, 나아가 성적 정체감에 심각한 타격을 입힐 수 있다. 자율성의 박탈이란 수형자들은 엄격한 규율과 명령에 의해 종속되며, 따라서 행동에 대한 자율성을 박탈당한다. 또한 타의에 의해 정해진 일과에 따라 명령을 따르며 복종하도록 강요됨으로써 의존적이고 수동적인 생활을 영위할 수밖에 없게 된다. 다음으로 안전의 박탈이다. 교정시설은 집단생활이 원칙이다. 재소자는 같이 생활할 상대방을 자신이 선택할 수 없다. 나와 같은 방을 쓴다고 해서 캠핑장에 같이 놀러 간 친구들이 아니다(Jaffee, 2012). 이들은 모두가 범죄자들이다. 이들은 다양한 범죄유형, 성격유형을 가지고 있으며, 이들의 생각과 기분상태를 파악하는 것은 생존에 중요하다. 수형자의 성격특성으로 이경범(2000)은 미지의 교도소 생활에 대한 불안, 공포심, 호기심과 범죄수사, 재판 등의 종결에서 오는 체념을 보인다고 하여 어느 정도 안정적인 모습으로 설명하고 있다. 그러나 대부분의 연구자들은 교정시설 생활에 대한 불안이나 공포로 정신병적 경향, 감정의 통제 상실과 정신장애, 과대망상 긴장상태의 반사회적 성격특성, 불안, 초조, 긴장상태의 비현실적인 사고, 피해망상과 열등감에 사로잡혀 대인관계 회피 등의 모습을 보인다고 한다(기하리, 2012; 이정찬, 1997; 전수길, 1990).

교정시설은 스트레스가 많은 공간이고, 정신질환을 앓고 있는 재소자들도 많다. 2006년도 미국 교정시설 내의 정신질환자 통계를 보면 DSM-IV의 분류에 따라 주립 교도소 재소자의 56%, 연방교도소의 45%, 구치소의 64%가 정신질환을 가지고 있다고 한다(James & Glaze, 2006). 국립서울의료원에서 실시한 서울소년원의 정신질환 조사에서도 43.8%가 즉각적인 정신과 개입이 필요한 상태로 밝혀졌다(이종일, 2015). 이들은 우울증, 분노조절장애, ADHD 등의 문제를 가지고 있고, 심한 경우 환시와 환청을 동반한 정신분열 증상을 보이기도 한다. 이들과 같은 공간에서 24시간 생활한다. 특히 같이 취침을 한다는 것은 무방비 상태에 노출되어 있는 것이나 마찬가지이다. 그러나 교정시설에서 겪는 고통은 Sykes가 말하는 5가지의 고통만이 아니다.

② 편안함의 박탈

교정시설은 흔히 아무 것도 하지 않기 때문에 편안할 것이라고 생각한다. 교정시설은 형벌이 집행되는 곳이다. 어느 곳이든 취침시간 이외에는 편히 다리를 뻗고 누울 수 있는 공간이나 시간은 없다. 24시간 누가 오지는 않는지 주변의 눈치를 살핀다. 일반적으로 교도관들은 수형자들로 하여금 계속 움직이게 하고(의미가 있든 없든 관계없다), 몸과 마음을 힘들게 만들어야 출소 후의 재범을 억제할 수 있다고 생각한다. 즉 출소 후에 범죄의 유혹이 있을 때 교정시설에서의 고통을 기억해야 범죄를 하지 않을 것이라는 믿음이다. 이를 위하여 교정시설에서는 끊임없이 재소자에게 고통스러운 기억과 감정이 반복적, 불수의적으로 발생하도록 고통을 부과한다. 그런데 자세히 살펴보면 이는 외상 후 스트레스 장애(PTSD) 증상과 유사하다. DSM-5에 의하면 외상 후 스트레스 장애는 사람이 전쟁, 고문, 자연재해, 사고 등의 심각한 사건을 경험한 후 그 사건에 공포감을 느끼고 사건 후에도 계속적인 재경험을 통해 고통을 느끼며 거기서 벗어나기 위해 에너지를 소비하게 되는 질환으로, 정상적인 사회 생활에 부정적인 영향을 끼친다. 형벌이라는 고통을 통하여 범죄라는 특정 행위가 일정기간 동안 억제 또는 억압될 수는 있지만 내면의 긍정적인 변화를 이끌어 내지는 못한다. 혹독한 고통에 노출된 사람들은 출소 후에 범죄를 저지르지는 않지만 복수심에 불타면서도 깜짝 깜짝 놀라는 '좀비'와 같은 인간으로 비생산적인 삶을 살게 된다.

편안함의 박탈은 '공감결핍'empathy deficit을 불러온다. 일반적으로 공감empathy은 다른 사람의 경험과 동기에 대해 이해하고 인정하는 것으로서 다른 사람과 관점이 다른 것에 대하여 관용하고 다른 사람에 대한 자신의 행동의 결과를 이해하게 하는 능력으로 이해한다(APA, 2015). 공감은 다른 사람과 관계를 맺고 함께 살아가는 데 있어서 없어서는 안 되는 중요한 인성이다(손여은, 2014). 특히 다른 사람의 고통에 대하여 민감하게 반응하고 상대방의 입장을 이해하고 배려하는 것은 자신의 생존과도 연관되는 문제이다. 그런데 교정시설에 있으면 이러한 공감능력이 현저히 떨어지는 것을 현장에서 경험할 수 있다. "내 코가 석자다"라는 속담에서 보듯이 자기중심적 고통을 더 많이 느끼기 때문이다. 다른 사람의 고통을 배려할 수 있는 여건이 되지 않는다. 일단 내가 답답하고 짜증나는 것이다. 이런 상태에서 면회 오는 가족에 대한 미안함, 피해자에 대한 사죄, 자신의 미래에 대한 고민과 준비는 사치라고 할 수 있다(Jaffee, 2012).

③ 공간과 시간의 박탈

격리는 인간의 공간을 "최소한"으로 제한한다. 교정시설이 10만평의 대지 위에 세워져 있다 하더라도 그가 딛고 서있을 수 있는 공간은 1.2평일 뿐이다. 1.2평에서 바라보는 하늘도 그 정도로 줄어든다. 기상 시간이 되면 수용실에서 작업실과 운동장 또는 인성교육장으로 이동하고 일과시간이 종료되면 다시 수용실로 돌아온다. 교정시설은 공간이 가장 비효율적으로 사용된다. 자유롭게 이동할 수 있는 공간은 있을 수 없다. 모든 것이 분절된 공간에서 재소자가 이동할 수 있는 거리는 하루에 평균 4km(10리)를 넘지 않을 것이다. 1.2평의 공간과 4km의 이동거리 동안에 만나는 사람은 동료 재소자와 교도관, 그리고 극히 소수의 자원봉사자이다. 이 때 개인적인 만남은 이루어지지 않는다. 공간의 박탈은 활동의 박탈이고, 활동의 박탈은 만남의 박탈이다. 만남이 의미가 있기 위해서는 서로에게 의미 있는 사람이어야 한다. 결국 공간의 박탈은 의미의 박탈로 이어진다.

아인쉬타인의 상대성 이론을 예로 들지 않더라도 공간은 시간과 긴밀히 연결되어 있다. 교정시설에서의 공간은 시간을 왜곡시킨다. 시간을 축소시킨다. 극단적으로 말한다면 교정시설에서의 10년은 일반 사회에서의 1일이다. 매일 같은 1일이 반복되기 때문이다. 그런데 그 1일은 마치 10년처럼 천천히 흘러간다. 그리고 지루한 하루하루가 10년동안 이어진다. 출소 후의 충격은 더 끔찍하다. 교도소라는 닫힌 공간에서 10년이라는 시간 동안 변화가 없는 1일을 반복해서 살아왔지만 밖의 사회는 실제로 10년이라는 세월이 지나있다는 것을 깨닫는데 그리 오랜 시간이 걸리지 않는다. 마치 시간여행을 하고 돌아온 사람이 느끼는 충격처럼 자신을 제외한 모든 것이 변해버렸고, 자신이 허비한 시간을 되돌릴 수 없다는 것을 깨닫게 되는 것이다.

④ 접촉과 소통의 박탈

Harlow 등(1965)의 연구에 의하면 어린 시절 동료와 격리되어 성장한 원숭이는 어미를 상실하고 자란 경우와 유사하게 성숙한 후에 심한 행동장애를 보였다. 짝짓기와 모성적 태도가 없었고, 무관심과 태만, 공격성이 교대로 나타났다. 그리고 자해를 했고, 다른 원숭이들과 죽을 때까지 싸웠다. 생쥐를 대상으로 한 실험도 마찬가지였는데, 장현갑 등(1988)의 연구에 의하면 생쥐를 격리 성장시키면 '격리증후'라는 행동장애가 발생한다. 즉 일반활동성 증가, 자극에 대한 민감반응성, 동료동물에 대한 과민공격성, 그리고 학습 수행력이 떨어졌다. 이러한 접촉의 상실로 인한 장애는 인간에게도 마찬가지이다. 오랜 기간 사랑하는 사람과의 격리는 너무나 고통스러워서 자신이 처한 곳이 꿈인지 현실인지도 분간하지 못하는 해리상태에 빠지게 된다. 이런 고백은 많은 재소자들에게서 들을 수 있다.

최근 미국에서는 인위적인 격리 실험을 진행하였다. NASA에서 6명의 과학자를 대상으로 8개월간의 화성거주실험HI-SEAS, Hawaii Space Exploration Analog and Simulation을 한 것이다 (Sheridan, 2014). 연구목적은 화성 도착 시까지 소요되는 8개월 동안에 인간이 격리로 인한 스트레스를 견딜 수 있는지에 대한 것이었다. 하와이의 화산암으로 둘러싸인 척박한 환경에 반경 11m, 높이 6m로 만들어진 이글루 형태의 구조물에서 남자 3명, 여자 3명의 과학자가 생활하였다. 외부와 철저히 격리되었으며 인터넷 접근은 화성의 조건과 같이 20분이 지연되도록 설정되었다. 참석자들은 20-30대의 쉽게 잘 어울리고 일반적으로 냉정을 유지할 수 있는 젊은이였지만 실험은 "Third-quarter syndrome" 이라고 불리는 우울증이 발생하면서 심각한 상황에 빠졌다. 시간이 어느 정도 지나면서 처음의 활기는 사라지고 실험이 종료되기에는 너무 오랜 시간이 남은 것이다. 뿐만 아니라 연구참여자들은 통제본부가 자신들의 지원에는 턱없이 소홀하면서 임무만 부여한다고 생각했고, 통제본부는 참여자들이 혼자 잘난 체 한다는 결론을 내리는 등 심각한 의사소통 장애가 발생했다. 그리고 화성과 지구와의 소통시간을 반영하여 인터넷 등의 경우 20분간 연락이 지연되도록 했다. 참여자들은 20분의 소통 지연에 대해서도 무척 힘들어했다.

출처: https://www.google.co.kr

● 〈그림 9〉 왼쪽은 Harlow의 원숭이 실험, 오른쪽은 NASA의 화성 거주 실험 사진 ●

Harlow의 실험은 John Bowlby의 애착이론attachment theory 등에 큰 영감을 주었다. 그리고 지금의 교정시설에도 의미하는 바가 크다. 격리가 주는 고통과 상처를 알게 하는 중요한 역할을 하기 때문이다. 할로우(Harlow)의 실험공간은 교정시설과 유사하다. 벽으로 막혀있는 닫힌 공간에서 생존에 필요한 음식이 제공된다. 그리고 중요한 타자(significant others)와의 접촉은 차단된다. 이 실험에 참여했던 새끼 원숭이는 정상적인 원숭이로 성장하지 못했다. 접촉이 차단되고, 정상적인 애착관계가 형성되지 못했기 때문이다. 교정시설은 범법자를 담장 안에 가두고, 생존에 필요한 의식주를 제공한다. 그리고 건강한 시민으로 사회에 복귀하기를 기대한다. 그러면서 정작 중요한 소통과 접촉은 제공하지 않는다. 소통은 사회와의 접촉과 지지와 깊은 연관이 있다. 자기 자신이 사랑과 돌봄을 받고 존중되고 가치 있다고 느낄수록 자아존중감이 높아지고 범죄행동이 줄어든다.

⑤ 오감의 박탈

감각의 박탈sonsory deprivation로 이어지지는 않지만 교정시설은 감각을 크게 제한한다. 가장 먼저 교정시설의 이미지는 검은 쇠창살과 회색콘크리트 건물 그리고 차가운 방바닥이다. 이러한 차갑고 서늘한 느낌은 재소자에게 이질감과 함께 스트레스를 가중시킨다(기하리, 2012). 사람은 소리에 민감하게 반응한다. 음(音)과 관련된 환경은 인간의 의식과 무의식에 영향을 미친다. 듣기 좋은 자연의 소리(시냇물 흐르는 소리, 새가 지저귀는 소리, 빗방울 소리, 바람에 흔들리는 나뭇잎 소리 등)는 들을 수 없다. 베토벤 또는 쇼팽의 음악은 상상도 할 수 없다. 수용실에서 들리는 생활 소음, 철재문이 여닫힐 때 마다 내는 가슴 철렁한 쇳소리, 24시간 수용실 복도를 순찰하는 교도관의 발자국 소리가 들릴 뿐이다.

다음으로는 추위이다. 인간의 몸은 20℃이하의 온도에서 추위를 느끼며 추운 기온에 장시간 노출되게 되면 면역력이 떨어지고 체온저하로 인한 건강상의 문제가 발생한다. 전국 51개 교도소에서 난방에 여유가 있는 시설은 몇 개 되지 않는다. 재소자들이 마음 놓고 온수 목욕을 할 수 있는 여건도 되지 않는다. 당연히 공기의 질도 떨어진다. 과밀인 수용실에서는 옆 사람의 땀 냄새와 구취 등 각종 냄새로 불쾌감을 주기 쉽다. 더군다나 우리나라 교정시설의 대부분이 수용실 내에서 식사를 하고 있어 각종 음식냄새까지 혼합되어 쾌적한 공기환경을 유지하기 어려운 상황이다. 쾌적성은 인간의 신체적 본능과 가장 연관이 깊은 요소로서 인간의 감정에 영향을 미치는 요소이다. 따라서 쾌적성이 보장되지 못할 때 인간은 불쾌감을 느끼며 짜증과 분노를 표출하게 된다. 또한 수형자의 상당수가 마음에 화(火)를 품고 있으며, 분노를 조절하지 못해 범죄를 저지른 사람들이다. 이들은 쉽게 불평불만을 표출하며 대부분의 폭력·폭행 등의 교정사고가 수형자의 분노에서 비롯된다.

⑥ 프라이버시와 자아정체성의 박탈

프라이버시는 타인의 간섭이나 공적인 영역으로부터 침해 받지 않을 권리이다. 프라이버시가 지켜지기 위해서는 기본적으로 자신만의 공간 또는 영역이 있어야 한다. Bell 등(2003)은 프라이버시의 기능을 4가지로 구분하였다. 첫째, 프라이버시는 개인의 자아의 가치, 독립, 정체성과 같은 문제들을 발견할 수 있도록 돕는다. 둘째, 정서적 해방으로 긴장감에서 떠나 휴식을 취하게 한다. 셋째, 자아평가로 자신의 경험을 통합하여 미래의 행동을 계획하고 평가하는 기회를 갖게 한다. 넷째, 보호 된 의사소통으로 개인이 타인과 신뢰를 나누거나 매우 신뢰하는 사람에게조차도 어떤 정보를 보호할 수 있는 기회를 제공한다. 궁극적으로 프라이버시는 자아정체감을 갖게 하여 개인이 인지적, 심리적, 감정적으로 스스로가 존재함을 이해하도록 돕게 된다. 그런데 교정시설에서는 프라이버시를 보장해 줄 수 없다. 더불어 자아정체감도 사라진다. 개인 영역을 위한 공간은 과밀수용으로 인하여 더욱 좁아지는데, 과밀수용은 수형자간 긴장을 고조시켜 시설 내 싸움, 폭행 등 교정사고의 증가를 가져오는 요인으로 수용환경 악화의 가장 큰 문제로 지적되고 있다. 또한 과밀수용으로 인한 불쾌감, 불편 등은 수형자의 불평불만의 주요인이 되어 교도관 관리업무에도 큰 어려움을 주고 있다. 실제로 교도소에서는 수용밀도가 높아질수록 규칙위반이 증가하였고, 교도소 밀도와 수감자들 간의 공격 사이에 극히 높은 상관관계가 나타났다. 한 교도소에서는 30%의 밀도 감소로 60%의 공격이 줄였으며, 밀도를 20% 줄이면 공격은 36로 감소하였다고 한다.

⑦ 사색의 박탈

한병철(Han Byung-Chul, 2012)은 「피로사회」에서 병원, 감옥, 병영 등을 규율사회로 규정한다. 그리고 허먼 멜빌의 단편 「필경사 바틀비」을 인용하여 "감옥"을 벽wall으로 둘러싸인 "무덤"으로 묘사한다. 규율사회의 특징은 부정성이다. 규율사회의 지배적인 조동사는 '~해서는 안 된다'이다. 그 곳에서 모든 생명의 불은 꺼져있고, 그 곳에 있는 자들은 복종의 주체일 뿐이다. 결과적으로 이러한 규율사회의 부정성은 광인과 범죄자를 낳는다고 한다.

한병철은 닫힌 사회에 대해서 독특한 견해를 보인다. 인간의 행동은 자극stimuli과 반응response에 의해서만 이해될 수 없다는 것이다. 규율사회에서는 지시에 즉각적으로 반응하여야 한다. 자극에 즉각적으로 반응하는 것은 긍정의 과잉이다. 자극에 대해 저항하지 못하는 것은 정신의 부재 상태이다. 즉각 반응하는 것, 모든 충동을 그대로 따르는 것은 이미 일종의 병이며 몰락이다. 이에 대한 치유는 니체가 표명하는 바대로 사색적 삶의 부활이다. "No" 라고 말하는 주체적 행위를 통해 사색적 삶은 어떤 활동과잉보다도 더 활동적으로 된다.

머뭇거림은 긍정적 태도는 아니지만 행동이 노동의 수준으로 내려가는 것을 막는 데 필요불가결한 요소이다. 활동에는 여러 종류가 있다. 기계는 잠시 멈출 줄을 모른다. 컴퓨터는 엄청난 연산 능력을 가지고 있지만 어리석다. 머뭇거리는 능력이 없기 때문이다.

힘에는 두 가지 형태가 있다. 하나는 긍정적 힘으로서 무언가를 할 수 있는 힘이고, 다른 하나는 부정적 힘으로서 하지 않을 수 있는 힘이다. 부정적 힘은 단순한 무력감, 무언가를 할 능력의 부재와는 다른 것이다. 긍정적인 힘과 부정적인 힘, 두 가지 모두 없다면 살아있다고 할 수 없을 것이다. 일단 할 수 있는 힘이 없다면 살아있다고 할 수 없을 것이다. 그렇다면 하지 않을 수 있는 힘, 부정적인 힘이 없다면 어떤 상태일까? 한병철은 지각하지 않을 수 있는 부정적 힘 없이 오직 무언가를 지각할 수 있는 긍정적 힘만 있다면 지각은 모든 자극과 충동에 무기력하게 내맡겨진 처지가 될 것이고, 거기서 어떤 "정신성"도 생겨날 수 없다고 한다. 부정성의 부정은 자폐적인 성과기계가 된다.

교정시설은 재소자가 "아니오"라고 말할 수 없는 곳이다. 머뭇거림도 허용되지 않는다. 머뭇거림은 '반항' 또는 '약함'으로 해석되기 쉽다. 기계처럼 움직이는 일상에서 생각할 필요도 없고, 사색을 위한 공간과 시간도 주어지지 않는다. 매일 매일이 똑같고 변화는 거의 없다. 자신이 처해 있는 객관적인 상황을 주관적이거나 의식적으로 판단할 기회 자체가 절대적으로 주어지지 않는다. 홍수 속에 정작 마실 물이 없듯이, 넘쳐나는 시간 속에 생각할 수 있는 시간은 없다.

〈표 22〉 힘의 종류와 삶의 종류

	부정적인 힘 존재	부정적인 힘 부존재
긍정적인 힘 존재	실존적인 삶	자폐적인 성과기계
긍정적인 힘 부존재	죽음	죽음

5) 하위문화와 교도소화

① 교도소 하위문화

교정시설은 범죄자를 구금기간 동안 안전하게 보호하며 기본적인 생활을 영위하게 해주는 주거공간이자, 건강한 시민으로 재사회화 하는 교육 공간이다. 따라서 일반적인 집, 학교, 공장, 병원, 체육 시설 등의 시설과는 구별되는 특수성을 가진다. 문영삼(2006)과 박돈서(1984)에 따르면 이러한 교정시설의 특징을 보안(격리)과 이질집단과의 공존으로 설명한다. 먼저 교정시설은 보안 또는 격리를 위하여, 그리고 수용자의 도주 또는 외부에서의 침입을 방지하기 위하여 견고히 차단된다. 둘째, 교도관이 수용자들의 행동을 효과적으로 감시할 수 있도록 공간이 배치된다. 즉 프라이버시를 위한 공간은 없거나 극히 제한된다. 셋째, 수용자 상호간의 범죄성 전파를 방지하기 위하여 상호간에 교신이 억제된다. 넷째, 시설의 규율유지 및 수용자의 행동을 통제하기 위하여 수용시설, 교육시설, 후생시설, 작업시설, 운동장 등 모든 시설은 분리, 차단된다.

다음으로 이질집단과의 공존이라는 특성은 다음과 같다. 교정시설은 상반된 두 개의 집단, 즉 수용관리주체인 교정직원과 그 수용관리 대상인 수용자가 공존하는 공간이다. 이 두 집단은 상당히 상반되고 대조적 이면서도 상호의존적인 관계의 특성을 가진다. 교도관은 수용자를 통제하여 수용질서를 확립해야 하며 수용자는 교도관의 지시에 따라야 하는 수용관리대상이다. 그리고 교도관과 수용자는 표면적으로 지배 복종의 관계처럼 보이지만 사실상 상호의존적인 관계의 특성을 지니고 있다. 수용자들도 서로가 서로에게 이질적인 존재이기는 마찬가지이다. 이들은 같은 수용실에서 생활한다고 하여 가족이거나 같은 학교 또는 같은 반 친구가 아니다. 이런 시설환경적 특성과 여러 집단의 생활로 인하여 특수한 문화가 생겨난다.

'하위문화subculture'는 일반적으로 sub라는 접두어에서 알 수 있듯이 종속적이고 주변적인 것으로 여겨져 왔다(Gender & Thornton, 1998). 사회에서 주변적인 집단, 사회에 적응하지 못하는 집단의 문화와 연관하여 사용되기도 한다. 정리하자면 하위문화란 특정 집단이 다른 집단과 구분되어 공유하고 있는 문화적 관습으로 이해될 수 있는데, 일반적으로 연령, 성별, 계층 등의 특성에 따라 구분되는 다양한 소집단들만의 독특한 정체성이 포함된 문화를 의미한다(송영남 등, 2015).

교도소의 하위문화에 대한 연구는 1940년 Clemmer가 그의 저서 "교도소 사회The Prison Community"에서 수형자가 교도소에서 경험하는 상황과 적응과정을 지적하면서 시작되었다.

Clemmer는 일반시민들의 기대와는 달리 교도소의 공식적인 원칙과 규율체계에 의해 수형자의 생활태도가 결정되는 것이 아니라 실제로는 교도소 내의 수형자집단이 갖고 있는 비공식적 체계가 그들의 생활양식을 지배한다고 주장하면서, 교도소 진입자가 기존 수형자들의 하위문화에 동화되는 과정이 '교도소화prisonization'라고 하였다(윤옥경, 2010).

교도소화란 사회복귀 및 사회친화적 재사회화를 강조하는 교정기관의 의도와는 달리 실제 수형자들은 Sykes(1958)가 지적한 구금의 고통들 속에서 반사회적 재사회화를 경험한다는 개념이다. 이를 Cohen(1955)의 하위문화이론을 통해 살펴보면, 중산층의 문화양식에 포함되지 못한 하위계층의 청소년들이 중산층의 문화와 대립되는 폭력적이고 반항적인 하위문화를 형성하듯 수형자들은 그들만의 문화를 형성하여 그들의 '고통' 및 '박탈'을 극복한다. Wheeler(1961)에 따르면 교도소화는 일반적으로 ①통상적인 사회의 가치를 부정하고, ②교도관에 대해 대립하도록 요구하며, ③동시에 수형자 집단 내부에 대해서는 충성과 단결을 강조하는 특성이 있다고 한다. 이렇듯 수형자 행동규범이라고 불리기도 하는 수형자의 하위문화는 하위문화의 고유한 성질인 '저항성'이 내포되어 있기 때문에 교정기관에서 요구하는 공식적 원칙과 규율과는 반대되는 규범과 가치를 발전시키게 된다. 이를 종합하자면 수형자문화란 "교도소 내에서 발견되는 독특하고 저변에 잠재해 있는 사회질서로서 규범적 기대, 가치, 그리고 행동을 포함하는 것으로 정의할 수 있다(송영남 2015, 재인용).

② 교도소화 설명 모형

• 박탈모형

교도소화는 구금의 직접적인 결과라고 본다. 첫 번째는 구금으로 인한 고통과 박탈이다. Sykes가 주장한 구금의 고통에서 보듯이 수형자는 생존하기 위한 수단으로 수형자 문화를 개발하고, 그 문화에 적응하게 된다. 두 번째는 지위강등으로 인한 결과이다. 재소자는 자신이 과거에 가지고 있었던 지위 대신에 숫자로 표현되는 새로운 지위를 가지게 된다. 동일한 머리 모양, 복장, 공용물품 사용 등을 통하여 자기관념은 철저히 사라진다. 고유한 개성을 가지던 인간에서 집단적인 수형자라는 추상적 인간이 된다. 이는 과거의 자신의 상실과 정체감의 혼란으로 이어진다. 수형자라는 지위를 받아들이고 그 지위에 맞는 적응을 하려는 시도가 교도소화에 기여하게 되는 것이다. 수형자들은 구금으로 인한 고통과 지위강등으로 인한 자아정체감의 상실이라는 위기에서 벗어나기 위하여 자신들만의 문화를 개발하고 수형자끼리의 상호 세력을 만들게 된다. 즉 자신을 거부하는 사람을 거부함으로써 그들 자신을 거부해야 하는 것을 피할 수 있는 것이다(이윤호, 2007).

● 유입모형

Irwin과 Cressesy(1962)는 박탈모형이 재소자문화를 설명하는 데 교정시설의 내부영향을 지나치게 강조하고 있다고 비판한다. 수형자 하위문화가 수용시설에만 독특한 것이 아니라고 하면서 교도소 하위문화와 범죄자 하위문화로 구분하여야 한다고 주장하였다. 그러면서 수형생활지향, 범죄생활지향, 그리고 합법생활지향의 세가지 하위문화를 제시하고, 이 중에서 범죄생활지향과 수형생활지향의 하위문화의 결합의 결과, 소위 수형자 하위문화를 형성한다고 하였다. 수형자 하위문화를 결정하는 것은 교정시설이 아니라 재소자의 입소 전 영향이라고 한다. 수형생활 지향자와 달리 합법생활 지향자와 범죄생활 지향자는 자기self가 강하기 때문에 박탈의 고통에도 영향을 크게 받지 않는다. 따라서 재소자의 시설적응을 이해하려고 한다면 그들이 입소 시 함께 들여오는 것을 고려하여야 한다고 주장한다.

● 통합모형(상호작용 모형)

박탈과 유입모형을 통합적으로 설명하려는 모형이다. 박탈이 적은 경구금 교정시설의 경우에 교도소화의 정도가 낮다는 것은 일반적으로 인정된다. 그러나 박탈의 정도가 높은 중구금 교정시설에 수용된 재소자는 일반적으로 범죄적 성향이 강하고 수용 경험이 있는 사람들로써 경구금 교정시설에 수용된 재소자와 다르다는 점을 무시할 수 없다고 한다. 교도소 문화는 박탈모형과 유입모형 모두가 영향을 미친다고 본다. 즉 교도소 문화는 조직환경의 차이에 따라 달라지며, 직원규범에 대한 비동조성의 정도는 재소자가 현재 수용된 교정시설의 환경보다는 재소자의 출신사회의 문화를 반영한다고 한다(윤옥경, 2010).

공정식, 정선희(2010). *현대교정학*. 파주: 한국학술정보.

기하리(2012). 치유환경으로서 교정시설의 수용동 계획에 관한 연구. 석사학위논문, 한양대학교 대학원.

김상균, & 신석환(2009). 교정학개론. 서울: 청목.

문영삼(2006). 선진 교정시설의 건축계획 특성과 기준에 관한 연구. 대한건축학회 논문집 : 계획계, 22(9), 49-56.

민수홍. (2011). 수형자의 교도소 내 규율위반. [Prison Inmates' Rule-violations at Prison : Prisonization and its Reinterpretation based on Self-control Theory]. *형사정책연구*, 86(-), 67-87.

박돈서(1984). 矯正施設 建築計劃에 관한 硏究(Ⅲ). 論文集, 7(-), 5-19.

손여은(2014). 정서적 냉담성, 공감, 품행문제의 관계. 석사학위논문, 강원대학교 대학원.

송영남, 이승우, 이윤호(2015). 교도소의 교정환경이 수형자의 재범에 미치는 영향. 교정복지연구, 38(-), 31-120.

윤옥경(2010). 교도소화(prisonization) 의 선행요인과 효과에 대한 연구. 한국범죄심리연구, 6(1), 145-174.

이경범(2000). *受刑者의 MMPI 特性과 受刑生活態度와의 關聯研究. (국내석사학위논문)*, 고려대학교, 서울. Retrieved from http://www.riss.kr/link?id=T7894416

이백철(2015). 교정학. 파주: 교육과학사.

李淳吉(1992). 矯正施設 建築에 關한 小考. [A Study of the Construction of Correctional Institutions]. 矯正研究, -(2), 249-271.

이윤호(2007). 교정학. 서울: 박영사.

이정찬(1997). (이정찬소장 회고록) 내인생 교도소와 함께. 서울: 한국교정선교회 베다니.

이종일(2015). 소년원 비행청소년에 대한 정신병리 연구.

장현갑, 정봉교, 임호찬(1988). 생쥐에 있어서 "격리 증후군" 의 치료연구. 한국심리학회지: 일반, 7(2), 108-117.

전수길(1990). 집단상담이 수형자의 자아개념 변화에 미치는 효과. 석사학위논문, 계명대학교 대학원.

허주욱(2013). 교정학. 서울: 박영사.

한영선(2011). *소년범죄자의 범죄중단에 관한 연구*. (박사), 동국대학교, 서울.

APA(2015). 정신질환의 진단 및 통계 편람 (권준수 역. 제5판 ed.). 서울: 학지사.

Bell, P.A., Greene, T.C., Fisher, J.D., & Baum, A.(2003). 환경심리학 (이진환 & 홍기원 역). 서울: 시그마프레스.

Cohen, A. K. (1971). *Delinquent boys*. New York: Free Press.

Gender, K., & Thornton, S.(1998). The subcultures reader reviewed by Mir Wermuth. *European Journal of Cultural Studies, 1(2)*, 277-280.

Harlow, H.F., Dodsworth, R.O., & Harlow, M.K(1965). Total social isolation In monkeys. *Psychology, 54*, 90-98.

Irwin, J., & Cressey, D.R(1962). Thieves, convicts and the inmate culture. *Social problems, 10(2)*, 142-155.

Jaffee, J. (2012). 어느날 아침 눈을 뜬 곳이 교도소라면 (한영선 역). 서울: 푸른나무.

James, D.J., & Glaze, L.E(2006). Bureau of Justice Statistics Special Report. U.S. Department of Justice Retrieved from http://www.bjs.gov/content/pub/pdf/mhppji.pdf.

Han Byung-Chul(2012). 피로사회 (김태환 역). 서울: 문학과지성사.

Laub, J. H., Nagin, D. S., & Sampson, R. J. (1998). Trajectories of change in criminal offending: Good marriages and the desistance process. *American Sociological Review, 63*, 225-238.

Michael R. Gottfredson, & Hirschi, T. (1990). A General Theory of Crime. Standford Press.

Moffitt, T. E. (1997). Adolescence-Limited and Life-Course-Persistent Offending: A Complementary Pair of Developmental Theories.

Sheridan, K. (2014, October 24). Eight months on 'Hawaiian Mars' tests rigors of exploration, Yahoo. Retrieved from https://www.yahoo.com

Sampson, R. J., & Laub, J. H. (1990). Crime and Deviation over the Life Course: The Salience of Adult Social Bonds. *American Sociological Review, 55*, 609-627.

Sykes, G. M. (1971). *The Society of captives*. Princeton: Princeton University Press.

Thornberry, T.P.(1997). Developmental theories of crime and delinquency. *Advances in Criminoloical Theory(7)*.

Wolfgang, M. E., Tracy, P. E., & Figlio, R. M. (1990). *Delinquency Careers in Two Birth Cohorts*. Boston: Kluwer Boston, Inc.

제12장 정신장애 범죄 실태

1. 정신질환과 정신장애의 개념 정의

정신질환mental illness이라는 개념은 의학 분야, 사법 분야 등 각 분야마다 개념의 범위가 약간씩 다르다. 그러나 정신장애라는 개념은 정신의학, 심리학, 법학 등과 연관된 개념으로서 그 개념정의에 있어서는 의학적 개념이 기초가 된다. 일반적으로 정신장애란 정신과 의사에게 의뢰된 사람들의 증상과 상태를 기술하는 용어로 정의되기도 하며, 「정신보건법」제3조 제1항에서는 정신병(기질적 정신병을 포함한다)·인격장애·알코올 및 약물중독·기타 비정신병적 정신장애를 가진 자로 정의한다.[38]

이와 같이, 의학적 기준을 협의의 질병모델을 채택하는 영역에서는 '정신질환' 개념을 주로 사용하고, 정부에서는 보건복지부가 대표적이다.

그러나 연구자들은 정신질환mental illness과 정신장애mental disorder에 대한 용어를 구분하여 사용하는데, 이준우와 손덕순(2007)은 정신질환과 달리 정신장애는 질병 자체의 활발한 진행 이외에도 질병으로 인한 기타 기능의 파손까지를 포함하며, 질병의 증상이 없어진 후에도 질병 이전의 상태로 복귀하지 못하게 되는 경우도 이에 해당하는 것으로 정의하였다.

한편 의학적 질병 자체보다는 그로 인해 발생하는 기능손상, 범죄 등 이상행동에 관심을 갖는 사회정책 영역 또는 사법 영역에서는 '정신장애mental disorder' 용어를 사용하는 것이 적절하다. 예로써, 법무부의 범죄분석 통계자료에서는 정신질환이 아닌 '정신장애'라는 용어를 사용하고 있으며, 정신장애범죄자를 정신이상(조현병), 정신박약[의사(意思)가 박약하거나 불

---

38) 「정신보건법」이 2016년 5월 29일 「정신건강증진 및 정신질환자 복지서비스 지원에 관한 법률」로 전부개정(2017. 5. 30. 시행)되었고, 개정된 법률에서는 정신질환자를 '망상, 환각, 사고나 기분의 장애 등으로 인하여 독립적으로 일상생활을 영위하는 데 중대한 제약이 있는 사람'으로 정의하여 정신질환자의 범위를 중증정신질환자로 축소하였다.

안정한 백치·저능자], 기타 정신장애[조울병자, 성격이상자(난폭자·변태성욕자 등)]가 있는 범죄자로 정의하고 있다(대검찰청, 2015).

정신장애를 진단함에 있어 세계적으로 가장 널리 활용되고 있는 DSM(Diagnostic and Statistical Manual of Mental Disorders, 정신장애의 진단 및 통계 편람)에서는 정신장애는 정신기능의 기초를 이루는 심리학적, 생물학적, 혹은 발달 과정에서의 기능 이상을 반영하는 개인의 인지, 정서 조절, 또는 행동에서 임상적으로 유의미한 장애라는 특징을 가진 증후군으로 정의하고 있다. 이러한 정신장애는 대개 사회적, 직업적, 혹은 다른 중요한 활동에서의 심신장애 또는 유의미한 정신적 고통과 관련되어 있다. 다만, 사랑하는 사람의 죽음과 같이 다른 중요한 활동에 대한 예측이 가능하거나 문화적으로 용인되는 반응은 정신장애가 아닌 것으로 진단한다. 즉, 정신장애는 '기질적 또는 심리적인 이유로 인해 임상적으로 중요한 인지와 정서, 행동상의 기능장애를 보이면서 DSM의 22가지 진단분류 중 하나에 해당되며, 사회적·직업적 혹은 다른 중요한 활동에서의 심신장애 또는 유의미한 정신적 고통과 관련된 장애'로 정의할 수 있다.

이 책에서는 보건복지부 관련 정책, 제도 등을 소개하는 부분에서만 '정신질환' 용어를 사용하고, 그 외는 DSM-5 분류체계를 기본으로 하여 일괄적으로 '정신장애' 용어로 통일하여 기술할 것이다.

2. 정신장애 범죄 실태

정신장애 범죄자의 범행은 그 우발성과 엽기성, 그리고 반복성 등으로 사회 전체에 막대한 충격을 주며 사회를 불안하게 하고 있다. 오늘날 범죄자의 수는 날로 증가하고 있으며 이와 더불어 정신장애를 앓고 있는 범죄자의 수도 증가하고 있다. 정신장애 범죄자는 2010년 5,372명에서 2014년 6,301명으로 5년 사이에 16.9%가 증가하였고, 살인과 강도, 강간, 방화와 같은 강력범죄를 저지른 범죄자의 수는 2010년 425명에서 2014년 731명으로 5년 사이에 72.0%가 증가하였다. 많은 숫자는 아니지만 정신장애자의 범죄는 불특정 피해자를 대상으로 한 '무동기' 또는 '묻지마' 형태로 발생되기도 하여 범죄에 대한 두려움을 크게 일으킨다.

〈표 23〉 최근 5년간 정신장애자 범죄 건수 및 강력범 현황

구 분	2010년	2011년	2012년	2013년	2014년
정신장애 범죄 인원	5,372	5,357	5,378	5,937	6,301
강력범 인원	425	498	536	686	731

출처 : 2015 범죄백서(법무연수원, 2016)

정신장애자 주요 죄명별 범죄 현황을 살펴보면, 2014년 형법범죄의 경우 절도가 1,644명으로 전체 인원의 26.1%를 차지하여 가장 많은 점유율을 나타내고 있고 그 다음이 폭행 722명(11.5%), 상해 606명(9.6%) 등의 순이며, 최근 5년간 순위에 있어 다소 변동은 있지만 절도, 폭행, 상해, 성폭력이 전체 형법범죄에서 가장 많은 비중을 점하고 있다.

〈표 24〉 정신장애자 주요 죄명별 발생 현황

죄명 \ 연도	2010	2011	2012	2013	2014
계	5,372 (100.0)	5,357 (100.0)	5,378 (100.0)	5,937 (100.0)	6,301 (100.0)
형법범죄	3,860 (71.9)	4,051 (75.6)	4,288 (79.7)	4,982 (83.9)	5,426 (86.1)
살인	58 (1.1)	86 (1.6)	65 (1.2)	59 (1.0)	64 (1.0)
강도	38 (0.7)	55 (1.0)	45 (0.8)	32 (0.5)	42 (0.7)
방화	101 (1.9)	111 (2.1)	87 (1.6)	122 (2.1)	126 (2.0)
성폭력	228 (4.2)	246 (4.6)	339 (6.3)	473 (8.0)	499 (7.9)
폭행	475 (8.8)	452 (8.4)	538 (10.0)	647 (10.9)	722 (11.5)
상해	643 (12.0)	540 (10.1)	585 (10.9)	563 (9.5)	606 (9.6)

절도	1,261 (23.5)	1,409 (26.3)	1,255 (23.3)	1,542 (26.0)	1,644 (26.1)
사기	223 (4.2)	210 (3.9)	268 (5.0)	272 (4.6)	255 (4.0)
폭처법	26 (0.5)	68 (1.3)	66 (1.2)	58 (1.0)	67 (1.1)
기타	807 (15.0)	874 (16.3)	1,040 (19.3)	1,214 (20.4)	1,401 (22.2)
특별법범죄	1,512 (28.1)	1,306 (24.4)	1,090 (20.3)	955 (16.1)	875 (13.9)
도교법	434 (8.1)	185 (3.5)	52 (1.0)	34 (0.6)	28 (0.4)
교특법	176 (3.3)	175 (3.3)	138 (2.6)	105 (1.8)	81 (1.3)
마약류관리법	103 (1.9)	127 (2.4)	117 (2.2)	132 (2.2)	165 (2.6)
유해물질관리법	174 (3.2)	200 (3.7)	158 (2.9)	111 (1.9)	61 (1.0)
기타	625 (11.6)	619 (11.6)	625 (11.6)	573 (9.7)	540 (8.6)

출처 : 2015 범죄백서(법무연수원, 2016)

전체 범죄 유형 중 정신장애자의 강력(흉악)범죄 발생 현황을 살펴보면, 2010년 425명에서 2014년 731명으로 최근 5년간 72% 증가하고, 같은 기간 전체 흉악범죄 중 정신장애자가 차지하는 비율도 1.5%에서 2.1%로 증가하였다. 특히 강력범죄 중 살인, 강도, 방화의 전체 발생 건수는 감소 추세에 있지만, 정신장애자의 인원과 각 범죄에서 차지하는 비율은 지속적으로 증가하는 것으로 나타났다.

〈표 25〉 전체 범죄 중 정신장애자의 강력(흉악)범죄 발생 현황

죄명	연도	2010	2011	2012	2013	2014
계	정신장애	425(1.5)*	498(1.7)	536(1.9)	686(2.0)	731(2.1)
	흉악범죄	28,134	29,382	28,895	33,780	34,126
살인	정신장애	58(4.6)	86(7.0)	65(6.4)	59(6.2)	64(6.8)
	살인범죄	1,262	1,221	1,022	959	938
강도	정신장애	38(0.9)	55(1.4)	45(1.7)	32(1.6)	42(2.6)
	강도범죄	4,402	4,021	2,626	2,001	1,618
방화	정신장애	101(5.4)	111(5.6)	87(4.6)	122(7.1)	126(7.4)
	방화범죄	1,886	1,972	1,882	1,730	1,707
성폭력	정신장애	228(1.1)	246(1.1)	339(1.5)	473(1.6)	499(1.7)
	성폭력범죄	20,584	22,168	23,365	29,090	29,863

* 각 범죄 중 정신장애자가 차지하는 비율
출처 : 2015 범죄백서(법무연수원, 2016)

범죄분석 자료에 따르면 정신장애자들의 범죄 동기는 우발적·부주의로 인해 발생하는 비율이 37.4%로 가장 높고 그 다음이 이욕(9.6%)과 호기심·유혹(6.3%) 순이다.

〈표 26〉 정신장애자 범죄 동기(2014년)

구분	계	이욕	우발·부주의	호기심·유혹	가정불화	현실불만	보복	기타(미상)
계	6,301	606 (9.6)	2,355 (37.4)	399 (6.3)	62 (1.0)	200 (3.2)	6 (0.1)	2,673 (42.4)

* 이욕은 생활비·유흥비·도박비 마련, 허영, 사치심, 사행심 등임
출처 : 2015 범죄백서(법무연수원, 2016)

대검찰청의 '묻지마 범죄 분석 및 대책 III'(범죄분석 2015에서 재인용)에 따르면 2012년에서 2014년까지 3년간 '동기 없는 범죄'에 대해 범죄 발생 원인을 분석한 결과, 정신장애 59건

(36%), 마약·알코올 등 남용 58건(36%), 현실불만 및 절망 39건(24%), 기타 7건(4%)으로 파악되었다. 또한 2012년에서 2015년까지 4년간 발생한 213건의 '동기 없는 범죄'를 분석한 결과에 따르면 마약·알코올 등 약물남용 85명(40%), 정신장애 68명(32%), 현실불만 49명(23%) 순으로 나타났다. 죄명별로는 상해 113건(53%), 살인 55건(26%) 순이며, 마약알코올 등 약물중독을 정신장애에 포함해서 적용해 본다면 '동기 없는 범죄'의 72%가 정신장애 때문인 것으로 해석할 수 있다.

아울러 이들의 범행은 다른 사람들 때문에 자신이 피해를 입고 있다고 착각하거나 다른 사람이 자신을 공격하려고 한다는 피해망상, 또는 다른 사람들이 대화하는 것을 보고 자신을 비웃는 것이라는 착각, 마약이나 본드 흡입으로 인한 환각, 알코올 남용으로 인한 충동조절 장애, 우울증 등 정신적 장애 상태로 인해 유발되는 것으로 설명된다.

3. 정신장애 범죄자 관리 및 치료실태

1. 정부 부처별 관리 및 치료실태

가. 보건복지부

1) 중증 정신장애자 지역사회 발견 강화

조현병[39]으로 치료받은 환자는 2014년 10만 4,000명으로 2010년에 비해 1만 명이 증가하였으나, 여전히 40만 명 정도가 치료를 받고 있지 않는 것으로 추정된다. 이는 주변에서 정신과 치료를 권유하더라도 정보부족, 사회적 낙인 우려 등의 이유로 노출을 꺼려하고, 현저

---

39) 조현병(schizophrenia)은 망상, 환청, 와해된 언어, 정서적 둔감 등의 증상과 더불어 사회적 기능에 장애를 일으킬 수도 있는 질환으로, 예후가 좋지 않고 만성적인 경과를 보여 환자나 가족들에게 상당한 고통을 주지만, 최근 약물 요법을 포함한 치료적 접근에 뚜렷한 진보가 있어 조기 진단과 치료에 적극적인 관심이 필요한 질환이다. 다소 생소할 수 있는 '조현병(調絃病)'이란 용어는 2011년에 정신분열증이란 병명이 바뀐 것이다. 정신분열증이란 병명이 사회적인 이질감과 거부감을 불러일으킨다는 이유로, 편견을 없애기 위하여 개명된 것이다. 조현(調絃)이란 사전적인 의미로 현악기의 줄을 고르다는 뜻으로, 조현병 환자의 모습이 마치 현악기가 정상적으로 조율되지 못했을 때의 모습처럼 혼란스러운 상태를 보이는 것과 같다는 데서 비롯되었다.(서울대학교병원 의학정보)

한 자해 또는 타해 위험이 없는 경우 정신장애자를 발견하거나 발견하더라도 서비스를 의뢰하기 어렵기 때문이다. 또한 강제적 외래치료에 대한 규정40)은 있으나 현장에서 원활하게 집행되지 못하며, 본인이 약물복용을 하지 않은 경우 재발되거나 증세가 악화되는 경우도 발생하기 때문이다.

아울러 정신장애자 생활시설, 중독자 재활시설 등 사회복귀시설은 전국 333개소에 불과하고, 이중 52%가 서울, 경기, 인천 등 수도권에 편중되어 있으며, 주간재활Day care을 받을 수 있는 프로그램 등 집중 서비스 제공 여건이 부족한 이유도 있다.

〈표 27〉 최근 5년간 건강보험 '조현병' 질환 진료인원 추이

구 분	2010년	2011년	2012년	2013년	2014년
진료인원(명)	93,931	96,265	100,980	102,227	104,057

출처 : '여성대상 강력범죄 및 동기없는 범죄 종합대책'(관계부처 합동, 2016. 6)

이러한 문제점을 보완하기 위해 보건복지부에서는 조현병 등 정신증을 조기에 발견하여 집중 관리하는 등 개입체계를 마련하기 위해 학교기반 교육·홍보 강화, 지역사회 연계 체계 구축 및 초기 개입을 위한 지원 모형을 개발 중이다.

아울러 가정 방문 시 정신건강문제를 가진 자를 발견한 경우 '정신건강증진센터41)'로 연계하여 심층 사정평가 후 정신의료기관에 의뢰, 사례를 관리할 수 있도록 지원할 계획이다.

---

40) '외래치료명령'은 기본적으로 정신질환을 가진 자에게 병원이 아닌 집이나 지역사회기관에서 살면서 필요한 치료를 받게 하는 제도이다. 「정신보건법」 제32조의2에 따르면 외래치료명령을 청구하기 위해서는 당해인이 보호의무자 또는 시장·군수·구청장에 의하여 강제로 입원되어 있어야 하며, 강제입원을 하기 전에 정신병적 증상으로 인하여 자신 또는 타인을 해한 행동을 했어야 하고, 누구에 의한 강제입원이든 보호의무자의 동의가 있어야 한다. 또한 외래치료명령 청구대상은 「의료급여법」에 따른 의료급여 수급권자, 국가·지방자치단체 또는 그 밖의 기관이나 단체로부터 진료비 지원을 받을 수 있는 사람 또는 보호의무자가 외래치료비용을 지급하기로 한 자(동법 시행령 제17조의2 제2항), 즉 외래치료비용을 지급할 수 있는 자로 제한되어 있다.
41) '정신건강증진센터'는 지역사회 내 정신질환자의 등록관리, 사례관리, 주간재활(Day care), 교육·훈련, 타 기관 연계 등 정신질환자 관리, 지역주민의 정신건강, 자살예방 등 지역사회 정신건강 증진사업을 수행하는 공공정신보건 전문기관이다. 2015년 기준 광역형정신건강증진센터는 15개소(국비 14, 지방비 1), 기초정신건강증진센터는 209개소로 총 224개소가 설치·운영 중이다(보건복지부 건강정책국 정신건강정책과, 2016 정신건강사업안내에서 발췌).

2) 개정 정신보건법에 따른 입원제도 개선

「정신보건법」이 「정신건강증진 및 정신질환자 복지서비스 지원에 관한 법률」로 2016년 5월 29일 전부개정(2017. 5. 30. 시행) 됨에 따라 고위험 정신질환자를 객관적으로 분별하고, 이를 시행규칙에 명확하게 규정하기 위해 현재, 강제입원 요건인 '자·타해 위험'을 질병 위주로 규정하고 있던 것에서 상태·사례·중증도 등을 종합적으로 고려하여 규정하는 방안을 모색 중이다.

그리고 보호의무자42)에 의한 입원보다는 모니터링이 원활하고 사회 안전에 대한 고려가 강한 '행정입원'을 활성화 할 계획이다. 이에 따라 관할 특별자치시장, 특별자치도지사, 시장, 군수, 구청장뿐만 아니라 경찰관도 정신질환으로 자신의 건강 또는 안전이나 다른 사람에게 해를 끼칠 위험이 있다고 의심되는 사람을 발견한 경우 정신건강의학과전문의 또는 정신건강 전문요원에게 그 사람에 대한 진단과 보호의 신청을 요청할 수 있다.

3) 외래치료명령제 실효성 제고

「정신보건법」 개정으로 검사명령 후 14일내 검사의무 규정, 구급대원 호송 규정, 자·타해 위험시 입원 연계조치 규정 등이 신설되었고, 외래치료명령 불응시 조치, 비용부담 등에 대한 구체적인 근거 규정도 마련되었다(2016. 12. 시행 예정). 외래치료명령 시 장기지속형(2~4주) 주사제 처방을 장려하여 약물 미복용으로 인한 부작용과 재발을 최소화하기 위해 노력하고 있다. 아울러 정신건강증진센터 내 전담 치료지원팀을 통해 외래치료명령자 대상 외래치료, 투약 여부, 상태 모니터링을 실시하고, 외래치료 또는 투약을 거부하는 경우 시장·군수·구청장에게 신고하도록 규정해 집행력을 확보하기 위해 노력 중이다. 중장기적으로 외래치료명령 대상자를 기존 퇴원 정신질환자에서 지역사회 거주 중증정신질환자로 확대를 검토하고 있다.

4) 지역사회 지원 강화

지자체 합동평가에 사회복귀시설 확충 내용을 반영하는 등 인센티브를 강화하여 지자체의

---

42) 「정신보건법」 제21조의 규정에 따라 보호의무자 범위 및 순위는 환자의 직계혈족 및 그 배우자, 생계를 같이 하는 친족(민법상 부양의무자, 민법 제974조)이고, 보호 순위는 당사자간 협정에 의하되, 협정이 없을 경우 법원이 결정(민법 제976조)하며, 친족의 범위는 배우자, 8촌 이내의 혈족 및 4촌 이내의 인척에 한한다.(민법 제777조). 또한 보호의무자가 없거나 그 의무를 이행할 수 없는 경우에는 당해 정신질환자의 주소지(주소지가 없거나 알 수 없는 경우에는 현재지)를 관할하는 시장·군수 또는 구청장이 그 보호의무자가 된다.

사회복귀시설 설치 및 운영을 독려할 예정이며, 지역사회 내 경찰과 정신건강증진센터 간 협조체계를 강화하기 위해 고위험 정신질환자의 사례관리나 응급상황 발생 시 정신보건전문요원과 경찰이 동행하여 현장을 지원할 수 있도록 개입을 내실화하기 위해 노력 중이다.

나. 경찰청

1) 자·타해 위험 정신질환자에 대한 적극적 조치

현행 법률 내에서 응급·행정입원의 전형적 사례(위험성이 명확히 인정되고 조치 가능한 경우)에 대해서 보다 적극적인 경찰 조치를 실시[43]하고, 정신질환자 판단용 체크리스트, 입원요청 기준 등 매뉴얼을 정비할 계획이다.

2) 고위험 정신질환자에 대한 국가적 관리체계 구축

공격성향이 높은 정신질환자가 이유 없이 치료를 중단하여 강력범죄 등을 저지르는 것을 예방하기 위한 시스템 마련을 위해 고위험 정신질환자 정보를 의료기관·경찰 등 관계기관이 공유하고, 이상 징후 포착·진단·입원 등 ONE-STOP 처리시스템을 구축할 계획이다.

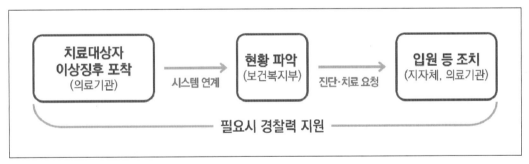

• 〈그림 10〉 고위험 정신질환자 ONE-STOP 처리시스템 구축(안) •

---

43) 2017년 5월 30일 시행 예정인「정신건강증진 및 정신질환자 복지서비스 지원에 관한 법률」제44조제2항에 따르면 경찰관은 정신질환으로 자신의 건강 또는 안전이나 다른 사람에게 해를 끼칠 위험이 있다고 의심되는 사람을 발견한 경우 정신건강의학과전문의 또는 정신건강전문요원에게 그 사람에 대한 진단과 보호의 신청을 요청할 수 있다.

2. 법무부 관리 및 치료실태(범죄예방정책국을 중심으로)

가. 치료감호

치료감호는 심신장애 상태, 마약류·알코올이나 그 밖의 약물 중독 상태, 정신성적 장애가 있는 상태에서 범죄행위를 한 자로서 재범의 위험성이 있고 특수한 교육·개선 및 치료가 필요하다고 인정되는 자에 대하여 적절한 보호와 치료를 함으로써 재범을 방지하고 사회복귀를 촉진하는 것을 목적으로 한다.

〈표 28〉 치료감호소 수용인원 현황 (2016. 7. 27. 기준)

계	정신장애(1호)	약물중독(2호)	정신성적장애(3호)	감정유치
1,145	948 (82.8)	47 (4.1)	101 (8.8)	49 (4.3)

출처 : 치료감호소 통합의료정보시스템

1) 분류심사 및 분리수용

치료감호소 입소 후 약 1개월간 각종 검사와 신체 및 정신상태 진단을 통해 증상에 따른 치료지침을 제시하고 담당 주치의를 지정한다.

또한 증상과 처분단계에 따라 중환자 및 신입피치료감호자는 검사병동, 여자피치료감호자는 여자병동, 심신장애자는 일반병동, 약물남용자는 약물중독재활센터, 정신성적장애자는 인성병동에 각각 분리수용하고 있다.

2) 심신장애자(1호 처분자)[44] 치료

치료감호소 수용환자의 83%를 차지하는 정신장애자의 망상 등 증상완화를 위해서 신약 처방 등을 통한 약물치료와 환자 자신의 정신적 문제 자각을 위한 정신치료, 증상을 유발하는 병적 인간관계 갈등 해결을 위한 환경치료[45] 등을 실시하고 있으며, 이외에도 심리극과 음악

---

44) 「치료감호법」제2조제1항제1호 : 「형법」제10조제1항에 따라 벌할 수 없거나 같은 조 제2항에 따라 형이 감경(減輕)되는 심신장애인으로서 금고 이상의 형에 해당하는 죄를 지은 자
45) 약물치료 이외 병동에서 이루어지는 모든 활동, 즉 사생대회, 합창제, 무용, 음악치료 등의 활동요법을 통해 병적 인간관계 갈등 해결을 위한 치료

치료 및 출소 후 자립을 위한 작업치료[46] 등의 특수치료를 실시하고 있다.

3) 약물중독자(2호 처분자)[47] 치료

약물중독자 치료를 위해 6개월 과정으로 단약과 단주 프로그램을 실시하고 있다. 특히 대표적인 프로그램인 행복 48단계[48]와 약물중독치료 매트릭스-K 프로그램[49]을 수료한 후에만 가종료 심사를 실시하고 있으며, 출소 후 자립을 위한 직업훈련 교육도 실시하고 있다.

4) 정신성적장애자(3호 처분자)[50] 치료

소아성기호증 등 정신성적 장애자의 왜곡된 성인식을 개선하여 올바른 성적 결정권을 확립하는데 효과적인 인지행동 치료프로그램을 집중 실시하고 있고 또한 공존질환 환자에 대해서는 향정신병약제 등 약물치료를 병행하여 실시하고 있다.

나. 보호관찰

2016년 6월 기준, 전체 보호관찰 대상자 49,095명 중 4,674명(9.5%)이 정신장애를 앓고 있는 것으로 조사되었고, 이중 소년이 1,457명(31.2%), 성인은 3,217명(68.8%)에 달하는 것으로 나타났다.[51] 정신장애를 앓고 있는 보호관찰 대상자의 재범률은 10.7%로 전체 보호관찰 대상자의 재범률 7.6%보다 3.1% 포인트나 높아 이들에 대한 재범방지 대책이 절실한 상황이다.

정신장애 보호관찰 대상자는 기소유예, 보호처분, 선고유예, 집행유예, 가석방 등 다양한 경로로 최소 1개월에서 5년까지 보호관찰을 받고 있으며, 소년 담당직원 209명, 성인 담당직원 225명이 정신장애 보호관찰 대상자를 지도·감독하고 있다.

---

46) 출소 이후 자립생활 능력과 직업능력 배양을 위해 건축도장, 타일, 조적실습, 제과제빵, PC정비 등의 직업재활훈련
47) 「치료감호법」제2조제1항제2호 : 마약·향정신성의약품·대마, 그 밖에 남용되거나 해독(害毒)을 끼칠 우려가 있는 물질이나 알코올을 식음(食飮)·섭취·흡입·흡연 또는 주입받는 습벽이 있거나 그에 중독된 자로서 금고 이상의 형에 해당하는 죄를 지은 자
48) 중독과 관련된 비합리적이고 왜곡된 삶의 태도를 변화시키기 위한 특정 교육기법
49) 장기간 약물사용으로 인한 자아의 반사회적 행동패턴을 인지하여 친사회적 공동체 생활로 변화를 위한 특정 교육기법
50) 「치료감호법」제2조제1항제3호 : 소아성기호증(小兒性嗜好症), 성적가학증(性的加虐症) 등 성적 성벽(性癖)이 있는 정신성적 장애인으로서 금고 이상의 형에 해당하는 성폭력범죄를 지은 자
51) 2016. 6. 전국 보호관찰소 정신장애·알코올 대상자 현황을 파악한 결과임

대상자의 숫자에 비해 많은 직원이 정신장애자를 담당하는 이유는 보호관찰을 실시할 때 대상자의 주거지(관할 구역), 소년 및 성인, 사범별 전담제52) 등을 기준으로 보호관찰을 실시하고 있기 때문이다.

정신장애 대상자만을 관리하는 전담 직원을 두지 못하는 현 상황에서 체계적으로 정신장애자의 심리치료 등을 지원하는 데는 한계가 있다.

다. 특정범죄자

2016년 6월 기준 치료감호 가종료 대상자 현재원은 741명이고, 이 중 심신상실 등 정신장애로 보호관찰을 받고 있는 대상자는 471명으로 추산된다. 이들 대상자들의 정신장애 유형으로는 조현병이 51%로 가장 높은 비율을 차지하고, 다음으로 양극성 정동장애(15%)가 높은 비율을 차지하고 있다. 기타 대상자는 충동장애 등 다양한 형태의 정신장애를 가진 것으로 분류된다.53)

가종료 대상자들은 「치료감호법」 제32조에 따라 치료감호가 가종료된 때부터 3년간 보호관찰을 받는다. 다만, 2008년 9월 1일부터는 '특정 범죄자 위치추적법'의 시행으로, 가종료되는 경우 치료감호심의위원회의 결정으로 성폭력, 살인, 미성년자 유괴, 강도의 죄를 범한 대상자에 한해 전자장치를 부착할 수 있다. 2016년 6월 기준 전국의 가종료 담당직원은 150명으로 이 중 전자감독을 겸임하고 있는 직원이 95명이다. 상대적으로 적은 대상자 수에 비해, 많은 직원이 가종료 대상자를 담당하고 있는 것은 현행 가종료 보호관찰이 주거지를 기준으로 보호관찰 담당직원을 결정하는 지역기반 관할 체제를 갖고 있기 때문이다.

재범위험성이 높은 가종료 대상자는 원칙적으로 집중 보호관찰대상자로 지정하고, 월 4회 이상의 강도 높은 면담을 진행하고 있으며, 재범위험성이 상위 10%에 들지 않는 경우에도, 가종료 대상자들은 최소 주요Ⅰ급 이상으로 관리하도록 하여 집중 관리체계를 구축하고 있다.

---

52) 사범별로 특화된 보호관찰을 실시하기 위해 2012년부터 성폭력, 약물, 폭력사범에 대해 기관평가 가·나군 기관에 대해 실시하였으며, 2016년 8월부터는 가·나군 기관은 성폭력, 약물, 치료감호 가종료 대상자에 대하여, 다군 기관은 성폭력, 약물사범에 대하여 사범별 전담제를 실시하고 있음

53) 현재 보호관찰 정보시스템(K-PIS)상 치료감호 가종료자의 원처분유형은 관리되고 있지 않아, 해당 통계는 2016년 5월 실시한 전국 가종료 담당직원 설문조사에서 확인된 수치임

라. 소년보호

연간 전체 소년원 입원자 중 우울증, 조현병 등 정신과 진단 및 치료 유경험자의 비율이 2011년 11.8%에서 2016년 6월 27.6%로 2.4배 증가하였다. 2014년 10월 실시된 국립서울병원 조사에서는 의심환자를 포함하여 서울소년원생의 43%가 충동조절장애 등 정신건강에 문제가 있는 것으로 나타났다.

〈표 29〉 연도별 소년원 정신병력자 현황

연 도 \ 구 분	신수용	정신병력자	비율(%)
2011	2,960	348	11.8
2012	3,429	393	11.5
2013	3,037	417	13.7
2014	2,363	525	22.2
2015	2,288	568	24.8
2016. 6.	965	266	27.6

출처 : 법무부 소년보호교육종합관리시스템(TEAMS)

아울러 소년원 내 정신장애자에 의한 난동, 자해, 폭력, 직원 위협 등 수용사고가 전체 수용사고 중 2011년 24.5%에서 2015년 54.0%로 증가하는 등 수용안전에 심각한 장애요인으로 부각되고 있다.

〈표 30〉 전체 징계자 중 정신장애자 비율

구 분	2011년	2012년	2013년	2014년	2015년
징계자	306	546	680	849	1,011
징계자 중 정신장애자	75 (24.5%)	158 (28.9%)	259 (38.1%)	346 (40.8%)	546 (54.0%)

출처 : 법무부 소년보호교육종합관리시스템(TEAMS)

그간 소년원에서는 대전소년원을 부속의원으로 지정하여 7호 처분자와 집중 의료처우가 필요한 9호·10호 처분자를 대상으로 치료 및 재활교육을 실시해왔다.

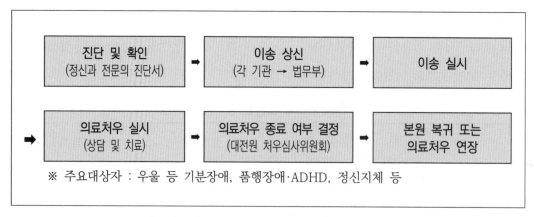

• 〈그림 11〉 대전소년원 의료·재활교육 운영 절차 •

아울러 대전소년원 이외의 각 소년원에서는 정신장애 소년원생에게 외부 정신과 진료와 투약 등의 방법으로 관리와 치료를 해 왔으며, 2015년 까지는 「보호소년 처우 지침」(법무부 훈령)에 따라 '특별지도소년'으로 지정하여 주 2회 이상 집중 상담 및 행동관찰을 실시하여 관리해 왔다.

2016년부터는 정신장애자의 체계적 관리 및 맞춤형 처우를 운영하기 위해 「보호소년 등의 의료에 관한 분류 및 처우지침」(법무부훈령)을 제정하였다. 이 지침에 따라 소년원별로 '심신 건강증진소년54)'을 지정하고, 이들을 '심신건강회복반55)'으로 편성하여 처우하고 있다.

---

54) 「보호소년 등의 의료에 관한 분류 및 처우지침」 제37조제1항 : 소년원장은 다음 어느 하나에 해당하여 특별히 관심을 가지고 지도할 필요성이 인정되는 보호소년을 심신건강증진소년으로 지정하여 지도할 수 있다. ①유해화학 등 약물 남용의 경험이 있는 소년, ②정신병력 전력이 있거나 정신과 약을 복용중인 소년, ③이상성격 또는 그 밖에 특이한 행동을 보여 교우관계 형성 및 기본 교육과정 운영에 지장을 초래하는 소년
55) 소년원 내 정신장애자에 대한 체계적인 분류와 적정 처우를 제공하고 보호소년 등의 건강 보호 및 증진을 위한 처우 과정으로 주 2회 이상 상담 및 행동관찰 실시하는 한편, 작업·미술·음악·무용·연극치료, 상담 등의 프로그램도 운영한다.

<표 31> 소년원별 심신건강회복반 운영 현황 ('16. 7. 31. 기준, 단위 : 명)

기관명	운영일	지정 인원	교육중 인원	완료 인원	전담 직원	비 고
서울	'16.5.04.	5	4	1	1	
부산	'16.5.12.	13	11	2	1	
대구	'16.3.31.	16	8	8	2	위드병원 협업
광주	'16.1.25.	11	5	6	1	광주청소년상담센터 협업
전주	'15.4.27.	31	6	25	4	원광대 동물매개치료학과 및 김동인신경정신과 협업
대전	-	-	-	-	-	의료재활 처우소년 전담
청주	'16.5.10.	5	1	4	2	외부 정신병원(우리들의원) 월1~2회 진료
안양	'16.1.11.	33	4	29	1	
춘천	'16.3.07.	7	4	3	1	
제주	'16.5.20.	5	4	1	1	
총 원		126	47	79	14	

출처 : 법무부 소년과

그리고 전문인력 부족을 해소하기 위해 국립정신병원, 대한신경정신의학회 등 의료기관 및 학술단체와 MOU 체결, 소아정신과 의사 등 전문인력 재능기부 등을 적극 유치하여 2016년 7월 31일 현재 전국 10개 소년원에서 29개 전문기관, 외부 전문가 57명이 참가하여 인지행동치료 프로그램 등 32개의 치료 프로그램을 운영하고 있다.

또한 문화체육관광부를 주축으로 법무부, 국방부, 교육부, 여성가족부, 경찰청 등 6개 부처가 참여하는 부처간 협업 사업에 참여하여 정신건강에 문제가 있는 소년원생을 위해 2015년 전국 8개 소년원에 2개 분야 9개 프로그램, 2016년 10개 소년원에 미술, 음악, 연극, 무용 등 4개 분야 22개 프로그램 등 문화예술 치유프로그램을 시행하고 있다.

대검찰청(2015), 2015 범죄분석. 서울대검찰청.

법무연수원(2015). 2015 범죄백서. 서울: 법무연수원.

이준우, & 손덕순. (2016). 정신보건사회복지론. 고양 서현사.

법무부, 여성가족부, 국가권익위원회, 보건복지부, 국가안전처, & 경찰청. (2016). 여성대상 강력범죄 및 동기없는 범죄 종합대책(안). Retrieved from http//m.mogef.go.kr/mobile2014/newsNotice/newsview.jsp?menu=news&boardmn gno=1&boardno=7221&bt=3

제13장 치료적 교정보호제도

1. 치료감호제도

형벌만으로는 교화·개선이 불가능한 상습범이나 정신장애 범죄자 등으로부터 사회를 보호하고 그들의 사회복귀를 촉진하기 위하여 치료감호 등 보안처분제도를 시행하고 있다. 치료감호는 범죄자에 대하여 형벌을 가하는 것이 아니라 범죄자들이 가지고 있는 정신적 문제로 인한 재범의 위험성을 치료하여, 사회를 보호하기 위한 격리수용을 수반하는 보안처분의 일종이다(법무연수원, 2014). 치료감호법은 치료가 필요한 범죄자에 대하여 자유형을 대체하는 강제적 치료제도를 마련하고 구체적인 치료방법과 기간을 실무에 일임하도록 법적 근거를 제시하고 있다.

치료감호 집행 중인 피치료감호자는 1981년 감호집행이 개시된 이래 2004년에 578명으로 증가했고, 이후에도 꾸준히 증가하여 2014년에는 수용인원이 1,149명에 이르렀다. 2014년 한 해에 새로이 치료감호를 받게 된 수용자는 308명으로 보고된다(법무연수원, 2014:420-422).

최근 5년간 피치료감호자의 죄명별, 전과횟수별, 정신장애 병명별 현황을 보면 다음과 같다(〈표 32〉 참조). 죄명별로는 살인죄가 가장 많고, 그 다음은 성폭력, 폭력, 방화, 절도 순으로 나온다. 전과횟수 면에서는 매년 초범이 60% 이상을 차지하고 있으며, 정신장애 유형면에서는 정신분열증이 다수로서 매년 40% 이상을 차지하며, 그 다음으로 정신지체, 조울증, 약물중독 순으로 높은 비율을 보인다.

1) 약물범죄인 치료감호

2003년 1월 치료감호소내에 설치된 약물중독재활센터는 징역형과 함께 치료감호처분을 받은 약물사범에 대하여 교도소가 아닌 독립된 치료시설에서 분리수용으로 약물중독자에 대한 통합적, 체계적인 치료활동과 단약교육 및 재활교육을 통하여 출소후 이들의 재범을 방지하고 건강한 사회인으로 복귀하도록 치료하는 것이 목적이다(김무진, 황재욱, 2005:95).

그러나 치료감호를 받고 사회로 복귀한 후 다시 약물관련 범죄를 저지르고 치료감호소로 돌아오는 환자들이 많은 것으로 볼 때, 현재의 치료감호소 치료가 적절한 것인지에 대한 점검이 필요하다. 따라서 치료감호소에서는 2001년부터 2004년 기간동안 단약교육을 수료하고 출소한 환자 235명에게 최종 약물 시기, 종류, 현재 단약여부, 현재 직업 등을 조사하는 설문지를 우편발송하는 조사를 실시하였다. 그러나 회수된 설문지는 11부(4.7%)에 불과하여 출소자의 사회복귀후 생활을 추적조사하는 것이 매우 힘들다는 것을 알 수 있다. 그나마 회수된 응답에서 의미있는 내용은 첫째 "치료감호소 입소가 약물치료하고 싶다는 욕구보다는, 감호소 생활이 일반교도소 생활보다 좋은 환경이기 때문에 선호한다"는 것이고, 둘째 "응답자 11명 모두가 치료감호소의 단약교육이 도움이 되긴 했지만, 단약을 계속 유지하는 데 가장 도움이 된 것은 취업"이라고 하였다. 향후 치료감호 대상자의 사회복귀후 생활을 추적관찰하는 경우는 치료감호소에서 가종료되어 보호관찰 처분을 받는 사람에 대하여 보호관찰제도를 활용한 추적관찰방법을 연구하는 것이 필요하다(김무진, 황재욱, 2005:104-107).

약물중독재활센터가 약물중독 범죄자의 수용과 치료의 2가지 기능을 수행하기 위한 기구조직 및 인력구성은 〈그림 12〉과 같다.

〈표 32〉 5년간 피치료감호자 현황

구 분		2010년	2011년	2012년	2013년	2014년
	계	887	948	1021	1122	1149(100%)
죄명별	살 인	297	297	318	334	340(29.6)
	성폭력	131	170	209	247	263(22.9)
	폭 력	127	149	163	180	195(17.0)
	절 도	80	70	66	64	58(5.0)
	방 화	54	62	62	63	71(6.2)
전과횟수	초 범	566	596	664	721	759(66.1)
	2 범	93	95	112	130	121(10.5)

	3 범	46	58	63	63	70(6.1)
	4 범	45	41	38	44	42(3.7)
	5범이상	137	158	144	164	157(13.7)
병명별	조현병	355	382	450	480	509(44.3)
	정신지체	100	82	86	89	104(9.1)
	약물중독	68	50	71	85	62(5.4)
	조울증	64	42	54	57	72(6.3)
	성격장애	52	33	38	44	38(3.3)
	간 질	25	25	28	26	20(1.7)

출처: 법무연수원(2015). 범죄백서.

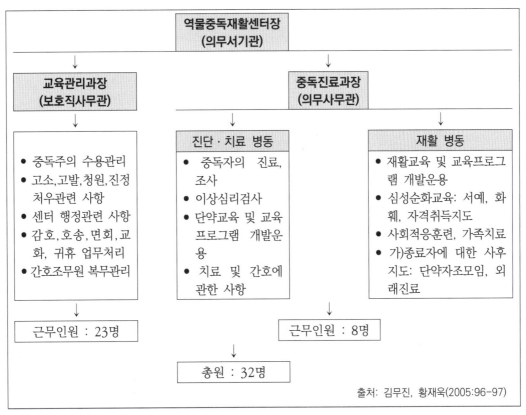

<그림 12> 공주치료감호소 약물중독재활센터 조직도

<표 33> 약물중독재활센터의 치료 및 교육내용

유 형	치료, 교육내용
진단	• 대상 및 기간: 입소 후에서 단약교육 실시전까지 단약교육 미이수자 대상(14일간) • 진단내용: 정신의학적 면담, 정신상태검사, 심리검사, 두부/흉부 X선 검사, 결핵검사, 임상병리검사, AIDS검사, 각성시 뇌파검사와 뇌기능검사 등을 통한 약물중독정도와 합병증 여부검사
치료, 단약교육	• 기간 : 8주 • 반편성: 향정반, 유해1반, 유해2반 등 3개반 편성 • 교육내용: 12단계(단약의지와 올바른 삶의 방향제시 등), 분노조절, 심리치료, 인지행동치료, 현실치료, 약물중독재발예방교육, 사회기술훈련 등
재활교육	• 기간: 단약교육 수료후 출소시까지 • 반편성 및 교육내용: -정보화교육반 : 컴퓨터 기초 -화훼반 : 온실관리, 꽃가꾸기 등 조경 -자격취득반 : 검정고시 등 자격취득반 -기타교육 : 사회성 지도 등 사회적응훈련, 사회극, 서예지도
기 타	• 심성순화를 통한 심리적 안정 → 직업훈련(교도소) → 자립기반 조성 → 안정된 사회정착 • 종교지도 : 기독교, 불교, 천주교 • 운동, 산책 : 치료병동, 재활병동 분리 실시 　-심신단련으로 건전한 가치관 확립　　-분기별 체육대회 실시 • 단약성공자 초청 강연회 : 매기 1회 • 영화관람　• 서예지도　• 사이버약물중독재활센터 운영
사후교육	• 약물중독 재발 예방을 위해 가정, 사회복지시설, 보호관찰소, 법무복지공단, 마약퇴치운동본부 등과 긴밀한 협조체제를 구축하여 일정기간 사후지도 실시 • 외래진료, 단약자조모임(NA) 참여독려 　-월 1회, 한국마약퇴치운동본부 송천쉼터, 지도자(정신과의사, 정신보건간호사, 사회복지사) • 사이버약물중독재활센터 • 외래진료기간 : 5년 (1차에 한해 5년 연장가능)　• 보호관찰기간 : 3년
수용관리상 어려움	장기간에 걸쳐 향정신성의약품(필로폰) 투여 및 유해화학물질 흡입으로 인해 뇌세포, 장기 등의 손상으로 신체적 결함은 물론이고, 성격 등 정신과적 장애가 있는 수용자들이라서, 수용관리가 어렵다. 다음의 심리성격적 특성을 가진다. • 책임감이 결여되어 있고 자기합리화 경향이 높다 • 충동적, 적대적, 공격적 성격으로 폭력 및 자해행위 상존 • 현실 안주정신의 만연과 인내심부족으로 근로정신 결여 • 부정적 자세, 욕구불만, 열등감, 자기비하 등으로 치료진에 대한 반항(욕설,폭력,공갈,협박 등) 빈번 • 반사회적 성격이 짙어 수시로 수용질서를 문란시키고 집단행동화: 폭력행위, 단식, 진료•투약•교육 거부 등 • 교도소 등을 전전하면서 수용악습에 젖어 고소, 고발, 진정 등으로 치료진을 압박함.

출처: 김무진, 황재욱(2005:99-101)

치료보호제도라 함은 마약류 중독자로서 2차 범죄를 저지르지 않은 사람에 대하여 정신적, 신체적 의존성을 극복시키고 마약사용의 재발을 예방하여 사회에 복귀시키기 위한 입원치료와 외래 통원치료를 말한다. 이는 법무부가 관장하는 시설수용, 보호관찰 등 처벌과 사회보호에 중점을 두는 기존 형사제도에서 탈피하여, 보건복지부산하 치료시설에서 실시하는 치료목적의 재활, 재사회화를 목적으로 하는 일종의 치료적 사법제도로서 일정기간 병원에 강제수용하여 중독자를 치료한다. 치료보호제도의 법률적 근거는 '마약류관리에 관란 법률'이고, 이 법의 소관 부처는 보건복지부이다(박성수, 2011:193).

치료보호에 의뢰되는 경로는 2가지가 있다. 첫째는 검찰이 의뢰하는 '기소유예조건부 치료보호'가 있고, 둘째는 약물중독자 자의로 입원하는 치료보호가 있다. 어느 경우든 치료비의 환자부담은 없으며(전액 무료), 국립정신병원은 자체 예산으로 하고, 그 외 병원은 국비 50%, 지방비 50%를 지급받는다. 2010년 경우에, 치료보호 대상자 231명 중 자의입원자 85%이고 검찰의뢰자는 14%이다. 일부이지만 보호관찰소에서 의뢰된 경우도 있다(박성수, 2011:198).

우리나라는 1990년에 이 제도를 도입하여 보건복지부에서 치료보호기관으로 전국 12개 국립병원을 지정하고 있으나, 국립 부곡병원에서 마약류중독자 치료보호의 90%를 담당하고 기타기관의 실적은 미미한 수준에 있다. 치료보호시설의 선택은 검찰측에서 담당하는데, 시설과 규모가 잘 되어 있는 국립부곡병원을 주로 선택하기 때문이다. 마약류사범에 대한 치료보호 비율을 보면, 2010년 경우 전체 마약류 사범이 9,732명이었으며 치료보호기관에 이송된 사람은 231명에 그치는 등, 마약류사범 중 밀매, 밀경 등 거래자를 제외한 실제 마약사용범은 검거자의 50%를 상회하고 있다. 그러나 전체 마약류 사범 중에서 치료보호기관에 이송된 사람은 231명에 그치는 등 치료보호실적은 매년 3~9% 수준에 불과하다(박성수, 2011:194).

〈표 34〉 우리나라 마약류사범 강제치료제도 유형

구 분	사회내 치료시설(병원) 수용		교정시설 수용		사회내 처우
제 도	치료보호제도		치료감호제도	형벌	보호관찰제도
	치료명령	치료조건부 기소유예	치료감호명령	징역형 처분	보호관찰처분
집행기관	12개 지정기관	12개 지정기관	국립법무병원 (공주치료감호소)	교도소 구치소	보호관찰소
대상요건	초범 등 경미한 마약사용자	마약중독자	금고이상의 형 약물중독 재범자	실형선고된 마약류사범	수강명령 사회봉사명령 대상자
절 차	치료보호심사 위원회(보건복 지부/지자체) 결정	치료보호기 관에 검찰 의뢰	검사의 감호청구 및 판사판결	판사판결	판사판결
치료가능기간	최장 12개월	최장 12개월	선고 기간	선고 형량	법이 정하는 시간
개입기간	2개월	2개월	선고 기간	선고 형량	법이 정하는 시간
개입방법	의료적 접근	의료적 접근	의료적 접근	교정처우	강의, 봉사활동 체험 등
종 료	기간종료 시	기간종료 시	기간종료 시	형기만료 시	심사신청

출처: 강은영, 2005; 박성수 2011 재구성

3. 이수명령제도 : 성범죄자 치료 중심

현행법상 성폭력치료 프로그램의 이수명령은 500시간의 범위 내에서 법원이 시간을 정하여 선고한다. 판결전 양형조사단계에서 피고인의 죄질이나 재범위험성을 감안하여 치료프로그램의 이수시간을 확정하고 있으나, 이수명령의 선고시에는 보호관찰관의 '판결전 조사'만 있을 뿐 '전문의 감정'을 청취하는 절차는 없다. 전문의 감정이 필요한 이유는 치료적 처분의 필요성과 치료강도를 결정하기 위한 것이므로 법률가의 규범적 관점 보다는 치료전문가의 임상적 관점이 중요하기 때문이다(이용식, 2015:22).

우리나라에서는 2011년 4월에 '성범죄의 처벌 등에 관한 특례법'이 일부 개정되면서, 징역형을 선고받은 교정시설내 성범죄자를 대상으로 하는 치료프로그램 이수명령이 부과되었다. 1단계에서는 형 확정후 6개월 이내에 징역형 선고와 함께 이수명령 100시간 이하를 선고받은 성범죄자를 대상으로 하는 '기본교육'을 실시하고, 2단계에서는 이수명령 200시간 이하를 선고받은 성범죄자를 대상으로 하는 '집중교육'을 실시하며, 3단계에서는 이수명령 200시간 이상을 선고받은 자를 대상으로 '심화교육'을 실시한다.

이수명령 프로그램의 내용은 일탈적 성폭력 행동의 평가, 개인 및 집단 상담, 심리교육, 성에 대한 건전한 이해를 위한 교육(성교육) 등이 포함되며, 구체적 내용은 교도소장이 선정하거나 법원에서 특정 프로그램을 지정하게 되어 있다(윤정숙 등, 2012:62).

전문적인 수용처우 관리기법을 적용하고 있는 북미, 유럽 등에서는 시설내 프로그램의 집행을 위해 가장 먼저 성범죄자를 분류하는 작업을 한다. 즉, 각각의 독특한 범죄동기와 성도착증세를 가진 성범죄자들에게 동일한 치료프로그램을 실시하는 것은 효과가 떨어지기 때문이다. 이들에 대한 분류심사 및 처우를 결정할 때 고려하는 가장 중요한 기준은 위험성risk 수준이다.

현재 법무부 지방교정청에 소속된 교정심리센터 등 심리치료전문 교정시설에서는 KSORAS(한국판 성범죄자 위험성 평가도구), HAGSOR(한림성범죄자 위험성 평가도구)가 개발되어 분류심사에서 위험도 확인을 위해 사용되고 있다. KSORAS는 성범죄 위험성과 관련된 정적 요인들을 평가하는 것으로서 문항내용 및 채점기준은 〈표 36〉에 제시하였다. 문항별 채점기준은 위험도가 높은 요소가 높은 점수를 받고, 총점이 높을수록 성범죄 재범위험성이 높다고 해석된다(윤정숙 등, 2012:64).

<표 35> 교정시설의 단계별 성폭력범 이수명령 실시내용

구분		기본교육	집중교육	심화교육
교육대상	(교정당국) 재범 위험성평가	재범위험성-저	재범위험성-중	재범위험성-고
		평가방법 : 면접, 기록물조사, 수용생활 등 성범죄자위험성평가도구(HAGSOR, KSORAS) 사이코패스체크리스트(HCL-R)		
	(법원)이수명령	100시간 이하	101-200시간	200시간 이상
교육시간		100시간 (1~3개월)	200시간 (3개월)	300시간 (6개월)
교육인원		10명기준 (8~15명)	10명기준 (8~15명)	10명기준 (8~15명)
교육진행		외부 단체 전담 직원	전담 직원, 외부단체 (임상, 상담심리관련 유자격자)	전담 직원(1팀2인) (임상,상담심리 전문가)
실시기관		전국 교정시설	집중교육기관 -100시간: 안양, 여주, 의정부, 창원, 안동, 대구, 공주, 충주, 순천, 목포, 전주 -200시간: 안양, 안동, 공주, 목포	(지방교정청산하) 교정심리치료센터 5개 -서울청: 서울남부 -대구청: 포항, 밀양(구) -대전청: 청주 -광주청: 군산

출처: 신기숙(2016.6월). "성범죄가해자 심리분석 및 치료방법". 한국교정교육상담포럼 연수자료.

<표 36> 성범죄자 위험성 평가도구 KSORAS 개별문항 및 채점기준

문항	위험 요인	채점 기준	점수
K1	피의자의 연령(만)	18-25세 미만 25-40세 미만 40-50세 미만 50세 이상	3 2 1 0
K2	혼인관계	혼인경험이 없음 혼인경험이 있음	1 0
K3	최초 경찰 입건 연령(만)	13세 미만 13-19세 미만 19-25세 미만 25세 이상	3 2 1 0

K4	본 범죄의 유형	직접적 성범죄 비 직접적 성범죄	3 1
K5	이전 성범죄 횟수	5회 이상 4회 3회 2회 1회 0	5 4 3 2 1 0
K6	폭력 범죄 횟수	3회 이상 1-2회 해당사항 없음	2 1 0
K7	총 시설수용 기간	5년 이상 2년 이상 – 5년 미만 2년 미만	2 1 0
K8	본 범죄 피해자의 연령	장애인 혹은 13세 미만 13-18세 미만 18세 이상	3 1 0
K9	본 범죄 피해자와의 관계	완전히 낯선 사람 친족 친족은 아니나 알던 사람	1 1 0
K10	봄 범죄 피해자의 성별	남성 여성	1 0
K11	본 범죄 피해자의 수	2인 이상 2인 미만	1 0
K12	본 범죄 피해자와의 나이 차	10세 이상 현저한 차이 그 외 큰 차이없음	1 0
K13	본 범행의 현저한 폭력 사용	해당사항 있음 해당사항 없음	1 0
K14	수용기간 동안의 문제행동 여부	해당사항 있음 해당사항 없음	1 0
K15	본 범행에 대한 책임수용	책임 회피 책임 수용	1 0

출처: 윤정숙 등(2012:67)

4. 성충동 약물치료(화학적 거세) 명령 : 성범죄자 치료

성충동 약물치료 일명 화학적 거세는 비정상적인 성적 충동이나 욕구를 억제하지 못하는 사람들을 위한 조치로서 성도착증 환자에게 약물투여와 심리치료를 병행하여 이들의 재범을 방지하고, 안정적인 사회복귀를 촉진하기 위한 제도이다. 우리나라는 2011. 7 18일 「성폭력

범죄자의 성충동 약물치료에 관한 법률」이 시행되었다.

성충동 약물치료는 성적 충동을 영구적으로 제거하는 외과적 거세surgical castration가 아니라 테스토스테론의 분비를 억제하는 호르몬을 주사하는 것으로 과도하게 높은 테스토스테론의 수치를 약화 또는 정상화시키는 조치이므로 인지행동 치료 등 심리치료의 병행이 필수적이다.

미국은 1996년에 캘리포니아에서 처음 도입한 이후 7개 주에서 시행하고 있으며, 13세 미만의 아동을 성폭행한 재범자에게 가석방시 강제적으로 집행한다. 폴란드는 2009년에 도입하였으며, 15세 미만의 아동이나 가까운 인척을 성폭행한 경우 모조건 화학적 거세를 시행하고 있다.

〈표 37〉 미국의 성충동 약물치료 시행 주와 주요 내용

주(state)	주요 내용	동의 여부
캘리포니아주	13세 미만 아동을 대상으로 하는 성범죄 초범자에게는 재량으로, 재범자에게는 의무적으로 치료명령 부과	불필요
플로리다	성폭행으로 유죄 선고 받은 자에 대하여 초범에게는 재량으로, 재범자에게는 의무적으로 치료명령 부과	불필요
아이오와	13세 미만 아동을 대상으로 하는 성범죄에 대하여 재량적으로, 중한 성범죄에 대하여는 의무적으로 치료명령 부과	불필요
루지애나	13세 미만 아동을 대상으로 하는 성범죄 또는 재범에 대하여 정신건강 치료계획에 명시 되어 있는 경우 의무적으로 치료명령 부과	불필요
몬태나	16세 미만 아동을 대상으로 하는 성범죄와 성범죄 재범에 대하여 재량적으로 치료명령 부과	불필요
오레곤	시범치료 프로그램으로 매년 성범죄로 유죄판결을 받은 40~50명 대상 치료명령 부과	불필요
위스콘신	13세 미만의 아동, 13세 이상 15세 이하의 아동에 대한 성폭행으로 유죄선고를 받은 자에 대하여 재량적으로 치료명령 부과	불필요

출처: 성폭력범죄자의 성충동 약물치료 업무매뉴얼, 법무부(2015. 6)의 내용참고

1) 성충동 약물치료 대상자

약물치료의 대상자는 재판을 받을 때 19세 이상이고, 성충동 약물치료의 대상이 되는 성폭력범죄를 저지른 성도착증 환자 또는 재범의 위험성이 높은 사람이다. 성범죄 피해자의 연령은 법 제정시에는 16세 미만으로 정하였으나 2013년 3월 법률을 개정하면서 피해자의 연령제한을 폐지하였다.

성충동 약물치료의 대상이 되는 성폭력범죄는 먼저 「아동·청소년 성보호에 관한 법률」에 의한 죄, 「성폭력범죄의 처벌 등에 관한 특례법」상의 죄, 형법 상의 강간, 강제추행, 준강간 등의 죄이다.

2) 성도착증 환자

성도착증에 대한 정의는 「치료감호법」 제2조제1항제3호에서 규정하고 있다. 성도착증 환자는 정신건강의학과 전문의의 감정에 따라 성적 이상 습벽으로 인하여 자신의 행위를 스스로 통제할 수 없다고 판명된 사람이다. 성도착증에는 소아성기호증, 성적 가학증, 의상도착증 등이 있다. 이들이 금고 이상의 형에 해당하는 성폭력 범죄를 저지를 때 약물치료의 대상이 된다.

3) 재범위험성

성도착증 환자로서 치료명령이 필요한 경우에 검사가 이를 청구하게 되며, 검사의 요청에 따라 보호관찰관이 재범위험성을 조사하게 된다. 성도착증 환자인지 여부는 정신건강의학과 전문의가 담당하지만 대상자의 재범위험성에 대한 조사는 보호관찰관이 하도록 하여 객관성을 담보 하도록 하고 있다.

4) 약물치료 기간

현재 약물치료를 받는 대상자는 3종류가 있다. 먼저 법원이 징역형 또는 치료감호를 종료한 이후에 치료를 받도록 치료명령을 선고한 경우이다. 이를 통상 형기종료후 대상자라고 한다.

둘째, 형 집행 중에 가석방의 요건을 갖춘 수형자가 약물치료에 동의하여 법원이 치료명령을 결정한 경우이다. 셋째, 치료감호심의위원회가 치료감호의 집행 중에 가종료 또는 가출소되는 피보호감호자에 대하여 치료명령을 부과하는 경우이다.

법원이 결정하는 경우는 최장 15년의 범위 내에서 선고하고(법 제8조, 제22조), 치료감호심의위원회에서 결정하는 경우는 보호관찰 기간의 범위에서 부과하며 최장 3년을 넘을 수 없다(법 제25조).

5) 성충동 약물치료의 집행

약물치료의 집행은 검사의 지휘에 따라 보호관찰관이 집행한다. 이 경우 피치료예정자는 모두 교정시설에서 석방되기 3개월에서 2개월 전에 치료감호소로 이송되어야 한다. 출소 2개월 전부터 치료감호소로 이송하여 치료를 하는 이유는 약물투여를 위한 사전 검사 및 약물투여의 효과 또는 부작용 등의 확인을 위하여 필요하기 때문이다. 1차적으로 피치료예정자가 치료감호소에서 2개월간 치료를 받고 난 이후에 출소하면 이들이 주거지 인근에서 손쉽게 치료를 받을 수 있도록 전국 10개 병원과 업무협약을 체결하고 있다.

〈표 38〉 치료기관 현황

연번	기관명	업무	소재지
1	치료감호소	감정 및 치료기관	공주
2	경북대학교병원	감정 및 치료기관	대구
3	고려대학교 안산병원	감정 및 치료기관	안산
4	국립중앙의료원	감정 및 치료기관	서울
5	서울대학교병원	감정 및 치료기관	서울
6	연세대학교 신촌 세브란스병원	감정 및 치료기관	서울
7	연세대학교 원주 기독병원	감정 및 치료기관	원주
8	원광대학교병원	감정 및 치료기관	익산
9	전주 예수병원	치료기관	전주
10	신창사랑병원	치료기관	광주

출처: 성폭력범죄자의 성충동 약물치료 업무매뉴얼, 법무부(2015. 6)의 내용참고

성충동 약물치료에 쓰이는 약물들은 남성의 전립선암, 여성의 자궁내막증 등을 치료하는 치료제로 사용되는 성선자극호르몬 길항제Gonadorpin Releasing Hormone Agonist; GnRH, CPACyproterone Acetate, MPAMedroxy Progesteron Acetate 등이며 충분히 검증된 치료제이다.

치료제는 경구용 알약도 있으나 투약 여부를 확인하기 곤란하여 주사제를 사용하고 있으며, 치료 주기는 1개월에서 3개월이다. 1인당 치료비용은 약물치료비용 약 180만 원, 호르몬 수치 및 부작용 검사 등의 비용 약 50만 원, 심리치료비용 약 270만 원 등 연간 약 500만 원이 소요된다.

〈표 39〉 치료약물 목록(법무부고시 제2014-393호)

구분	약물
성호르몬의 생성을 억제·감소시키는 약물(성폭력범죄자의 성충동 약물치료에 관한 법률 시행령 제8조 제1항제1호)	메드록시프로게스테론 아세테이트 (MPA, Medroxyprogesterone acetate)
	류프롤리드 아세테이트 (Leuprolide acetate)
	고세렐린 아세테이트 (Goserelin acetate)
	트립토렐린 아세테이트 (Triptorelin acetate)
성호르몬이 수용체에 결합하는 것을 방해하는 약물 (성폭력범죄자의 성충동 약물치료에 관한 법률 시행령 제8조제1항제2호)	사이프로테론 아세테이트 (CPA, Cyproterone acetate)

약물치료로써 약물 투여의 방법은 보호관찰관이 직접 치료기관까지 동행하여 약물 투여시 반드시 입회하여 확인하도록 되어 있다. 따라서 피치료자가 치료기간 동안에 치료제를 투약하지 않는 경우는 발생할 가능성이 거의 없다고 할 것이다. 그러나 피치료자가 도주하거나 치료효과를 상쇄시키기 위한 약물을 투약하는 방법으로 치료를 방해할 수 있는 가능성이 있다. 이의 방지를 위하여 보호관찰관이 월 1회 이상 대상자의 소변 등의 시료를 제출받아서 상쇄약물 투약 여부를 검사하게 된다. 대상자가 도주하거나 상쇄약물 등을 투약한 경우에는 7년 이하의 징역 또는 2천만원 이하의 벌금형을 받게 된다(법 제35조).

피치료자는 보호관찰을 받게 되는 것이므로 주거지 상주 및 생업 종사 등과 같은 일반준수사항과 특별준수사항을 지켜야 되는데 이를 위반할 경우는 3년 이하의 징역 또는 1천만원 이하의 벌금형에 처해진다(법 제10조제1항, 제2항 및 법 제26조)

법원 또는 치료감호심의위원회의 결정에 의하여 강제적으로 약물치료를 받는 경우는 비용을 국가에서 부담하지만 본인이 동의한 경우에는 치료비용을 본인이 부담하여야 한다. 다만 국민기초생활수급자이거나 최근 3개월간 소득이 없는 경우, 최근 1년간 일정한 수입원이 없거나 재산이 없는 경우는 국가에서 부담할 수 있다.

6) 심리치료 프로그램의 집행

성충동 약물치료는 대상자의 테스토스테론의 수치를 약화 또는 정상화시키기 위한 것으로 성충동을 억제하는 작용을 한다. 피치료자가 가지고 있는 왜곡된 성 관련 인식을 교정하지 않으면 그 효과는 제한적일 수 밖에 없다. 따라서 반드시 인치행동 치료 등 심리치료를 병행하여야 한다. 심리치료는 정신과 의사 또는 정신보건전문요원이 담당하게 되며, 심리치료 프로그램에는 다음의 내용이 포함되어야 한다.

1. 인지 왜곡과 일탈적 성적 기호의 수정
2. 치료 동기의 향상
3. 피해자에 대한 공감 능력 증진
4. 사회적응 능력 배양
5. 일탈적 성행동의 재발 방지
6. 그 밖에 성폭력범죄의 재범 방지를 위하여 필요한 사항

7) 심리치료 프로그램 내용

보호관찰소에서 진행하는 심리치료 프로그램은 크게 3개 과정으로 나누어져 있다. 성과 관련된 왜곡된 인지를 교정하기 위한 과정과 대상자의 재범방지를 위한 분노와 알콜 등 위험요인 감소와 자존감 향상, 소중한 사람과의 관계회복 등 보호요인의 향상 과정, 마지막으로

개방형 집단 프로그램으로 구성되어 있다. 심리치료 프로그램은 월 1회 이상, 매회 1시간 내외로 진행된다(영 제5조).

〈표 40〉 성관련 요인의 상담치료 내용

모듈	내용
1 동기증진	1-1 자기소개 및 프로그램 소개 1-2 사건 이후의 부정적 감정 다루기 1-3 약물치료, 위치관리 전자장치, 신상정보 등록 등에 대한 태도 1-4 사건 개요 털어놓기 1-5 불만족과 변화 1-6 인생 운전 : 자신 이해하기 1-7 인생목표 설정하기 1-8 법적 구성요소 이해하기 1-9 현행 법령 익히기 1-10 사건의 인정과 변화 : 영화 감상 1-11 본 사건에 대해 마음 열기
2 성교육	2-1 일탈된 혹은 왜곡된 성적 관심 2-2 성 관련 역사 탐색하기 2-3 건강한 성이란
3 인지적 왜곡	3-1 인지행동치료 모델 소개하기 3-2 인지적 왜곡 이해하기 3-3 성폭력 발생 당시의 기대 검토하기 3-4 성폭력의 계획성 인정하기(1) 3-5 성폭력의 계획성 인정하기(2-1) 3-6 성폭력의 계획성 인정하기(2-2) 3-7 성폭력의 계획성 인정하기(2-3) 3-8 강간통념의 수정 3-9 포르노그라피의 영향 점검
4 조망수용능력 증진	4-1 조망수용 연습하기 4-2 피해자의 고통 인식하기 4-3 피해자에 대해 새롭게 이해하기 4-4 역할극 4-5 편지쓰기

〈표 41〉 재범 방지를 위한 맞춤식 접근(위험요인 감소, 보호요인 증진)

모듈	내용
1 재범방지	1-1 재범방지 모델에 대한 소개 　● Wolf의 순환모델 　● Finkelhor의 전제조건모델 1-2 인생의 목적을 세우기 1-3 자신의 스트레스 대처방식 파악하기 1-4 스트레스에 대처하기
2 자기조절	2-1 나의 자기조절 역사 2-2 분노조절(1) : 분노의 원리 및 행동적 대처 2-3 분노조절(2) : 건강한 분노 2-4 분노조절(3) : 인지적 대처 2-5 자존감, 긍정적 감정을 채우기 2-6 술, 약물 조절 2-7 환경 조절
3 대인관계능력 증진	3-1 소중한 사람 3-2 대인관계 패턴 3-3 인생의 조언자 마련하기 3-4 가족과의 관계 회복하기

〈표 42〉 개방형 집단 프로그램

모듈	내용
1 핵심 프로그램	1-1 새 구성원 받아들이기 1-2 수료식
2 유지 프로그램	2-1 유지 프로그램 진행하기

8) 약물치료의 일시 중단

성충동 약물치료는 호르몬제를 사용하게 되므로 이에 따른 부작용이 있을 수 있다. 보호관찰관은 부작용에 대한 검사결과 피치료자의 신체에 회복하기 어려운 손상이 발생할 우려가 있다는 의사의 소견이 있으면 약물 투여를 일시 중단할 수 있다. 〈표 43〉는 약물에 따른 부작용을 예시로 든 것이다. 약물치료를 시행하는 동안에 발생할 수 있는 부작용들이다.

여기서 생각해 볼 점은 골밀도 감소와 관련된 부작용이다. 골밀도 감소는 고령자에게 흔히 나타나는 증상이므로 고령의 성범죄자는 대부분 골다공증을 앓고 있을 가능성이 높다. 약물치료 부작용 중에 골밀도감소가 있는데 골다공증을 앓고 있는 대상자에 대하여 성충동 약물치료를 시작할지 여부가 문제된다. 법령은 시행령 제11조제1항에서 치료명령을 집행하는 경우에는 부작용에 대한 검사 및 치료도 함께 실시하도록 규정하고 있고, 같은 조 제2항에서는 검사결과 대상자의 신체에 회복하기 어려운 손상이 발생할 수 있거나 그 밖에 약물 투여에 따른 부작용이 크다고 인정되는 경우에는 약물투여를 일시 중단할 수 있다고 규정하고 있다. 이는 성충동 약물치료 이전에 가지고 있던 지병을 치료하라는 것이 아니라 약물치료 중에 부작용이 발생한다면 이를 치료하고, 계속적인 성충동 약물치료 중에 신체에 회복하기 어려운 손상이 발생할 가능성이 있다면 이를 일시적으로 중지하라는 취지로 해석된다. 따라서 지병으로 골다공증을 가지고 있는 대상자의 경우에 우선 성충동 약물치료를 집행하면서 골다공증 등에 대한 치료를 병행하여야 할 것이다. 그러나 충분한 치료에도 불구하고 중대한 부작용이 예상될 경우에 보호관찰소장은 보호관찰심사위원회에 일시 중단에 대한 승인을 신청하여 처리하여야 할 것이다.

❶ 육아종
 - 성장성이 강한 섬유아세포와 모세관아세포를 함유한 육아조직의 종양모양 덩어리나 결절로써, 눈으로 보았을 때 크고 작은 결절(結節)이나 침윤이 전신에 퍼진 결정모양인 염증성 병변을 말함

❷ 오심(惡心)
 - 구역(nausea)을 말하는 것으로 보통 구토가 오기 전에 먼저 나타나거나 혹은 구토에 동반되어 나타남

❸ 쿠싱증후군(Cushing's Syndrome)
 - 부신피질에서 당질 코르티코이드가 만성적으로 과다하게 분비되는 것으로 부신종양(대부분이 악성 종양)에 의한 것이며, 드물게 암의 원인이 되기도 함

❹ 뇌하수체 기능부전
 - 뇌하수체 전엽에서 분비되는 호르몬 부족으로 생기는 질병

❺ 혈색전증(thrombosis)
 - 혈전이란 혈관 속에서 피가 굳어진 덩어리를 말하며, 혈색전증(혈전증)이란 혈전에 의해 발생되는 질환(특히 혈전에 의해 혈관이 막힌 질환)

❻ 골밀도 감소(bone density)
 - 골밀도란 뼈 발달과 함께 뼈 장애, 특히 골다공증과 관련해서 문제되는 뼈의 무기질 함량(bone mineral content)의 척도
 - 골밀도 감소에 따른 골다공증(골조송증: osteoporosis)의 발생은 성호르몬 치료 중 가장 일반적으로 우려되는 부작용으로, 뼈의 양이 감소하고 질적인 변화로 인해 뼈의 강도가 약해져서 골절이 일어날 가능성이 높은 상태를 말함
 - 골다공증 여부는 골밀도 검사를 통해 진단하고, 골밀도의 정도는 같은 인종, 같은 성별의 젊은 사람의 평균 골밀도에서 위, 아래 표준편차를 나타내는 T값으로 표시하며, 대개 T값이 -2.5 이하일 경우 골다공증으로 진단함

출처: 성폭력범죄자의 성충동 약물치료 업무매뉴얼, 법무부(2015. 6)의 내용참고

9) 치료기간의 연장

보호관찰소장은 피치료자가 약물치료를 계속하여야 할 상당한 이유가 있거나 보호관찰 준수사항 위반 등의 사유가 있는 경우에는 검사에게 치료기간의 연장 도는 준수사항의 추가 또는 변경을 신청하여 치료명령의 실효성을 확보하여야 한다. 다만 치료기간의 연장은 종전의 치료기간을 합산하여 15년을 초과할 수 없다.

10) 성충동 약물치료 절차도[56]

① 판결·결정 단계

청구 대상	사람을 대상으로 성폭력범죄를 저지른 19세 이상의 성도착증 환자로서 재범위험성이 있는 사람(정신과 전문의의 감정 필요)		

▼

판 결 · 결 정 단 계	징역형 등 종료 후	동의한 수형자 (동의 필요)	가종료/가출소
	▼	▼	▼
	진단이나 감정 - 필요조 건(정신과 전문의) 청구전조사 - 임의조건 (보호관찰소)	진단이나 감정 - 필요조건 (정신과 전문의) 청구전조사 - 임의조건 (2개월 이내, 보호관찰소)	결정 6개월 이내 진단이나 감정 - 필요 조건 (정신과 전문의)
	▼	▼	▼
	치료명령 청구(검사) (항소심 변론종결 시까지)	치료명령 청구(검사)	치료명령 결정 (치료감호심의위원회) (보호관찰 기간 내, 최 장 3년)
	▼	▼	
	치료명령 선고(법원) (최장 15년)	치료명령 결정(법원) (최장 15년)	

---

56) 법무부 성폭력범죄자의 성충동 약물치료 업무 매뉴얼 자료 14-15페이지를 참조 하였다.

② 치료명령 집행단계

| 판결문·결정문 접수 | ■ 징역형 종료 및 수형자 : 법원이 확정된 날로부터 3일 이내 송부
■ 가종료/치료위탁/가출소 : 치료감호심의위원회에서 결정문 즉시 통보 |

▼

치료명령집행	수용시설 수용단계	■ 주거지 관할 보호관찰소 전담보호관찰관은 개시 이전상태로 관리
	석방예정통보서 접수	■ 석방 3개월 전 통보 (수용시설 등에서 보호관찰소 통보)
	출소 전 치료감호시설 집행단계	■ 석방되기 전 2개월 이내에 치료명령 집행 -「의료법」에 따른 의사의 진단과 처방에 의한 약물투여 -「정신보건법」에 따른 정신보건전문요원 등 전문가에 의한 인지행동치료 등 심리치료 프로그램의 실시
	출소 후 보호관찰 단계	■ 전담보호관찰관 치료명령 집행 -「의료법」에 따른 의사의 진단과 처방에 의한 약물투여·부작용 검사 -「정신보건법」에 따른 정신보건전문요원 등 전문가에 의한 인지행동치료 등 심리치료 프로그램의 실시 ■ 지도감독 - 처우계획 수립, 월 1회 이상 상쇄약물 투약여부 검사 - (특별)준수사항 및 의무사항 관리·감독 - 기간연장(총 합산 15년 이내), 준수사항 추가 또는 변경 - 보호관찰 분류감독지침에 따른 지도·감독 실시 ■ 가해제 신청 - 신청권자 : 보호관찰소장 또는 피치료자·법정대리인 - 결정 : 보호관찰심사위원회 ※ 6개월 주기로 신청 가능

▼

| 종료 | 종료사유 발생 시 | ■ 치료 기간 경과
■ 형 선고효력 상실(사면) |

1) 치료감호

① 치료감호소의 열악한 환경 개선 및 치료감호시설 확대

치료감호소의 시설 노후화와 피치료감호자의 과밀수용 등 열악한 치료환경 때문에 치료의 질을 담보하기 어려운 상태이므로 양질의 치료환경을 제공하여 재범을 예방하기 위해서는 노후 시설 개선과 유휴병동 운영을 위한 간호 인력 확보[57]가 필요한 실정이다.

법무부장관이 국립정신의료기관을 법무병원으로 지정[58]할 수 있게 됨에 따라 2015년 8월 국립부곡병원 내에 50병상의 사법병동을 개설하였다. 하지만 1개 병동으로는 다양한 치료프로그램 등을 실시하고 각종 비상상황에 대처하기에 시설과 인력측면에 어려운 점이 많다. 따라서 보다 다양한 프로그램 실시와 안정적인 병동 운영을 위해서는 사법병동 확대가 필요하다.

② 정신질환 범죄자에 대한 포괄적 치료시스템 구축

범죄백서(2015)에 의하면 정신질환자가 저지른 강력범죄가 2010년 425명에서 2014년 731명으로 증가추세를 보이고 있다. 그러나 치료감호 처분을 받은 자는 2010년 332명에서 2014년 308명으로 오히려 감소하였다.

반면 정신질환을 앓고 있는 교정시설 수용자는 2011년 1,539명에서 2015년 2,880명으로 급증하고 있는 상황을 고려할 때 정신질환을 앓고 있는 환자는 모두 정신과전문의의 적절한 치료와 각종 프로그램을 통해 재활의 기회를 가질 수 있도록 하는 지원이 필요하다.

따라서 궁극적으로는 교정시설에 수용 중인 정신질환자도 치료가 필요한 한도 내에서 치료감호시설에서 치료하여 재범을 예방하고 안전한 사회복귀를 촉진할 수 있도록 치료감호 시설과 인력을 충분히 보강하여 포괄적 치료시스템을 구축하여야 한다.

---

57) 1개 병동 운영을 위해 간호인력 14명(간호사 6명, 간호조무사 8명) 필요
58) 「치료감호법」 제16조의2제1항제2호에 따라 국가가 설립·운영하는 국립정신의료기관 중 법무부장관이 지정하는 기관(지정 법무병원)은 치료감호시설이 될 수 있다.

① 정신질환 대상자의 지도감독 강화

전문 인력이 부족한 현실에서 정신질환 대상자를 효율적으로 관리하기 위해서는 선택과 집중이 필요하다. 재범위험성이 낮은 일반 대상자에 대해서는 적극적으로 임시해제 조치를 취하거나 일반Ⅰ, Ⅱ등급으로 재분류하여 보호관찰 업무량을 줄이고, 정신질환을 앓고 있는 대상자는 원칙적으로 주요Ⅰ이나 집중 등급으로 지정하여 대면접촉 등 지도감독을 강화함으로써 이들의 생활실태를 상시 파악하여 적시 대응할 수 있도록 하여야 한다.

재범위험성이 높은 중증 정신질환 대상자의 경우에는 가족의 동의나 지자체의 협조를 얻어 적극적으로 보호자 동의입원·행정입원 절차에 돌입하여 대상자가 적합한 치료를 받을 수 있도록 지원하고, 정신과 진료나 약물치료를 거부하는 경증 대상자에 대해서는 법원에 특별준수사항을 신청하여 인용결정을 받아 통원·입원 치료에 대한 강제성 및 실효성을 확보할 필요가 있다.

장기적으로는 중증 정신질환으로 인해 재범위험성이 특히 높은 대상자에 대해 보호관찰소장이 행정입원을 직접 청구할 수 있도록 권한을 부여하는 방안 등에 대한 면밀한 검토가 요구된다.

② 치료명령제도의 활용 확대

정신질환 혹은 문제음주 경향을 가진 피고인에 대하여는 2016년 12월 시행예정인 '치료명령제도'를 적극 활용하여 선제적으로 위험성을 관리하여야 한다.

보호관찰관은 판결전조사 등 관련 조사시 정신건강에 문제가 있거나 문제가 있는 것으로 의심되는 피의자 또는 피고인에 대하여 치료명령부과 의견을 적극 개진하여, 구형단계에서 치료명령이 적절하게 청구될 수 있도록 노력할 필요가 있다.

③ 치료협의회 등 사회자원활용

2016년 12월 치료명령제도 도입과 관련하여 「치료감호 등에 관한 법률 시행령」 제31조에 보호관찰소의 장은 치료의 집행에 관련되는 사항을 협의할 필요성이 있는 경우 보호관찰관, 정신건강의학과 전문의, 정신보건전문요원 등 전문가로 구성된 치료명령 협의체를 운영하도록 규정하고 있다.

또한 2013년 5월 서울보호관찰소와 국립서울병원은 정신질환 등이 있는 대상자에 대한 상담 및 치료지원 협약을 맺고, 정신질환 대상자에 대한 치료적 면담(782회) 및 심층면담(116명)을 실시하고 있다. 특히 매주 1회 2시간씩 심리치료 프로그램을 진행한 결과, 정신질환을 가졌거나 가진 것으로 의심되는 대상자 21명 중 재범을 저지른 자는 2명(9.5%)에 불과했던 것으로 나타났다. 같은 기간 심리치료를 받지 않은 동종집단 대조군의 재범률이 26.9%에 달했던 점을 감안할 때, 가용 사회자원을 활용한 치료적 접근의 효과성과 적실성은 의심의 여지가 없다고 할 수 있다.

④ 전담부서 신설 및 정신보건전문요원 충원

2016년 12월 치료명령제도가 도입될 경우 2017년 치료명령 대상자는 4천명(대검찰청, 2015) 가량에 이를 것으로 추정된다. 정신건강 관련 집중적인 관리가 필요한 보호관찰 대상자의 숫자는 계속하여 증가할 것으로 예상되고 있다.

증가하는 정신질환 대상자의 효율적 관리 및 치료를 위해서 미국, 영국 등의 사례와 같이 정신건강 관련 전담 부서를 보호관찰소 내에 신설함과 동시에 정신보건 전문요원을 충원하여 대상자로 하여금 보호관찰 기간 중 지속적으로 심리치료를 받아 성공적으로 사회에 복귀할 수 있도록 지원하는 방안을 검토하여야 한다.

7. 특정범죄자

전자감독부착장치를 착용하고 있는 특정범죄자의 경우 재범위험성이 높은 대상자는 성범죄자이며 이들의 재범방지를 위해서는 정신질환 관리와 복약관리가 중요하다.

① 전담직원 전문성 향상

지역기반 보호관찰의 한계 극복을 위해 현행 「보호관찰 대상자 지도감독 지침」상 약물(2호) 대상자는 약물 전담제, 성폭력(1호·3호) 대상자는 성폭력 전담제, 가종료 대상자 중 전자감독 대상자는 전자감독 전담제에 포섭하고 이들을 제외한 가종료 정신질환(1호) 대상자를 전담하는 '가종료 전담 보호관찰관제'를 도입하였다. 다만 전담제의 도입이 직원의 전문성 향상을 의미하는 것이 아니므로 전담 직원에 대한 지속적인 교육이 요구된다.

② 준수사항 이행확인 실효성 강화

복약의무의 실질적 점검을 위해, 가종료 대상자의 소변 시료를 채취하여 국립과학수사연구원에 복약여부에 대한 정밀검사를 의뢰하는 '국립과학수사연구원 복약 검사제'[59]를 도입하였다.

③ 정신질환 관리의 효율성 추진

특별준수사항이 부과되고 있는 '보호관찰관 의료기관 동행지시 순응의무', '의사성명, 치료기록 및 투약처방전 제출의무' 등 치료관련 준수사항을 철저히 확인하고, 집중대상자에 대해서는 가급적 지도감독 초기에 병원에 동행하여 대상자의 정확한 의료상태를 파악하며, 보호관찰 집행 협조 요청을 실시할 필요가 있다.

④ 가종료 보호관찰 실효성 강화 추진

복약 거부 등 중대 준수사항 위반 대상자에 대한 준수사항 추가·변경 및 구인대상자에 대한 유치제도 도입, 적극적인 가종료 취소 실시 등 준수사항 위반양태와 사회내 위험성을 종합적으로 고려한 보호관찰 실효성 강화가 필요하다.

---

59) '국과수 복약검사제'는 소변시료 채취 후 대상자에게 제출 받은 처방전과 함께 지역 국과수에 정밀검사를 의뢰, 국과수에서 처방전에 포함된 약물성분이 시료에 포함되어 있는지 정밀검사 후 통보하는 제도로 2016년 6월 국과수와 업무협의를 완료하였다.

① 인력 및 시설 인프라 확대

「보호소년 등의 의료에 관한 분류 및 처우 지침」에 따라 2016년 8월 현재, 의료·재활교육을 전담하고 있는 대전소년원을 제외한 전국 9개 소년원에서 '심신건강회복반'을 운영 중에 있는데, 이 제도가 조기에 체계적으로 정착되어 교정교육의 효과성이 높아질 수 있도록 정신보건 전문 인력 채용이 절실하다. 이러한 치료적 개입은 흉악한 범죄로 사회적 문제가 되고 있는 사이코패스, 반사회적 성격장애 등 성인 정신질환 범죄자로의 전이를 차단하는데 기여할 수 있을 것이다. 또한 정신장애(조현병, 조울병 등), 지적장애(정신지체), 정서미숙 및 사회부적응(품행장애, 과잉행동장애) 소년 등 정신질환 소년원생들의 체계적 치료 및 재활을 위해 의료소년원 신설이 필요하다. 의료소년원 신설은 의료처우 대상소년에게 적합한 치료 및 재활교육을 제공하여 실질적인 정신건강 증진 및 신체질환 극복을 도울 수 있고, 의료소년원 이외 타 소년원 내 의료처우 대상자 분리를 통한 수용안정 및 교정교육 집중도 제고에 기여할 필요가 있다.

② 정신질환 치유프로그램 전문성 및 유관기관 연계 강화

현재 정신질환 소년원생에 대한 전문적 의료관리를 위해 문화체육관광부, 국립정신병원 및 대한신경정신의학회 등 관계기관과 MOU 체결을 통해 전문 상담 및 치료 프로그램들이 지속적이고 안정적으로 운영될 수 있도록 연계를 강화해야 한다. 아울러 정신질환의 치료 및 관리가 지속적으로 필요한 소년원생의 경우 출원 후에도 건강하게 사회에 정착하여 생활할 수 있도록 거주지 내 정신건강증진센터 등 유관기관과 연계를 강화할 필요가 있다.

2016년 6월 1일 정부는 국무총리 주재로 법질서 관계 장관회의를 열고, '여성대상 강력범죄와 동기 없는 범죄 종합 대책'을 발표함으로써 정신질환자나 재범 우려가 있는 범죄자들에 대한 관리가 크게 강화되었다. 타인을 해할 우려가 있는 정신질환자에 대해서 경찰이 적극적으로 입원조치를 취할 수 있도록 '행정입원'을 강화하는 한편, 인권침해 소지를 줄이기 위한

'인신보호관[60] 제도' 등을 도입할 예정이다. 이처럼 정신질환자 범죄는 일차적으로 사회방위와 의료시스템의 정비가 필요하지만, 궁극적으로는 정신질환자가 가족, 이웃들과 조화를 이루며 생활할 수 있도록 지원하는 사회시스템의 구축이 요구된다.

정신장애 범죄자는 다른 일반 범죄자와는 구별되는 생물학적 배경과 가족역동, 방어기제, 사회규범의 학습 능력 등을 가진 사람들로 이들이 가진 장애에 대한 치료는 쉽지 않을 뿐만 아니라 다양한 분야의 전문가들에 의한 치료적 개입과 치료 환경이 필요하며 치료 기간도 오랜 시간이 필요하다. 그리고 특정 장애의 경우에는 평생 동안 관리가 필요한 경우도 있기 때문에 지속적이고 개별적인 처우는 필수적이라 할 수 있겠다. 따라서 정신장애 범죄자가 적절한 보호와 치료를 통해 범죄행동을 하지 않고 건전한 사회복귀가 가능하기 위해서는 다양한 분야의 전문가에 의해 전문적이고 적극적인 치료적 개입이 필요하다.[61]

---

60) '인신보호관'은 법무부 인권국 소속 직원으로, 평소 정신병원, 요양소 등 수용시설에 부당한 수용 여부를 점검하고 억울하게 수용된 사람을 발견해 법원에 구제를 청구해주도록 검사에게 신청하는 역할을 담당한다.

김무진, 황재욱(2015). 치료감호소 약물중독센터 운영현황. 한국마약최치운동본부 자료집 (p.99-107).

대검찰청(2015). 2015 범죄분석.

박성수(2011). 마약류중독자의 치료보호제도 개선방안. 교정연구, 51, 191-202.

법무부(2015a). 성충동 약물치료 제도안내. 법무부. (pp. 1-18).

법무부(2015b). 성폭력범죄자의 성충동 약물치료 업무매뉴얼. 법무부

법무연수원(2015). 2015 범죄백서.

Marshall, W.L., Marshall, L.E., Knight, R.A., & Sims-Knight, J.E., & 이수정(2012). 성범죄자를 위한 치료프로그램 개발 및 제도화방안(1). 서울: 한국형사정책연구원.

이용식(2015). 성폭력범죄자에 대한 치료처우의 개선을 위한 법제도적 고찰. 교정연구, 66(1), 7-32.

치료감호법

제 1조(목적) 이 법은 심신장애 상태, 마약류·알코올이나 그 밖의 약물중독 상태, 정신성적(정신성적) 장애가 있는 상태 등에서 범죄행위를 한 자로서 재범(재범)의 위험성이 있고 특수한 교육·개선 및 치료가 필요하다고 인정되는 자에 대하여 적절한 보호와 치료를 함으로써 재범을 방지하고 사회복귀를 촉진하는 것을 목적으로 한다.

제 2조(치료감호대상자)① 이 법에서 "치료감호대상자"란 다음 각 호의 어느 하나에 해당하는 자로서 치료감호시설에서 치료를 받을 필요가 있고 재범의 위험성이 있는 자를 말한다. 〈개정 2014.12.30〉

　1.「형법」제10조제1항에 따라 벌할 수 없거나 같은 조 제2항에 따라 형이 감경되는 심신장애인으로서 금고 이상의 형에 해당하는 죄를 지은 자

　2. 마약·향정신성의약품·대마, 그 밖에 남용되거나 해독(해독)을 끼칠 우려가 있는 물질이나 알코올을 식음(식음)·섭취·흡입·흡연 또는 주입받는 습벽이 있거나 그에 중독된 자로서 금고 이상의 형에 해당하는 죄를 지은 자

　3. 소아성기호증(소아성기호증), 성적가학증(성적가학증) 등 성적 성벽(성벽)이 있는 정신성적 장애인으로서 금고 이상의 형에 해당하는 성폭력범죄를 지은 자

② 제1항제2호의 남용되거나 해독을 끼칠 우려가 있는 물질에 관한 자세한 사항은 대통령령으로 정한다.

제 16조(치료감호의 내용) ①치료감호를 선고받은 자(이하 "피치료감호자")에 대하여는 치료감호시설에 수용하여 치료를 위한 조치를 한다.

②피치료감호자를 치료감호시설에 수용하는 기간은 다음 각 호의 구분에 따른 기간을 초과할 수 없다.

　1. 제2조제1항제1호 및 제3호에 해당하는 자 : 15년

　2. 제2조제1항제2호에 해당하는 자 : 2년

제 16조의2(치료감호시설) ①제16조제1항의 치료감호시설은 다음 각 호의 시설을 말한다.

　1. 치료감호소

　2. 국가가 설립·운영하는 국립정신의료기관 중 법무부장관이 지정하는 기관(이하 "지정법무병원")

②지정법무병원은 피치료감호자를 다른 환자와 구분하여 수용한다.

제 17조(집행 지휘) ①치료감호의 집행은 검사가 지휘한다.

피치료감호자 분류 및 처우관리 준칙(법무부 훈련 제1025호, 2015.12.4. 개정)

제3조(분류심사의 목적) 분류심사는 정신의학, 심리학, 사회학 기타 전문적 지식과 기술을 기초로 하여 검사, 진찰, 상담 등의 방법에 의하여 다음 각 호의 사항을 명백히 하기 위하여 진료심의위원회에서

심의를 거쳐 소장이 결정한다.

1. 분류급의 결정 또는 변경
2. 수용병동의 결정 또는 변경
3. 치료, 감호, 교육 등 개별처우계획 의 결정 또는 변경

제6조(분류심사사항) 분류심사는 다음 각 호의 사항에 대하여 실시한다.

1. 병력관계   2. 전과관계   3. 가족관계   4. 생육관계
5. 교육관계   6. 신체상태   7. 정신상태

제7조(분류심사방법) 분류심사를 함에 있어서는 정신의학, 심리학, 교육학, 사회학 등을 기초로 하여 다음 각 호의 방법으로 심사하여야 한다.

1. 일반의학적검사, 정신의학적검사, 심리학적검사, 약물검사 등을 통하여 신체 및 정신상태를 파악한 다음 심신장애 또는 마약류 등에 중독된 정도에 맞는 환경요법, 정신요법, 약물요법, 활동요법, 가족요법, 그 밖의 각종 치료방법을 결정한다.
2. 현병력, 가족력, 개인력을 조사하여 정신과적 내력 및 환자의 인격을 알아보고 적정한 치료계획을 수립한다.
3. 문진과 면접 및 관찰을 통하여 의사와 피감호자 사이의 정신의학적 치료관계를 형성한다.
4. 범죄의 동기와 회수를 조사하여 개선의 곤란도와 사고발생의 가능성 여부 등 보안상의 위험도를 측정한다.
5. 출생, 성장과정 및 교육정도를 통하여 가정환경, 교양 및 지능지수를 측정하여 개선교육에 필요한 계획을 수립한다.
6. 보호자의 유무, 근친, 교우관계 및 출소 후 생계관계와 경제적, 사회적 자립능력을 조사하여 사회복귀대책에 필요한 자료를 수집한다.

제11조(피감호자의 분류) ①피감호자는 각 정신질환별로 심신장애의 정도 또는 마약류 등이나 알코올식음 등의 습벽 및 중독된 상태, 정신성적 장애의 정도에 따라 다음 각 호와 같이 분류한다.

1. 양호 : 치료의 경과가 극히 양호하고, 약물 또는 통원치료만으로 치료가 가능할 것으로 예상되나 향후 일정기간 정신의학적 관찰이 필요하다고 판단되는 자
2. 경증 : 심신장애, 마약류 등이나 알코올 식음 등의 습벽 및 중독된 상태, 정신성적 장애의 정도가 경미하고, 통상적인 치료만으로 사회복귀가 예상되며, 자해 또는 타인을 위해할 위험이 현저히 감소되었다고 판단되는 자
3. 중증 : 심신장애, 마약류 등이나 알코올식음 등의 습벽 및 중독된 상태, 정신성적 장애의 정도가 중하고, 정신과적인 전문적 집중 치료가 필요하며, 자해 또는 타인을 위해할 위험이 있다고 판단되는 자

② 피감호자에 대한 정신질환별 분류는 한국표준질병사인분류에 의한 정신장애 분류기준표에 의한다.

제59조(감정대상 및 기간) ①형사사건의 피의자 또는 피고인의 정신상태에 대한 감정이 필요하여 법원

또는 검찰 및 경찰로부터 정신감정(이하 "감정"이라 한다)의뢰된 자를 대상으로 한다.

② 감정기간은 감정유치영장이 정한 기간에 의하되 감정목적상 필요한 경우 소장은 감정을 의뢰한 기관에 유치기간연장을 요청할 수 있다.

제60조(감정내용 및 방법) ①감정내용은 다음 각 호와 같다.

1. 정신질환 유무, 정신성적 장애 유무

2. 마약류 등이나 알코올 등 인체에 해로운 물질의 식음, 섭취, 흡입, 흡연 또는 주입받는 습벽이 있거나 그에 중독여부

3. 범죄와 관련성 여부 및 기타 감정의뢰 기관이 요구하는 법정신의학적 판단을 필요로 하는 사항

② 감정방법은 다음 각 호와 같다.

1. 소장은 감정상 필요한 때에는 병원, 시·읍·면사무소, 법원·검찰청·교도소·경찰서, 학교, 보호단체, 법정대리인등, 기타 직업상 관계 있는 자 등에게 조회하여 필요한 사항을 회보 받을 수 있다.

2. 감정의사는 진단 및 감정사항 등을 진료심의위원회에 회부하여야 한다.

제61조(감정의사) 소장은 감호소 소속 정신건강의학과 전문의 1인을 감정의사로 지정하여 피감정인의 입소일로부터 출소할 때까지 감정 및 최소한의 정신건강의학과적 치료를 담당하도록 하여야 한다.

참고   치료보호제도 근거 법률 : 마약류관리에 관한 법률   CRIMINAL MAN

제40조(마약류 중독자의 치료보호)

① 보건복지부장관 또는 시·도지사는 마약류 사용자의 마약류 중독 여부를 판별하거나 마약류 중독자로 판명된 사람을 치료보호하기 위하여 치료보호기관을 설치·운영하거나 지정할 수 있다.

② 보건복지부장관 또는 시·도지사는 마약류 사용자에 대하여 제1항에 따른 치료보호기관에서 마약류 중독 여부의 판별검사를 받게 하거나 마약류 중독자로 판명된 사람에 대하여 치료보호를 받게 할 수 있다. 이 경우 판별검사 기간은 1개월 이내로 하고, 치료보호 기간은 12개월 이내로 한다.

③ 보건복지부장관 또는 시·도지사는 제2항에 따른 판별검사 또는 치료보호를 하려면 치료보호심사위원회의 심의를 거쳐야 한다.

④ 제3항에 따른 판별검사 및 치료보호에 관한 사항을 심의하기 위하여 보건복지부, 특별시, 광역시, 특별자치시, 도 및 특별자치도에 치료보호심사위원회를 둔다.

제51조의2(한국마약퇴치운동본부의 설립)

① 마약류에 대한 다음 각 호의 사업을 수행하기 위하여 한국마약퇴치운동본부를 둔다. 〈개정 2013.3.23〉

1. 마약류의 폐해(폐해)에 대한 대국민 홍보·계몽 및 교육 사업
2. 마약류 중독자의 사회복귀를 위한 사회복지 사업
3. 그 밖에 식품의약품안전처장이 필요하다고 인정하는 불법 마약류 및 약물 오용·남용 퇴치와 관련된 사업

참고 | **성폭력범죄의 처벌 등에 관한 특례법** | CRIMINAL MAN

제16조(형벌과 수강명령 등의 병과)① 법원이 성폭력범죄를 범한 사람에 대하여 형의 선고를 유예하는 경우에는 1년 동안 보호관찰을 받을 것을 명할 수 있다. 다만, 성폭력범죄를 범한 「소년법」 제2조에 따른 소년에 대하여 형의 선고를 유예하는 경우에는 반드시 보호관찰을 명하여야 한다.

② 법원이 성폭력범죄를 범한 사람에 대하여 유죄판결(선고유예는 제외한다)을 선고하는 경우에는 500시간의 범위에서 재범예방에 필요한 수강명령 또는 성폭력 치료프로그램의 이수명령(이하 "이수명령"이라 한다)을 병과하여야 한다. 다만, 수강명령 또는 이수명령을 부과할 수 없는 특별한 사정이 있는 경우에는 그러하지 아니하다.

③ 성폭력범죄를 범한 자에 대하여 제2항의 수강명령은 형의 집행을 유예할 경우에 그 집행유예기간 내에서 병과하고, 이수명령은 벌금 이상의 형을 선고할 경우에 병과한다. 다만, 이수명령은 성폭력범죄자가 「특정 범죄자에 대한 보호관찰 및 전자장치 부착 등에 관한 법률」 제9조의2제1항제4호에 따른 이수명령을 부과받은 경우에는 병과하지 아니한다.

④ 법원이 성폭력범죄를 범한 사람에 대하여 형의 집행을 유예하는 경우에는 제2항에 따른 수강명령 외에 그 집행유예기간 내에서 보호관찰 또는 사회봉사 중 하나 이상의 처분을 병과할 수 있다.

⑤ 제2항에 따른 수강명령 또는 이수명령은 형의 집행을 유예할 경우에는 그 집행유예기간 내에, 벌금형을 선고할 경우에는 형 확정일부터 6개월 이내에, 징역형 이상의 실형(실형)을 선고할 경우에는 형기 내에 각각 집행한다. 다만, 수강명령 또는 이수명령은 성폭력범죄를 범한 사람이 「아동·청소년의 성보호에 관한 법률」 제21조에 따른 수강명령 또는 이수명령을 부과받은 경우에는 병과하지 아니한다.

⑥ 제2항에 따른 수강명령 또는 이수명령이 벌금형 또는 형의 집행유예와 병과된 경우에는 보호관찰소의 장이 집행하고, 징역형 이상의 실형과 병과된 경우에는 교정시설의 장이 집행한다. 다만, 징역형 이상의 실형과 병과된 이수명령을 모두 이행하기 전에 석방 또는 가석방되거나 미결구금일수 산입 등의 사유로 형을 집행할 수 없게 된 경우에는 보호관찰소의 장이 남은 이수명령을 집행한다.

⑦ 제2항에 따른 수강명령 또는 이수명령은 다음 각 호의 내용으로 한다.
1. 일탈적 이상행동의 진단·상담
2. 성에 대한 건전한 이해를 위한 교육
3. 그 밖에 성폭력범죄를 범한 사람의 재범예방을 위하여 필요한 사항

⑧ 성폭력범죄를 범한 사람으로서 형의 집행 중에 가석방된 사람은 가석방기간 동안 보호관찰을 받는다. 다만, 가석방을 허가한 행정관청이 보호관찰을 할 필요가 없다고 인정한 경우에는 그러하지 아니하다.

⑨ 보호관찰, 사회봉사, 수강명령 및 이수명령에 관하여 이 법에서 규정한 사항 외의 사항에 대하여는 「보호관찰 등에 관한 법률」을 준용한다.

제14장 범죄유형별 심리

1. 폭력범죄

1) 폭력범죄의 환경적 배경

인간에게 있어 가정은 근본적인 의미를 가지고 있기 때문에, 어떤 사회든 사회적 보호기제가 취약한 사람이 기댈 곳은 가족이다. 그러나 가정이 해체되거나 제 기능을 못할 경우 사람들은 불안감이 깊이 내재되고 의지할 곳의 부재로 인해 일탈과 범죄에 빠지게 된다. 범죄인들 대부분의 성장배경을 보면 과도한 외상적 경험, 신체 또는 성적 학대, 사랑을 주고 받는 부모의 부재 등이 이들의 어린시기부터 인성의 근본 뿌리를 왜곡시켜 성인이 되어 범죄적 삶을 살게 만드는 것이다(김혜정, 권주혁, 2013:106).

어린시기를 불우하게 보낸 사람이 성장하여 가정을 갖게 되면, 통상 가정폭력을 휘두르는 경우가 흔하다. 가정폭력을 경험하거나 만성화된 환경에 노출된 아이들은 폭력의 왜곡된 가치를 학습하게 되고, 폭력을 내면화하게 됨으로써 어린시절의 피해자가 가해자로 전환되는 폭력의 대물림이 일어난다.

따라서 폭력범죄자들은 가족이나 규범적 사회에서 소외되거나 일탈적 동료집단에 깊게 관여되어 지지를 받는 경우가 많다. 유사한 사람들이 모인 집단에서 지지를 받는 것은 다양한 강화효과를 갖는다. 첫째 잠재적인 공범자들을 그 집단에서 찾을 수 있고, 둘째 범죄집단내에서 기술전수, 훈련, 리허설 등을 통해 광범위하게 범죄행동 기술을 개발할 수 있으며, 셋째 폭력행위를 하면 동료들에게서 인정받고 소속감을 느끼며 집단내 지위가 올라가는 등 사회적 강화를 받는다(Polaschek & Reynolds, 2004:207).

2) 폭력범죄의 동기 유형

특정한 범죄인의 교정처우를 위해서는 그가 범하는 범죄행태가 장기간에 걸쳐 어떤 특성을 나타내는가를 세밀하게 분석하여야 한다. 특히 특정 범죄인이 동종범죄 패턴을 반복하는지 아니면 특정한 유형의 범죄 뿐만 아니라 여러 가지 범죄패턴이 나타나는지를 구분하는 것이 중요하다.

폭력적 행동의 동기는 전통적으로 표출적 공격성 또는 도구적 공격성 두가지 유형으로 구분해 왔다. 그러나 여러 심리학이론들을 종합하면 네가지 세부유형으로 폭력의 동기를 구분할 수 있다. 즉, 적대적hostile, 도구적instrumental, 규범적normative, 그리고 지위관련status-related 공격성이다. '적대적 공격성'은 공격행위자가 그 행위의 주된 목적이 상대방에게 직접적인 위해 또는 손상을 가하려는 데 있다. 이와는 대조적으로 '도구적 공격성'은 행위자의 주된 목적이 물질적 이득을 얻고자 하는 것에 있고 위해나 손상은 물질적 이득을 위한 수단으로 사용되는 것이다. 다소 생소한 개념으로 '규범적 공격성'이란 그 사회의 규범적 요구에 부합하고자 하는 욕구로 인해 생기는 행위로서, 특정 사회에서 상대방이 자신의 명예손상을 할 때 그에 합당한 반응으로 공격성이 규정되어 있는 경우이다. 예를 들면, 중세 유럽에서 명예손상을 당하면 결투를 신청하는 것이 정당화되는 문화가 있었고, 현대에도 일부 이슬람 국가에서는 가족 중 특히 여성에 대하여 가문의 명예를 더럽혔다는 죄를 물어 가족이 행하는 살인을 정당화시켜주는 '명예살인' 풍습이 있다. 끝으로, '지위관련 공격성'은 신체적, 언어적 용맹을 보임으로써 동료집단에서 위신이나 권위를 인정하는 욕구로 인해 공격행위를 하는 것이다. 대표적으로 청소년 갱집단내에서 집단 폭행 등을 유발시키는 동기이다. 공격성의 유형은 개인의 고정된 특질이 아니고, 상황에 따라 또는 범죄경력에 따라 주도적인 폭력 동기가 달라진다(Campbell et al., 1985).

3) 폭력범죄 치료의 이론적 기반

대체로 폭력 범죄자들은 과거에 외상적인 인생경력이 많고, 빈곤, 학대, 거부, 좌절등을 경험 하며 살았다. 스스로도 자신의 삶이 개인적 부당함personal injustice으로 점철되었다고 생각한다. 이러한 적대적인 삶의 맥락으로 인해, 분노 및 공격성 표출로 인한 심리적 효과는 '분노 공고화entrenchment'라는 심각한 문제를 만들게 된다. 다시 말해, 스트레스를 주는 적대적 사건에 대한 반작용으로 분노가 자동 표출되는 '공고화'가 생기는 것이다. 그 결과로 분노를 느끼는 순간에는 자신이 상황을 효과적으로 장악했다는 환상에 빠지게 된다(Novaco, 1997:80).

분노와 공격성은 그것을 구사하는 개인에게는 어떤 면에서 상당히 '기능적'인 측면이 있다. 다시말해 적대적인 사건을 다룸에 있어서 분노/공격이 도움이 되는 도구성instrumentality이 있기 때문에, 분노나 공격 대신에 다른 부드러운 반응으로 대체하는 것에 대해서 행위자 내부의 심리적 저항이 있을 수 있다. 분노는 타인과 상황에 대한 통제감을 주는 기능이 있는 것이다. 어떤 사람이 괴롭히거나 위해의 위협이 있을 때 분노나 공격성을 표출하면 괴로운 상황이 끝날 수 있는데, '치료'를 통해 그런 표출행동이 교정되면 오히려 내담자는 자신의 파워가 빼앗긴 것처럼(예컨대, 이빨빠진 호랑이) 느낄 수 있다. 따라서 분노를 스스로 관리할 수 있게 되면, 파워를 빼앗기는 것이 아니라 오히려 상황과 상대방을 조정할 수 있는 자신의 파워가 더 강해지는 것으로 인식시키는 것이 필요하다. 이것이 바로 '스트레스면역이론'SIT[62]의 기본 가정이다(Novaco, 1997:80).

폭력범죄인의 진단 및 조사에는 가해자가 여성, 아동, 낯선 사람 등 특정한 피해자집단을 타겟으로 삼는지, 피해자 손상정도, 피해자-가해자 사이의 상호작용 패턴, 무기사용 여부 등이 포함되어야 한다. 뿐만 아니라, 범행후 가해자의 반응도 만족에서부터 절망과 충격에까지 다양하다. 범행후 만족감이나 다른 긍정적 기분을 느끼는 것은 폭력이 가해자의 자기상self image과 부합한다는 것을 의미하는 한편, 후회나 자기혐오 같은 정서 반응을 보이는 것은 폭력에 대한 일종의 심리내적 억제장치가 있음을 말한다(Polaschek & Reynolds, 2004:208).

폭력적 범죄인에 대한 심리치료는 스트레스면역이론SIT 에 기반을 둔 Novaco의 인지행동치료가 광범위하게 적용되고 있다. 성인 범죄인에 대한 SIT 치료절차는 Renwick 등(1997)이 잘 기술하였고, 청소년 비행자에 대해 SIT 연구는 Schlichter & Horan(1981), Feindler 등(1986)이 좋은 예이다. Howells(1989)는 성공적인 SIT 기반 치료에 대해 보고하였는데, 분노와 폭력범죄 때문에 형사범으로 정신병동에 반복 입원하는 범죄인들이 치료 후에 인지적, 생

---

62) SIT : stress inoculation theory

리적, 행동적 변화를 보인 것이다.

2. 성범죄[63]

1) 아동 성범죄

아동 성문제에 관한 대표적 심리학자인 Finkelhor(1984)는 성범죄 가해자의 특성, 피해아동의 특성, 환경적 특성 등을 종합하여 아동 성학대가 일어날 수 있는 네가지 선행조건을 모형화하였다. 〈표 44〉에서 보듯이, 선행조건 I (가해자 동기유발요인) 과 선행조건 II (가해자요인)는 가해자의 내적 동기화와 관련된 측면으로서 가해자의 성적 동기을 적극적으로 유발시키는 요인 및 성적 동기의 내적 억제를 느슨하게 만드는 요인으로 구분된다. 선행조건 III (가족환경요인)은 피해아동과 가해자를 둘러싼 가족적, 환경적 측면으로서 가해자에 대한 외적 억제를 약화시키는 요인들이다. 끝으로 선행조건 IV(피해자요인)는 피해아동의 특성으로서 성학대가 일어나는데 있어서 아동의 저항을 와해시키는 요인들이다.

〈표 44〉 Finkelhor의 아동성학대 4가지 선행조건

	개인적 수준	사회문화적 수준
선행조건I (가해자 동기유발요인) ▶ 정서요인	○ 정서적 발달 미숙 ○ 권력과 통제력에 대한 욕구 ○ 과거의 학대경험의 재현 ○ 자기애적 동일시	○ 남성우위적 성문화 – 남성지배적 성관계
▶ 성충동	○ 아동기의 외상적 성경험 ○ 타인에 의한 아동에 대한 성적 관심의 유발 ○ 아동성애증, 성도착 ○ 생물학적 비정상적 특성	○ 아동포르노 ○ 광고에서 아동의 성상품화 ○ 남성들이 모든 감정적 욕구를 성화 (sexualization)

---

63) '성범죄' 부분은 이명숙(2006)이 집필한 "범죄사건을 통해서 본 범죄심리"(경기대학교 출판부) p. 69-83에서 발췌, 인용하였다.

▸ 성적배출구 봉쇄	○ 외디푸스적 갈등 ○ 거세불안 ○ 성인여성에 대한 두려움 ○ 사회적응력 부족 ○ 결혼생활의 문제	○ 자위행위, 호외/혼전 성관계에 대한 억압적 사회규범
선행조건II (가해자 요인) ▸ 내적 억제를 느슨하게 만드는 요인	○ 알코올 ○ 정신질환 ○ 충동장애 ○ 노쇠 ○ 가족병리로 인한 근친상간 ○ 김기기제의 실패	○ 아동에 대한 성적관심에 대한 사회적 관용 ○ 가부장적 특권이데올로기의 존재 ○ 음주상태 실수에 대한 사회적 관용 ○ 아동포르노 ○ 가족의 사회적 고립 ○ 아동의 욕구에 관한 남성들의 인식 부족
선행조건III (가족환경 요인) ▸ 외적 억제를 약화시키는 요인	○ 어머니 부재, 질병 ○ 어머니의 보호부재 ○ 아버지의 어머니 지배와 학대 ○ 아동 방임 ○ 아동에 대한 감독소홀 ○ 아동의 방/ 주거조건의 특이성 ○ 가족의 사회적 고립	○ 어머니에 대한 사회적 지원의 부족 ○ 여성평등을 가로막는 장애들 ○ 사회적 연결망의 약화 ○ 가족신성주의 이데올로기 선행조건
선행조건IV (피해자 요인) ▸ 아동의 저항을 완화시키는 요인	○ 아동의 정서적 장애, 박탈 ○ 아동의 성학대에 대한 전문지식 부족 ○ 아동-가해자 사이의 깊은 신뢰 ○ 강압	○ 아동의 성교육 부족 ○ 아동의 미약한 사회적 지위

① 아동 성폭행범의 특성

아동성폭행범의 심리를 분석한 연구들에서 보고한 생리학적, 심리학적 특징들을 정리하면 다음과 같다(Conte, 1985).

첫째, 아동성폭행범은 성폭행사실을 부인한다. 수사관이 아니고 연구자가 인터뷰하는 상황에서도 비밀누설에 대한 두려움 때문에 폭행사실을 부인하고 자신의 범행을 인정하는 것이 어렵다. 어떤 사람은 자신의 아동대상 성폭행 행위가 아동에게는 해롭지 않은 것으로 왜곡되게 해석하는 경우도 있다.

둘째, 아동성폭행범은 아동에 대한 에로물을 보고 성적 각성이 많이 높아진다. 포르노에 아동이 주인공으로 등장하는 아동포르노를 보여 주었을 때 성적 각성이 최고조에 달하는 사람이 있다(Quinsey et al., 1975). 근친상간을 범했던 강간범도 심리생리학 실험실에서 자기 딸사진이 아니라 다른 소녀들이 나오는 섹스포르노를 볼 때 성적 각성이 많이 올라갔다(Abel et al., 1981).

셋째, 아동성폭행범은 자위행위할 때 아동에 대한 성적 환상을 자주 떠올린다. 이런 증상은 머지 않아 아동성폭행이 일어날 전조이다(Conte, 1985).

넷째, 아동성폭행범은 다른 사람들과의 관계형성과 유지를 제대로 할 수 있는 사회적 기술 자체가 부족한 사람이 많다. 즉 사회적 기술이 부족한 사람들이 성적 욕구나 불만을 해소하는 수단으로서 성폭행을 한다는 가정이다. 실제 연구에서 성인여성에게는 성충동이 일어나지 않는 아동성애자들은 사회적 기술 측면에서 일반 남성들보다 열등하였다. 대조적으로 성인여성 강간범은 사회적 기술에 있어서 일반 남성들과 큰 차이가 없었다(Segal & Marshall, 1985a, 1985b).

다섯째, 아동성폭행범은 아동과의 성행위에 대해 스스로 인지적 왜곡을 함으로써 죄의식을 없앤다. Abel 등(1984)이 아동성폭행범이 인지적 왜곡을 통해 자신의 행위를 합리화시키는 7가지 패턴을 제시하였다.

- "성기애무는 진짜 섹스가 아니니까 해롭지 않다"
- "아동들도 섹스를 즐기기 때문에 다른 사람에게 말하지 않는다"
- "섹스는 아동과의 관계를 더욱 친밀하게 해준다"
- "사회도 결국에는 아동과 섹스하는 것을 수용할 것이다"
- "섹스에 대해 아동이 질문하는 것은 그 아이가 섹스를 하고 싶어서 그러는 것이다"
- "신체적 섹스는 아동에게 성교육을 시키는 좋은 수단이다"
- "아동이 신체적 저항을 하지 않는 것은 아동이 섹스를 원한다는 것을 의미한다"

② 성학대 피해아동의 특성

아동이 정서적 장애를 가졌거나 정신적·신체적 손상이나 박탈이 있는 경우 또는 아동의 성

지식이 부족한 경우에 아동은 성학대에 대해 저항을 제대로 할 수 없고, 그 결과로 성학대가 보다 용이해진다. 뿐만 아니라, 사회계층 면에서 아동의 사회경제적 지위가 낮을수록 아동의 저항력이 떨어지고 성학대 발생율이 높다(Finkelhor, 1984; 강은영, 2000 재인용).

성학대 피해아동이 호소하는 장기적인 심리적 문제는 분노, 우울, 공포, 불안, 자포자기, 신경쇠약, 정신분열, 자살시도 등이고, 피해아동이 흔히 보이는 증상은 다음의 10가지로 요약된다(이원숙, 1998).

- 손상된 물건 신드롬
- 죄의식
- 두려움
- 우울증
- 낮은 자아존중감, 미흡한 사회적 기술
- 억압된 분노와 적대감
- 신뢰감 상실
- 역할경계의 모호성과 역할 혼란
- 발달과업성취의 실패가 수반된 가성숙(pseudo-maturity)
- 자기지배와 통제

아동성학대의 후유증으로 크게 우려되는 문제는 아동의 재피해자화revictimization 이다. 아동기 때 성학대를 경험한 여성은 나중에 또다른 성폭력을 받을 수 있는 취약성을 갖는다는 것이다. 실제로 외국 연구에서, 성학대 피해아동은 커서 성폭력피해를 다시 당할 가능성이 일반 아동에 비해 2~4배 더 높았다. 행동 특징 면에서 보면, 피해 소녀들은 성학대 이후에 성적 불안이나 공포를 느끼거나 반대로 지나치게 성화된 행동sexual acting-out으로 남성을 유혹하는 경향이 있었다(Russell, 1986; 강은영, 2000 재인용).

아동기 성학대로 인한 재피해자화는 더 나아가 매춘으로까지 연결되는 악순환의 시발점이 될 수도 있다. 성학대 받은 아동은 학대의 결과로서 자신의 나이에 맞지 않는 왜곡된 성적 조숙성을 보인다. 자아존중감도 크게 손상되어 부정적인 자아낙인self-labeling을 찍는다. 학대 피해를 입은 당시에는 별다른 후유증이 나타나지 않다가도 사춘기를 거치면서 아동기 때 피해 사실이 의식화되면서 이성혐오, 가출, 매춘 등 비행으로 이어질 수 있다(강은영, 2000:72).

③ 가족 병리적 특성

Schissel과 Fedec(1999)의 보고에 따르면, 어린 시절에 경험한 가족 외상이 청소년기 매춘과 높은 상관이 있다. 대표적인 가족내 외상적 경험은 신체적 학대, 심리적 학대, 성적 학대, 방임, 가출 등을 들 수 있다. 외국 연구에서 조사에 참여한 매춘 경험자의 60%가 어린 시절에 성적 학대를 당했고(Sibert & Pine, 1981), 또 다른 연구에서도 여성매춘자의 38%와 남성매춘자의 60%가 어린시절에 가족으로부터 성학대를 받았다(Earls & David, 1990). 국내 청소년을 조사한 남미애(2001)의 연구에서도 매춘청소년들은 가정에서 신체적, 정신적, 성적 학대를 받은 경험이 일반 청소년보다 더 높게 나왔다.

이런 현상에 대해 McMullen(1987)은 아동기 성적 학대와 매춘 사이의 심리적 관련성을 제시하였다. 즉 어린시절에 가족으로부터 학대받은 경험이 있는 사람은 타인이 자신을 성적 대상으로 사용하거나 학대할 수 있다고 생각하기 쉽고, 성적 학대를 당한 청소년들은 스스로 자신의 성적 존재로서의 가치를 낮게 인식한다. 따라서 그들은 자신의 신체에 대한 왜곡된 신체 이미지를 가지기 쉬우며, 자기의 존재감은 성적 접촉을 허용할 때만 인정된다고 믿는다. 또한 성적접촉을 통해 성적으로 자신을 사용할 때 비로소 타인을 조정할 능력을 가지게 된다고 믿게 된다.

특히 아동의 발달에 치명적인 트라우마를 남기는 성범죄는 친족에 의해 가해지는 성학대이다. 친족 성학대의 배후에는 대부분의 병리적 가족관계가 작용한다(김헌수, 신화식, 1995; 강은영, 2000 재인용). 친족 성학대를 발생 또는 지속시키는 핵심적 요인은 그러한 행위를 묵인하는 가족체계에 있다. 친족 성학대는 역기능적인 가족체계가 유지되기 위한 일종의 방어수단이기 때문에 가해자 또는 피해자의 개인적 특성만을 별도 분석할 것이 아니라, 가족관계의 전체 맥락안에서 보아야 한다는 것이다(강은영, 2000:54).

예를 들어, 부부간 권력관계가 심하게 불균형 상태인 가정에서 아동 성학대 가능성이 있다.

가족구성원의 친밀도 역시 중요한 원인으로 지목된다. 특히 아동이 어머니와 친근한 관계를 유지하지 못할 경우 가족내 성학대에 취약하다. 뿐만 아니라 어머니가 건강상의 문제 혹은 직장 등의 이유로 가족내에서 양육기능을 제대로 하지 못하는 경우에도 위험성이 있다. 부가 자녀를 성학대 하는 가정내에서 어머니가 이를 묵인하는 사례가 종종 발생하는 것은 어머니의 가족내 위치, 특히 남편과의 관계에서 이를 제지할 능력이 없는 무력함의 결과로 보는 것이 타당하다. 대개 어머니들은 '내가 하는 어떤 것도 소용이 없다'는 심리적 무력감 상태에 있다 (강은영, 2000:55-58).

가족결손도 아동 성학대를 유발시키는 중요한 요인이다. Finkelhor(1984)는 친어머니와 동거하지 않는 아동들이 성학대에 훨씬 취약하며, 모부재가 부-녀 성학대에 심각한 위험변수라고 하였다. Russell(1986)의 연구에서는 가정내 계부의 존재가 성학대 위험성을 높인다. 친부 아래서 성장한 딸은 2.3%가 부-녀 성학대 피해를 입었고, 계부 아래서 성장한 딸은 17%가 피해를 입었다(강은영, 2000 재인용).

우리나라에서는 가족윤리적인 예민성 때문에 친족 성학대 문제를 직접 다룬 연구는 찾아보기가 어렵다. 그 대신에, 소수 청소년을 대상으로 심층 면접과 관찰을 실시한 조아미와 이명화 (2001)의 연구에서 보고된 결과는 친족 성학대와 청소년매춘이 밀접한 관련이 있음을 추론케한다. 고성혜(2001)의 연구에서도 친족 성폭행이라고 명시하지는 않았지만, 매춘을 경험한 청소년은 41.5%가 성폭행을 당한 경험이 있다고 보고하였다. 이러한 횡단적 조사연구의 한계는 성폭행과 매춘 간에 어느 요소가 원인인지를 밝히기 어렵다는 것이다. 성폭행 경험으로 인해 매춘이라는 상황으로 이끌려 들어간 가능성이 높지만, 반대로 매춘행위에 가담하는 생활환경에서는 일반적인 생활환경 보다 결과적으로 성폭행 당할 확률이 더 높을 것으로 추론할 수 있다.

2) 성폭행범의 생리적 특성

① 선호가설 vs. 억제가설

성폭행범의 생리적 특성과 인지적 특성간의 관계를 설명하는 이론으로 서로 상반되는 두가지 가설이 있는데, 선호가설과 억제가설이다. Abel 등(1977)은 강간범에게 있어서는 강간이 가장 자극적인 성행동이기 때문에 평범한 섹스 보다는 공격적 섹스를 선호한다고 하였다. 그래서 강간범은 일반 사람들 보다 강간장면이 나올 때 생리적으로 더 잘 흥분한다는 이론이 '선호가설preference hypothesis'이다. 그러나 실제 생리심리학 실험실에서 강간범 집단은 상호 동의하에 하는 성행위에 대해서도 일반 비교집단보다 더 잘 흥분하였다.

이와는 대조되는 이론으로서 Barbaree 등(1983)이 강간에 관한 '억제가설inhibition hypothesis'을 제안하였다. 모든 섹스장면에 대해 강간범이나 일반인이나 동일하게 흥분한다. 다만 일반인들은 섹스장면 중에 폭력적 단서가 나오거나 섹스 상대방이 그런 행위를 원하지 않는다는 단서가 나오면, 생리적으로 흥분되었다가도 흥분이 가라앉는 억제가 생긴다. 그러나 강간범은 폭력과 협박 등 강제성을 보이는 단서가 나와도 성적 흥분이 억제되지 않았다. 따라서, 억제가설은 강간범이 사회규범에 따라 자신의 생리적 흥분을 억제하지 못하는 것은 여러 가지 원인으로 인해 자기 억제기능이 마비되었기 때문이라고 본다. 예를 들면, 성장하면서 자신의 욕구를 상황에 맞추어 조절하고 억제하는 자기통제능력을 획득하지 못했거나, 범행 당시 약물이나 알코올 섭취를 했거나 분노나 좌절이 극심하여 억제기능이 마비되었을 수도 있다.

선호가설 보다는 억제가설을 지지하는 실험결과들이 Malamuth와 그의 동료들(1980a, 1980b, 1982)에 의해 연속적으로 보고되었다. 강간 장면을 담은 비디오를 강간범 집단과 일반 남성 집단에 보여주고 그 순간의 성적 흥분 정도를 측정하였다. 영상 장면에서 강간 희생자가 강간을 당할 때 그녀 자신도 성적으로 흥분된 것으로 지각되면, 일반 남성 집단도 강간범 집단과 마찬가지로 성적으로 강하게 흥분하였다. 그러나, 강간의 희생자가 고통을 당한다고 느껴지는 장면에서는 일반인 집단의 성적 흥분은 낮아졌으나 강간범 집단은 여전히 높은 흥분 수준을 유지하고 있었다.

이러한 생리적 실험 결과는 성욕이라는 생리적 기능조차도 대뇌기능과 완전히 무관한 생리현상이 아니라, 상황에 대한 인지를 어떻게 했느냐에 따라 영향을 받는 '심리생물학적' 현상이라는 것을 시사한다.

이상의 연구들을 종합해 보면, 성범죄자들은 일반인들 보다 성적 자극에 대해 더 쉽게 흥분하는 생리적 특성을 갖고 있다. 그러나 이에 못지 않게 중요한 점은 그들이 성적 각성을 상황에 적합한 방식으로 표현하고 충족시키는 자기통제 훈련이 제대로 되지 않은 사람들이라는 것이다. 그렇기 때문에 생리적으로 분출하는 성적 각성을 스스로 통제하는 방법을 학습시키는 것이 성범죄자 교정에서 중요하고, 생리적 치료(약물치료)와 더불어 인지행동치료가 병행되어야 하는 학술적 증거인 것이다.

3) 성범죄자 약물치료

생리적인 성적 각성이 성범죄로 이끄는 주요 위험요인이라고 판단될 때는 우선적으로 성적 각성을 억제시키는 것을 교정치료의 목표로 삼아야 한다. 성적 각성의 수준을 알려주는 생리적 자료는 남성호르몬(테스토스테론) 수준이다. 테스토스테론 수준이 높은 사람은 성충동 또는 성적 공격성이 높다는 것을 의미한다.

이러한 생리학적 이론에 근거하여, 우리나라는 2011.7.18.부터 '성폭력 범죄자의 성충동 약물치료에 관한 법률'이 시행되고 있다. 이 법 시행 이전에도 법원에서는 아동성범죄자에 대한 생리적 제재를 이유로 장기수감을 결정한 사례가 있다. 2005년 3월에 법원에서는 아동 성폭행범에 대하여 '성능력이 감퇴되는 나이까지 사회에서 격리'시키라고 판결하였다. 성범죄자 A는 37세 남성으로 2002~2004년 사이에 9~12세 여자 아동 10명을 성폭행했다. 이 사건 이전에도 여아 4명을 성폭행한 혐의로 징역 7년을 선고받아 교도소에 수감되었다가 출소한 전과가 있었는데, 또다시 동일한 아동성범죄를 저지른 것이다.

거세는 고환을 제거하는 물리적 거세방법이 있고, 테스토스테론의 방출을 자극하는 호르몬인 안드로겐의 생성을 차단하는 약물을 주사로 주입하는 화학적 거세방법이 있다. 사회적으로는 이를 '화학적 거세'라 칭하고, 법률적으로는 '성충동 약물치료'라 표기한다.

1998년 미국 노스웨스턴 대학이 발표한 연구에 의하면 성충동 약물치료자를 11년간 추적 조사한 결과, 약물치료 지속 그룹의 재범율은 3%, 약물치료를 중단한 그룹의 재범율은 48%로 나타났다. 또한 미국 오레곤 주에서 가석방된 성폭력 범죄자를 5년간(2000 - 2004년) 추적 조사한 결과 치료 불응자의 재범율은 18.2%인 반면, 약물 치료를 받은 대상자의 재범율은 0%로 나타났다.

2016년 현재 우리나라는 2011년 7월 제도 시행 이후 12명이 성충동 약물치료를 받고 있으며, 현재 재범율 0%라는 보고가 있다.

그러나, 다른 한편으로는 성폭력은 개인의 생리적 이상성을 넘어서는 사회문화적 문제로 보는 페미니즘 관점도 있다. 페미니즘 이론에서는 성차별적 사회화socialization와 관련하여 한국 사회의 가정폭력, 성폭력을 설명하고자 한다. 가부장적 사회에서는 여성/남성에 대한 고정관념과 기대로 인해 남성을 적극적인 성적 행위자로 인식하고, 여성은 수동적인 성적 대상으로 사회화시킴으로써 결국 가정생활과 성적 측면에서 남성을 잠재적 가해자로, 여성은 잠재적 피해자로 만드는 사회문화적 환경을 만들어 준다는 입장이다(남현미, 2002).

따라서, 성폭력을 개인적 차원이 아닌 사회문화적 차원의 문제로 보고 아동·청소년 시기부터 양성평등의식을 함양시키는 인성교육이 필요하다는 주장이 나온다. 친밀한 관계 속에서 벌어지는 폭력행위-가정폭력, 데이트폭력, 성폭력 등- 는 일반 범죄와 다른 속성이 있으므로 폭력행위를 지속시키는 위험요인들을 개인내에서 뿐만 아니라, 이를 용인하는 사회문화적 환경 내에서 위험요인을 찾아내 사회정책 단위에서 교정해야 할 것이다(강희순, 이은숙, 2010).

3. 약물범죄

1) 중독성 약물과 범죄의 관련성

약물남용과 중독은 후속 범죄를 촉발시키고 피해자의 부상을 악화시키는데 깊이 관련되어 있다. 알콜과 마약은 범죄자의 자의식을 완화시키고 인지능력을 손상시킨다. 그 결과 성격의 변화를 일으키거나 비성격적 이상행동을 초래할 수 있고 정신병에 이를 수 있다. 마약류 약물은 그 중독성으로 인해 단약이 쉽지 않고 그 결과로 높은 재범률을 보이고 있다는 점과, 마약류를 투약한 환각상태에서 2차적으로 중대한 강력범죄를 일으킬 수 있다는 점에서 세계 어느 나라에서나 그 심각성을 중하게 인식하고 약물 사용을 금지 또는 제한하고 있다.

외국의 연구들에서 강력범죄자 대부분이 알콜중독 또는 약물남용 경력을 가진다고 보고한다(Bonta et al., 1998; Busch-Armendariz et al., 2010; Langevin, 2003).

우리나라 경우에도 마약류 범죄자의 재범률은 다른 범죄에 비해 높고, 매년 상승세를 보이고 있다. 이와 같이 마약류 범죄의 재범률이 높다는 통계는 마약류 약물 중독의 치료와 재활상의 어려움을 반영하는 것임과 동시에, 현재의 마약류 사범에 대한 교정처우가 효과적으로 대응하지 못하고 있음을 반영하는 것이기도 하다. 예컨대, 보호관찰 대상자 중 마약사범은 동종 재범률이 무려 67.1%에 이른다는 보고가 있다(박성수, 2011:193).

2) 약물중독자의 특성[64]

약물중독자는 자기패배적 성격을 갖고 있어서 사회적인 기능을 제대로 수행하지 못한다. 가족 안에서도 남편으로서 또는 자녀로서 제 역할을 수행하지 못해서 가족관계상의 문제가 생기고, 학교중퇴, 직장 장기결근, 업무수행 부실, 실업, 잦은 이직 등 사회부적응 증상을 보인다. 따라서 치료해야 할 문제는, 단순히 약물을 끊는 것이 아니라 전인적 존재로서 사람 그 자체를 새로이 변화시켜야 하는 것이다(De Leon, 2000:48).

① 인지적 특성

많은 약물중독자들이 약물과 관련된 생각은 영리하게 잘 해낸다. 어디서 약을 구할 수 있고, 어떻게 사용하고, 누구에게 팔 것인가 등에 대한 계획, 현실검증, 상황판단이 분명하다. 그러나, 이런 인지적 기술들도 장기간의 과도한 약물사용이 계속되면 마모되어 버린다.

- 사회인지 능력의 결여 - 약물중독자들은 자신의 행동이 타인에게 어떤 영향을 주는지, 타인들의 행동이 자신에게 어떤 영향을 끼치는지를 잘 인식하지 못한다. 게다가 결과를 미리 예측하는 기술이 부족하다. 어떤 상황이 닥치면 주의산만하고 충동적인 행동을 하기 때문에 결과를 고려해야 한다는 생각을 모두 잊어버려 그 기술을 발휘하지 못한다.

- 그릇된 판단 - 약물중독자는 충동에 대한 통제력이 부족하고, 만족을 보류하는 자제력도 부족하기 때문에 문제해결을 하거나 의사결정을 하거나 행동의 결과를 예측하는데 있어서도 제대로 된 판단을 하지 못한다.

---

64) '약물중독자의 특성' 부분은 이명숙(2006)이 집필한 "범죄사건을 통해서 본 범죄심리"(경기대학교 출판부) p. 98-104에서 발췌, 인용하였다.

- 통찰력 부족 - 약물중독자들은 전반적인 통찰력이 부족하여 자신의 감정에 대한 이해, 자기가 어떤 행동을 왜 하는지, 또는 자기에게 영향주는 요인과의 연관성을 제대로 이해 하지 못한다.

- 낮은 현실검증력 - 약물중독자는 자신과 타인들, 그리고 자신이 처한 환경을 있는 그대로 보지 못한다. 그들은 일상생활에서 부딪히는 문제를 직면하지 않으려고 하며 무조건 회피 하거나 빠져 나가려 한다. 자신의 주관적 감정과 객관적 사실, 원하는 것과 필요한 것, 자신의 희망사항과 실제적 현실 사이을 구분하지 못하는 것은 현실검증력이 결여되어 있 기 때문이다.

- 자립능력의 결여 - 대부분의 약물중독자들은 자립하여 생활할 만한 인지적, 교육적 기술 이 없고 돈을 벌 수 있는 직업능력도 부족하다. 근본적인 문제는 근면한 태도나 습관이 결여되어 있어 쉽게 직장을 나와 버리고 약물에 의존하게 되는 점이다. 직업능력이나 학 력이 높은 사람이라 하더라도 약물 때문에 사회적 자립능력이 급격히 감퇴되어 간다.

② 정서 및 성격적 특성

- 절제력의 결핍 - 약물중독자들은 매사에 자신이 마음 먹은 것을 실행하는 의지가 부족하 고, 하지 않으려고 마음 먹은 것을 하지 않는 절제력도 매우 부족하다. 그렇기 때문에 일정기간 약물을 절제할 수 있는 능력이 결여되어 약을 끊었다가도 곧 다시 약에 빠져들 게 된다.

- 적개심과 분노 - 분노와 적개심은 가족이나 다른 사회적 관계 또는 사회 제도 등에 대해 중독자들이 표현하는 대표적 정서이다. 이들은 적개심과 분노를 약물대신에 사회적으로 효과있는 방식으로 표현하는 방법을 학습해야 한다.

- 불안과 감정상실 - 중독자들은 불안이나 뒤틀린 감정 속에 사로잡혀 있으므로 신체적, 정신적 안녕이 유지되지 않는다. 그래서 불안이 신체화 증상으로 변화되어 나오거나 침울 함, 우울, 자살시도 등으로 불안을 표현한다. 이런 정서상태가 지속되면 성행위나 타인과 의 사회적 관계, 먹는 것, 심지어는 약물복용에서도 더 이상 만족감을 얻지 못하는 무쾌 감증(anhedonia) 상태가 될 수 있다.

③ 심리사회적 특성

- 노력도 하지 않고 권한만 요구 - 자기가 남들에게 이런저런 요구를 할 권리와 자격이 당 연히 있다는 식의 태도는, 자신이 필요로 하는 것과 원하는 것에 대한 비현실적 기대를 나타낸다. 자신의 자격과 권한에 대한 지나친 집착과 요구는 역기능적 특성으로서 상황에 대처해 나가는 대처능력이 비현실적이라는 것을 의미한다.

- 무책임성 – 중독자들의 무책임한 패턴은 약물에 중독되기 전에도 분명히 있던 특성이다. 이는 의무를 다하는 자세가 어려서부터 제대로 훈련되지 않았거나 부모가 제멋대로 키웠기 때문에 생긴 특성이다. 어릴 때부터 시작된 무책임한 행태는 약물중독으로 인해 더욱 심해진 것이다.

- 신뢰 문제 – 중독자들은 어린 시절부터 비행, 거짓말, 변명, 허위 등을 통해 다른 사람들과 신뢰가 깨져 있는 경우가 많다. 신뢰롭지 못한 사람으로 만든 근원으로서, 안전하지 못하고 학대가 난무했던 가족력, 신뢰의 모범을 보이지 못했던 부모, 문제있는 또래들에 의한 잘못된 사회화 등을 들 수 있다.

- 대인관계 기술의 결여 – 약물중독자는 다른 사람과의 대인관계 상황에서 책임감 있게 기능을 수행할 수 있는 능력이 뒤떨어진다. 직장이나 학교 생활이 무책임해 지고, 부모나 배우자 또는 친구 등 가까운 사람들과의 사회적 관계도 약화되거나 적대적 관계로 되어 간다.

대신에 약을 구하고 약에 대한 정보를 얻고 심리적으로 의지하기 위해 자기와 같은 약물을 쓰는 중독자들만 주로 만나고 약물을 하도록 부추기는 환경만 접촉하거나 약에 도움주는 활동만 하게 됨으로써, 점점 더 주류사회에서 이탈해 간다.

이들이 약물중독에서 벗어 나기 위해서는 약물 때문에 놓쳐버린 발달단계를 회복하고, 사회 생활을 해 나가는 데 필요한 기본적인 대인관계 기술을 배울 수 있도록 폭넓은 사회화와 교육훈련에 초점을 두는 환경치료가 필요하다. 가장 효과가 좋고 이론적으로 인정되는 약물중독자 치료방식은 '치료공동체Therapeutic Community' 접근으로 보고된다.

④ 반사회적 생활방식

- 거짓말과 조작 – 자신의 가족에 대해 부정적 시각을 갖고 있다. 자신의 가족들을 도저히 믿을 수 없다거나 학대를 일삼는다고 믿는다.

- 과도한 방어기제 – 자신에 대한 진실을 숨기기 위한 특유의 행동, 태도, 인지방식을 보인다. 가장 많이 사용하는 방어기제는 부인(denial)이고, 그 외에도 합리화, 외현화, 투사, 신체화 등 방어기제를 많이 사용한다. '부인'은 자기가 얼마나 약물을 많이 복용하는지, 자신의 약물중독이 부모나 가족 등 다른 사람들에게 미치는 고통과 심각성도 부인한다.

- 비행과 범죄 – 약물중독자들은 불법적 약물을 사용하기 때문에 약물사범 범죄자가 될

뿐만 아니고, 각종 불법행위에 가담하고 교도소 수감 등 전과경력이 화려하고, 청소년기부터 소년원에 들락거리는 등 반사회적 생활이 습관화된 사람들이 많다.

약물중독자는 자신과 타인에게 파괴적인 행동을 보인다. 그래서 약물중독자는 언제 사고나 범죄를 저지를지 예측할 수 없는 위험요소를 안고 다닌다. 대개 약물을 복용한 상태에서 가정 폭력, 난잡한 성행위, 폭력 및 살해, 자살시도, 차량 폭주, 아동학대 및 성학대, 자해행위 등을 저지른다(Galanter & Kleber, 1999; Margolis & Zweben, 1998).

3. 약물중독 유발의 위험 요인

1) 생리적 동기화와 예민성

약물남용이 발생하는 심리행동적 폐해에 대하여 Stewart 등(1984)이 제시한 가설로서, 코카인, 암페타민 등과 같은 중추신경 각성제와 헤로인, 몰핀 등 진통제가 계속 남용되는 매카니즘은 이들 약물이 욕망성 동기체계를 활성화시키기 때문이다. 다시말해 강박적인 약물사용으로 빠지는 것은 긍적적인 정서적 동기상태가 생성되기 때문이다. 약물사용과 관련된 장소, 사람, 상황 등 환경적 자극이 '조건화된 인센티브 자극'[65]으로 작용하는 것이다. 이렇게 학습된 인센티브 자극이 약물사용의 동기상태를 유발하고 결국 약물을 사용하는 행동까지 가게 한다(Fowles, 1988:380).

불법적 약물의 사용은 사용자에게 심리적으로 접근-회피 갈등[66]을 야기시키는 상황이다. 약물자체는 즉각적인 긍정적 강화를 주기 때문에 접근욕구를 불러 일으키고, 동시에 약물사용에 따른 부작용이나 처벌은 회피욕구를 일으킨다. 따라서, 약물사범의 교정치료는 약물이 주는 즉각적인 강화 이후에 따를 수 있는 각종 사회적 제재(사회내 낙인, 법적 문제, 친구·직업·가족의 상실 등) 측면 뿐만 아니라, 약물의 금단 및 내성, 특정인에게 약물이 갖는 강화적 속

---

65) 조건화된 인센티브 자극 : Conditioned Incentive Stimulus
66) 접근-회피 갈등 : Approach-Avoidance Conflict

성, 가까운 주변인에 의한 사회적 통제, 사용자의 동기체계 등 심리행동적 속성에도 초점을 맞추어야 한다(Fowles, 1988:380).

학계 보고에 의하면, 알코올 사용장애는 유전적, 심리적, 사회문화적 요인이 복합적으로 작용하여 생기는 결과이다. 특히, 유전적 위험요인은 40~60%에 달한다는 보고가 있다. 가족력에 알코올 사용장애로 있는 경우는 그렇지 않은 경우 보다 발병가능성이 3~4배 더 높다.

알코올 사용장애로 진단하는 주요 특징은, 술에 대한 조절능력의 상실과, 부정적 결과에도 불구하고 계속 술을 마시는 것이다. 술로 인한 고통에도 불구하고 또다시 술을 마시는 심리적 요인은 '술마시는 행동'과 '술에 취한 상태'가 주는 강화효과 때문이다. 예를 들어, '술마시는 행동'이 주는 강화효과는 허심탄회한 분위기, 술의 맛, 맛있는 안주, 상대방과 유쾌한 대화 등이 강화요인으로 작용하는 것이고, '술에 취한 상태'가 주는 강화효과는 마음 편해지는 것, 긴장이완, 불안감소, 자신감증진, 성적 활성화 등이 강화요인으로 작용하여 다음에도 또 술을 찾게 만드는 것이다.

2) 약물에 빠지기 쉬운 성격 특성

약물중독자들은 보통사람에 비해 물질사용에 잘 빠져드는 심리적 성향을 갖고 있다. 이런 심리 성향은 성격요인이나 생물학적 기질과도 관련되는데, 약물중독 이전부터 갖고 있는 성격일 수도 있고 약물중독자가 된 이후에 생겨난 것일 수도 있다.

대표적인 특성은, 고통에 대한 인내부족이다. 약물중독자들은 고통스러운 상황에 처하게 되면 무조건 고통을 피하기 위해서 자기패배적이거나 반사회적인 비행, 범죄도 불사한다. 고통 같은 혐오적 상황 뿐만 아니라 긍정적이거나 평범한 일상생활사에 대해서도 인내심이 부족하다. 이들의 인내심 부족은, 일반적인 신체질병에도 잘 걸리고, 정서가 오르락 내리락 급변하는 기분장애, 좌절과 불안, 우울과 권태 등 정신장애 유형으로 나타날 수 있다.

성격 측면에서 다른 사람의 비판에 예민하게 반응하는 사람, 감각추구적이며 충동적인 사람, 사회 적응에 곤란을 겪는 사람, 심한 스트레스를 겪는 사람, 우울감이나 불쾌감을 지속적으로 느끼는 사람, 불안이 깊은 사람, 대인관계가 원만치 않은 사람, 무력감이나 무가치감을 느끼는 사람 등이 알코올 관련장애에 취약하다(김청송, 2016:624).

3) 약물사용을 부추키는 상황

어릴 때부터 열악한 가정환경이나 생활환경에서 성장하는 동안 인성을 황폐화 시키는 사회심리적 요인이 중독장애의 일차적 원인이 된다. 예를 들면, 극심한 가난, 만나기만 하면 욕하고 싸우는 병리적 가족관계, 방임이나 적대 또는 과잉보호같은 빗나간 자녀 양육, 가족 중에 약물중독자가 있는 부정적 롤모델, 청소년기에 학교폭력 갱 또는 일진회 등에서 본드·신나흡입, 유년기부터 교사나 성인에게 반항적인 인성을 표출하는 것 등이 나중에 약물중독에 쉽게 빠지게 하는 위험요소들이다.

약물중독자들이 약물을 사용하는 동기는 사람마다 각기 다를 것이다. 일반적인 약물사용 동기는 아래와 같이 몇가지 유형으로 구분할 수 있다.

첫째, 심신의 고통을 해소하기 위해 약물을 사용한다. 약물을 통해 자극을 받거나 각성상태를 높이거나 낮추어서 심신의 고통을 벗어나기 위해 약물을 사용하는 경우이다. 격심한 육체노동을 하는 직업을 가진 사람들이 피로를 잊기 위해 약물을 사용하는 경우가 많다.

둘째, 사회적 모임에 갔을 때 분위기에 휩싸여 함께 약물을 복용한다. 좋은 일이 있으면 축하하기 위해서 하고, 나쁜 일이 있으면 위로하기 위해 모임에서 약물을 사용한다.

셋째, 현실도피를 위해서 약물을 사용한다. 직면한 현실이 괴롭고 힘들어서 일시적으로나마 도피하고 싶을 때 약물을 사용한다.

넷째, 집단소속감을 느끼고 왕따가 되지 않으려고 약물을 사용한다. 청소년기에 또래집단이 중요한 시기에는 주변의 친구나 서클에서 약물사용하는 것이 직접적인 영향을 준다.

다섯째, 자신의 진짜 감정을 드러내고 싶지 않을 때 약물로 위장하려고 한다.

이와 같이, 약물복용자들은 여러 가지 이유를 나열하지만, 정작 "나 자신이 바로 문제"라는 점은 인정하고 싶어하지 않는다.

4. 증오범죄

1) 증오범죄의 심리

최근에 유럽 등지에서 불특정 다수를 향한 대량살인, IS 테러 등 증오범죄에 대한 소식이 하루가 멀다하고 자주 발생하고 있다. 보도를 접하는 일반인은 "그들은 왜 그러한 행위를 하는 것인가?" 라는 범행동기에 대한 답을 찾기가 어려워 불안하고 혼란스러워 한다. 언론은 이를 "묻지마 범죄"라는 카테고리로 넣고 동기에 대해 더 이상 고민하지 않는다.

역사적으로 다른 형태를 띄고 나타났지만, 근원적으로는 타집단에 대한 인간의 편견과 증오 때문에 생기는 대량살상행위를 본 서에서는 개인적 요인으로만 한정하기 보다는, 일종의 사회 문화적 환경과 개인적 특성이 결합하여 생긴 범죄라고 본다.

증오라는 개념은 그 자체가 인간의 감정과 밀접한 관련이 있는 개념으로서 특정한 행위를 직접적으로 표상하는 개념이라기 보다는 포괄적이고 추상적인 '감성적' 개념이고, 그래서 각 나라마다 문화마다 증오범죄의 개념과 범위가 상이하다. 독일에서는 우익 폭력이나 외국인을 증오하는 폭력을 의미하며, 영국과 프랑스에서는 단순히 종교적 폭력만을 포함하고, 미국에서는 증오범죄의 원인 중 가장 큰 비중을 차지하는 것이 '편견'이라 보고 일차편견[67]에 의한 범죄를 증오범죄의 개념으로 사용되고 있다. 공통점은 이러한 다양한 폭력행위의 기저에는 개인의 심리적 요소로서 '증오'가 내재되어 있다는 것이다(김혜정, 권주혁, 2013:92-93).

증오는 '감정'의 일종이 아니라, 일종의 '가치'체계에 속하는 개념이다. 즉, 증오는 슬픔, 분노 등과 같은 원초적 감정과는 달리, 그러한 원초적 감정을 기초로 하여 형성된 특정인 또는 특정 상황·이슈 등에 대한 부정적인 복합(감정+인식) 가치체계인 것이다. 사람은 자신에 대한 일종의 정신적 방어기제로서 그러한 부정적 감정과 인식을 해소하기 위한 일정한 행동양식을 구축하여 자기보호를 하고자 한다. 그 행동양식이 지극히 비이성적이고 반사회적인 방향으로 표출되는 것이 바로 증오범죄이다(김혜정, 권주혁, 2013:93).

---

67) 일차편견 범죄 : 사회적으로 강자에 의한, 약자 및 소수자를 향한 범죄를 말한다.

증오는 왜곡된 가치체계에 의해 발생하기에 이를 '편견범죄'라고도 부른다. 심리학자 Allport(1958)는 편견이란 '사회생활 속에서 편협, 편파, 선입견 등과 같이 왜곡된 인지활동과 더불어 반감 혹은 증오로 나타나는 태도'라고 하였다. 최근에 Aronson 등(2005)은 편견에 대한 보다 구체적 정의를 제시하였다. 편견이란 '잘못되고 불완전한 정보에서 나온 일반화에 근거를 두고 어떤 특정한 사람이나 집단 전체에 대해 갖는 적대적 혹은 증오심과 같은 부정적 태도'라고 정의하였다. 즉 Allport와 Aronson은 공통적으로 '편견은 일종의 태도'라고 정의하고 있다(이동명, 노상욱, 2008 재인용).

편견이 형성되는 과정에 대한 심리학적 해석은 다양하다. 이동명과 노상욱(2008)은 연구에서는 다음과 같이 설명한다.

편견에 관한 정신분석적 해석은, 아동들이 어릴 때부터 좌절을 많이 겪으면 이러한 좌절로 인해 촉발되는 공격성향을 표출할 안전한 표적을 찾게 되고, 그 대상이 약자나 열등한 사람들을 삼게 된다는 것이다. 안전한 표적을 속죄양으로 삼아 자기 내면의 적개심과 공격적 행위를 정당화시켜주는 편견을 갖게 된다. 반면에 기성권위에 대해서는 무조건적인 순종을 하는 권위주의적 성격이 편견을 쉽게 형성한다.

사회학습적 해석은, 편견이 아동의 사회화 과정 속에서 공식·비공식 학습과정을 통해 형성된다는 것이다. 아동은 많은 지식을 습득해가며 주위환경에 적응해가는 과정을 거친다. 습득되는 지식 중에는 부모들이 특정한 가치관을 갖도록 강요하는 것과, 부모와의 동일시과정을 통해 부모의 가치관을 자기의 것으로 내면화한 것이 편견의 내용을 구성한다.

최근에는 사회인지적 측면에서 편견을 보는 관점도 있다. 인간은 외부로부터 들어오는 복잡한 자극을 있는 그대로 전부 정보처리하지 않는다. 빠르고 효율적인 정보처리를 위해 인간의 인지체계는 몇가지 편향bias 성향을 갖고 있으며, 이러한 인지적 편향이 다른 사람이나 집단을 지각할 때 작용하여 별다른 갈등이나 악의가 없이도 쉽사리 편견이 나타날 수 있다. 예를 들어, 남자들은 '여자는 다...해'라고 쉽게 판단해 버린다든가, 또한 여자들은 특정 남성에 대해 구체적 정보처리 없이 '남자는 다...해"라고 손쉽게 판단해 버린다.

2) 증오범죄의 유형

증오범죄는 문화, 역사 등 상대적이고 다양한 요소들이 개입하여 일어나기 때문에 그 기저에 내재된 증오의 유형과 그러한 증오가 범죄행위로 표출되도록 이끄는 기저 감정과 왜곡된 신념 등 원인에 따라 유형화하여 분석하는 것이 필요하다.

미국 학계에서는 편견의 종류나 동기에 따른 증오범죄의 유형화를 다음과 같이 제시하고 있다(Levine & McDevitt, 1989; 조철옥, 2012: 43-45).

① 스릴추구적 증오범죄(thrill-seeking hate crimes) : 범죄행위 그 자체에서 쾌락을 추구한다. 비행청소년들이 몰려다니면서 소수인종, 소수민족, 또는 동성애자 등 힘없는 특정집단을 공격하고 도주하는 형태로 나타나며, 범죄대상은 주로 불특정다수가 된다. 미국에서는 스릴추구 범죄가 전체 증오범죄의 58%를 차지하는 정도로 많고, 공통적으로 폭력을 동원한다.

② 대응적 증오범죄(reactive hate crimes) : 실제로는 그렇지 않은 데도 범죄자들은 특정집단이 자신의 이익이나 생활방식을 침해하거나 위협하기 때문에, 이를 방어하기 위해 먼저 공격해야 한다고 주장한다. 일반적으로 경제상황이 좋지 않을 때 주류사회에서 실패한 사람들이 소수민족이나 이주민에 대해 테러를 가하는 것이다.

③ 사명적 증오범죄(missionary hate crimes) : 신과 같은 최고 권위자가 이 세상의 악을 제거하라는 계시를 내려 그 사명감으로 범죄를 한다고 믿는다. 일종의 정신장애 상태로 볼 수 있는 광신적 행태를 보인다. 독일의 히틀러 나찌정권의 인종학살 범죄는 '사명적 증오범죄'에 속한다고 볼 수 있다. 미국의 증오집단은 일반적으로 여섯 개 범주로 분류되며, KKK단, 신나치주의, 흑인 분리부의자 등 비밀결사 집단들은 다른 신앙과 종교를 가진 타인종이 자신들의 인종적 순수성을 위협하기 때문에 처벌하는 것이 사명이라고 굳게 믿는 확신범에 속한다.

④ 조직화된 증오범죄(organized hate crimes) : 범죄조직을 결성하고 조직적 위계에 의해 계획적으로 범행을 하는 경우이다. 개인으로서의 범죄자 보다는 범죄조직이 구성되어 집단적이고 계획적으로 범행을 하고, 특히 조직의 리더의 지시에 따라 범행을 한다. 한국의 경우에 지존파 사건이 이에 속한다. 프랑스, 독일 등 유럽에서 빈번히 발생하는 '소프트테러'의 경우도, IS라는 집단의 지시를 받은 자폭테러는 '조직화된 증오범죄'라 할 수 있다.

⑤ 자기정체성 갈등유형적 증오범죄(identity conflictive hate crimes) : 자기정체성 갈등상태에 빠진 소수자(예: 게이)가 부모나 가족으로부터 거부당하거나 스스로 내재화된 동성애 혐오증에 빠져 죄의식, 수치심, 불안, 우울 등을 경험한다. 심하면 매춘, 약물남용, 자살을 시도하기도 하며, 또 다른 형태로서 자신과 동일한 집단(예: 게이)에 속한 사람을 공격하는 증오범죄를 저지르기도 한다.

미국과는 달리, 우리나라의 증오범죄는 대부분이 '사회불만형'으로 표출된다. 미국에서처럼 뚜렷한 편견에 의한 가치체계를 가진 특정인이 다른 집단에 대한 범죄(소위 '묻지마범죄')를 한다고 보기보다는, 오히려 개인적 좌절이나 피해의식, 사회구조 및 사회환경적 차별 등이 개입하여 형성된 이차적 편견[68]이 더 큰 영향을 미친다고 본다. 실제 발생한 묻지마범죄의 가해자는 대부분 빈곤하거나 심신장애가 있거나 결손가정의 불우한 환경에서 생활하는 경우에 처한 사람들이 많다. 대구지하철 방화사건의 범인은 자신의 지병을 비관하여 방화를 하였고, 남대문 방화범은 자신의 땅이 수용되는데 땅값이 너무 낮게 책정되어 생긴 불만으로 방화하였다. 지존파 범인들은 자기 부모들은 시골에서 가난하게 사는데 강남의 부자들은 사치스런 쇼핑을 많이 한다고 연쇄살인을 하였다. 연쇄살인범 유영철은 불우한 편부슬하에서 자라고 자신도 원치 않는 이혼을 당한 후 성격이 포악해져 생긴 여성혐오증 때문에 주로 여성들을 범행대상으로 삼았다.

이들을 단순한 강도, 폭행 등 강력범죄로 분류하지 않고 증오범죄의 유형으로 볼 수 있는 것은, 특정 환경이나 사회적 불만이 개인의 가치체계를 바꾸어 편견을 형성하는데 큰 영향을 미치고 그렇게 형성된 편견은 자신의 범죄행위를 정당화하는데 영향을 미치기 때문이다. 이들 심리내부의 감정, 사고체계에 대한 정밀한 분석이 없는 단순한 형사처벌이나 수감은 진정한 교정효과를 거둘 수가 없다.

(3) 증오범죄의 예방

병리적 증오심과 편견을 갖고 있는 개인이 "증오범죄" 형태의 폭력행위를 표출하게 하는 배경에는 거시적인 사회문화적 환경이 '도화선' 역할을 한다. 김혜정, 권주혁(2013:

---

68) 이차편견 범죄는 차별받는 사회적 약자가 강자집단을 향해 저지르는 보복성 범죄이다.

102-105)은 대표적인 거시환경으로서 사회적 불평등, 사회적 편견과 차별, 대중매체의 영향이 증오범죄를 부추키는 요인이라고 제시한다.

사회적 불평등은 경제적 불평등, 교육기회의 불평등, 사회적 지위나 권력 등 계급적 불평등을 모두 포괄하는 개념으로 사용할 수 있고, 증오범죄의 동기를 불러 일으킬 수 있다. 특히, 우리나라 '묻지마 범죄'와 같이 사회적 약자가 강자집단에 대한 분노로 표출되는 이차편견 범죄가 이에 해당한다. 예를 들어, 빈곤과 범죄의 관련성을 보면, 빈곤이 범죄의 직접적인 원인이라고 볼 수는 없지만, 빈곤한 생활로 인해 생기는 열등감, 좌절감, 소외감, 가정결손, 삶의 희망상실 등이 매개가 되어 '묻지마 범죄'가 발생하는 것으로 해석할 수 있다. 우리나라의 예로, 서남부 연쇄살인사건 살인범들은 범행동기로 "세상이 나를 버려 가난해 졌기 때문에 부자만 보면 죽이고 싶었다"고 말했다.

개인이 느끼는 빈곤감은 절대적 빈곤보다는 타인과의 비교로 인해 생기는 상대적 박탈감이 더 직접적인 영향을 미친다. 한국 사회가 급격한 경제성장의 덕분으로 전반적인 경제수준은 높아졌지만, 부의 재분배 정책실패 또는 자본주의의 부작용으로 계층간 빈부격차는 더욱 심해져 가는 사회경제적 상황이 약자에 의한 증오범죄를 배양시키는 상황이라 볼 수 있다. 인터넷 커뮤니티에서 시작해서 사회내 널리 퍼져 공감을 사는 '금수저' '흙수저' 비유가 대표적이다. 이러한 상대적 박탈감과 소외로 인한 증오범죄의 양상은 최근에 유럽각국에서 빈발하고 있는 테러리스트의 심리에도 동일하게 적용될 수 있다.

종래에 미국의 KKK단, 러시아 스킨헤드, 히틀러 나찌주의자 등에 의해 발생하는 증오범죄는 특정한 인종, 성적 취향, 장애인 등에 대한 다수집단의 편견과 차별로 인한 일차편견 범죄인 것이다. 이와는 달리 우리나라의 묻지마 범죄와 같이 사회적 불평등으로 열등한 위치에 있는 약자가 다수집단 또는 일반인에 대해 저지르는 증오범죄는 이차편견에 의한 범죄라고 할 수 있다. '이차' 편견이라고 지칭하는 이유는 범행자가 갖고 있는 편견 자체가 증오범죄의 동기가 된다기 보다는, 상대적 빈곤에 의한 불평등으로부터 생겨난 편견이라는 의미를 담고 있다. 사회적 소외 또는 고립상태가 지속되는 것은 심리적 소외와 가치체계의 왜곡으로 발전하고 이로 인한 편견 때문에 비이성적 범죄행위를 하게 된다.

끝으로, 거시적 환경으로서 현대사회에서 막대한 영향력을 가진 인터넷, 소셜 미디어 등이 범죄의 질적, 양적 변화에 어떤 영향을 주는지에 대한 연구도 범죄학계에서 활발히 진행되고 있다. 전통적인 미디어 효과성에 대한 이론으로서 점화가설이냐 사회학습가설이냐의 논쟁을 넘어서서, 미디어를 통해 받아들이는 자극적, 폭력적 정보들이 증오심을 가진 사람들에 대해서는 증오의 외부적 발현을 자극하는 촉매제 역할을 한다. 예컨대, IS 테러집단은 소셜미디어를 통해 전세계적으로 자국사회에서 소외된 청년들(소외 '외로운 늑대')에게 홍보하고 모집하는 고차원 전략을 쓰고 있다. 심지어 한국 청년 몇 명도 IS대원이 있다는 보도가 나왔다.

하스켈과 야브론스키에 의하면, 폭력성을 가진 사회병질자는 마음에 품고 있는 폭력적인 환상을 건드리는 글이나 역사적 자료를 찾는 성향이 있다고 하였다. 그렇기 때문에 일반인은 그런 폭력적 자극을 접해도 큰 영향을 받지 않지만, 범죄잠재성을 가진 사람에게는 자극적인 폭력물을 모방하여 범죄를 저지르는 '카피캣copy-cat[69]'이 될 수 있는 것이다(김혜정, 권주혁, 2013:104).

증오와 폭력 자체가 갖는 정당성에 대해 의문을 갖게 된 것은 근히 최근에 이르러서다. 역사적으로 볼 때, 유럽의 중세나 동양의 근대이전까지만 해도 권위자 또는 다수자에 의한 폭력이 어느 정도는 인정받아 왔다. 예를 들어, 중세 유럽에서 종교재판에 의해 마녀로 지목되면 신(예수)의 이름으로 화형에 처해지는 '마녀사냥'이 있었고, 현대에 들어서도 이슬람 극단주의자들이 신(알라)의 이름으로 이교도를 처형하는 테러가 행해지고 있다. 비로소 근대에 이르러서야 이성철학과 인권의 발전을 통해 증오가 비이성적인 감정적 가치체계라는 보편적 인식에 동의하게 되고, 그에 따른 폭력의 정당성을 부정하기에 이른 것이다(김혜정, 권주혁, 2013).

그렇다면, 프로이드가 주장하듯이 타고난 인간의 본성인 공격성을 정화하고 오랜 인간역사 속에서 지속되어온 증오범죄를 예방하는 것이 가능한 것인가.

증오범죄가 갖는 본질적인 문제는 범행 동기의 형성에 다양한 요소들이 영향을 미친다는 것이다. 증오범죄를 저지른 '개인'에만 초점 두어 이를 '묻지마 범죄'로 이해하는 선에서 행위의 동기를 더 이상 묻지 않는다거나 개인에 대한 처벌일변도의 결과에만 관심 가져서는 후속

---

69) 카피캣 ; 새끼 고양이는 어미 고양이가 먹이를 사냥하는 모습을 유심히 관찰한 뒤 사냥기술을 그대로 흉내내는 방식으로 사냥기술을 터득한다. 이런 고양이의 습성을 보고 '복사(Copy)'와 '고양이(Cat)'라는 단어를 더해 '카피캣(Copycat)' 이라는 용어를 사용한 것으로 알려졌다. 일반적으로 '모방하는 사람'을 의미한다.

범죄를 막을 수 없다. 특히 절대적 빈곤이나 사회적, 경제적, 교육적 불평등을 조성하는 사회문화적 환경이 증오라는 감정적 가치체계에 영향을 미친다는 점에 주목해야 한다. 이러한 인식이 각종 사회정책에 반영되어야 증오범죄의 예방가능성이 생기는 것이다. 다시 말해 증오범죄의 동기형성 및 예방은 형사정책적인 문제가 아니라, 인문학적 문제이자 사회정책의 문제로 보아야 할 것이다(김혜정, 권주혁, 2013:110).

강은영(2000). 아동 성학대의 실태 및 대책. 서울: 한국형사정책연구원.

강희순, 이은숙(2010). 대학생의 데이트 성폭력 가해경험과 관련 요인. 보건교육·건강증진학회, 27(3), 75-84.

고성혜(2001). 비행청소년의 성매매에 대한 태도. 성매매청소년 보호대책 심포지움(2001.9월) 자료집.

김헌수, 신화식(1995). 청소년이 지각한 근친상간의 가족역동. 소아·청소년 정신의학, 6(1).

김혜정, 권주혁(2013). 증오범죄의 유형과 원인에 대한 고찰. 영남법학, 36, 91-112.

남미애(2001). 청소년의 매춘에 영향을 미치는 요인에 관한 연구. 청소년학 연구, 8, 271-306.

남현미(2003). 대학생 데이트 성폭력 실태와 가해 예측요인에 관한 연구. 이화여자대학교 대학원 석사학위 청구논문.

박성수(2011). 마약류중독자의 치료보호제도 개선방안. 교정연구, 51, 191-227.

이동명, 노상욱(2008). 미국의 증오범죄에 관한 연구. 법학연구, 31, 361-388.

이원숙(1998). 성폭력과 사회복지. 용인: 강남대학교 출판부.

조아미, 김명화(2001). 성매수 청소년 그들은 누구인가?. 청소년성매매문제 사회적 대책 모색을 위한 토론회 자료집.

조철옥(2012). 미국과 한국의 증오범죄에 관한 비교 고찰. 경찰학연구, 12(1), 37-76.

Abel, G.G.(1984). *The treatment of child molesters*.

Abel, G.G., Barlow, D.H., Blanchard, E.B., & Guild, D.(1977). The components of rapists's sexual arousal. *Archives of General Psychiatry, 34,* 895-903.

Abel, G.G., Becker, J.V., Murphey, W.D., & Flanagan, B.(1981). Identifying dangerous child molesters. In R.B. Stuart (ed.), *Violent behavior: Social learning approaches to prediction, management and treatment*. New York: Brunner/Mazel.

Allport, G.W.(1958). *The Nature of Prejudice: Abridged*, Doublelay.

Aronson, E., Wilson, T.D., & Akert, R.M.(2005). *Social psychology(5th)*. Pearson Education International.

Barbaree, H.E., Marshall, W.L., Yates, E., & Lightfoot, L.O.(1983). Alcohol intoxication and deviant sexual arousal in male social drinkers. *Behavior Research and Therapy, 21,* 365-373.

Bonta, J., Zinger, I., Harris, A., & Carriere, D.(1998). The dangerous offender provisions: Are they targeting the right offenders? *Canadian Journal of Criminology, 40,* 377-400.

Busch-Armendariz, N.B., Diitto, D.M., Bell, H., & Bohman, T.(2010). Sexual assault perpetrators' alcohol and drug use: The likelihood of concurrent violence and post-sexual assault outcomes for women victims. *Journal of Psychoactive Drugs, 42,* 393-399.

Campbell, A. Muncer, S., & Bibel, D.(1985). Taxonomies of aggressive behavior: A Preliminary Report. *Aggressive Behavior, 11(3),* 217-222.

Conte, J.R.(1985). Clinical dimensions of adult sexual interst in children. *Behavioral Sciences and the Law, 3,* 341-354.

De Leon, G.(2000). *The Therapeutic Community: Theory, Model, and Method.* 서울시립동부아동상담소 역(2002). 치료공동체. 서울: 서울시립동부아동상담소.

Earls, C.M., & David, H.(1990). Early family and sexual experiences of male and female prostitutes. *Canada's Mental Health, 38(4),* 7-11.

Feindler, E.L., Ecton, R.B., Kingsley, R.B., & Dubey, D.R.(1986). Group anger-control training for institutionalized psychiatric male adolescents. *Behavior Therapy, 17,* 109-123.

Finkelhor, D.(1984). *Child sexual abuse: New theory and research.* New York: Free Press.

Fowles, D.C.(1988). Psychophysiology and psychopathology: A motivational approach. *Psychophysiology, 25(4),* 373-391.

Galanter, M., Kleber, H.(1999). *Textbook of substance abuse treatment(2nd ed.).* Washington, D.C.: American Psychiatric Press, Inc.

Howells, K.(1989). Anger management methods in relation to the prevention of violent behaviour. In J. Archer & Browne (eds.), *Human Aggression: Naturalistic Accounts (pp.153-181).* London: Routledge.

Langevin, R.(2003). A study of the psychosexual characteristics of sex killers: Can we identify them before it is too late? *International Journal of Offender Therapy and Comparative Criminology, 47,* 366-382.

Levine, J., & McDevitt, J.(1993). *Hate crime: The Rising Tide of Bigotry and Bloodshed.* New York: Plennum.

Malamuth, N.M., & Check, J.V.P.(1985a). Sexual arousal to rape and consenting depictions: The importance of the woman's sexual arousal. *Journal of Abnormal Psychology, 89,* 763-766.

Malamuth, N.M., & Donnerstein, E.(1982). The effects of aggressive pornographic mass media stimuli. In L. Berkowitz (ed.), *Advances in Experimental Social Psychology(V.15).* New York: Academic Press.

Malamuth, N.M., Heim, M., & Feshbach, S.(1980b). The sexual responsiveness of college students to rape depictions: Inhibitory and disinhibitory effects. *Journal of Personality and Social Psychology, 38,* 399-408.

Margolis, R.D., & Zweben, J.E.(1998). *Treating patients with alcohol and other drug problems: An integrated approach.* Washington, D.C.: American Psychological Association.

McMullen, R.J.(1987). Youth prostitution: A balance of power. *Journal of Adolescence, 10(1),* 35-43.

Novaco, R.W.(1997). Remediating anger and aggression with violent offenders. *Legal and Criminological Psychology, 2,* 77-88.

Polaschek, D.L.L. & Reynolds, N.(2004). Assessment and treatment: Violent offenders. Hollin, C.R.(ed.), *Offender Assesment and Treatment* (chap 13).

Quinsey, B.L., Steinman, C.M., Bergersen, S.G., & Holmes, T.F.(1975). Sexual preferences among incestuous and non-incestuous child molesters. *Behavior Therapy, 10,* 562-565.

Renwick, S.J., Black, L., Ramm, M., & Novaco, R.W.(1997). Anger treatment with forensic hospital patients. *Legal and Criminological Psychology, 2,* 103-116.

Russell, D.E.H.(1986). T*he secret trauma: Incest in the lives of girls and women.* New York: Basic Books.

Schissel, B., & Fedec, K.(1999). The selling of innocence: The gestalt of danger in the lives of youth prostitutes. *Canadian Journal of Criminology, 41(1),* 33-57.

Schlichter, K.L., & Horan, J.J.(1981). Effects of stress inoculation on the anger and aggression management skills of institutionalized delinquents. *Cognitive Therapy and Research, 5,* 359-365.

Segal, Z.V., & Marshall, W.L.(1985a). Heterosexual social skills in a population of rapids and child molesters. *Journal of Consulting and Clinical Psychology, 53,* 55-63.

Segal, Z.V., & Marshall, W.L.(1985b). Self-report and behavioral assertion in two groups of sexual offenders. *Journal of Behavior Therapy and Experimental Psychiatry, 16,* 223-229.

Sibert, M.H., & Pines, A.M.(1981). Sexual abuse as an antecedents to prostitution. *Child Abuse and Neglect, 5,* 407-411.

Stewart, J., de Witt, H., & Eikelboom, R.(1984). Role of unconditioned and conditioned drug effects in the self-administration of opiates and stimulants. *Psychological Review, 91,* 251-268.

제15장 인지행동치료와 교정

영국에서 대략 절반가량의 강력 범죄는 5%의 인구에 의해 행해진다(Farrington et al., 1986). 이들은 아동기부터 비행을 시작하는 남성범죄자로서 이들의 범죄경력은 다른 범죄자에 비해 훨씬 빈도가 많고 죄질도 더욱 강력하다. 이들은 특정 유형의 범죄만 저지르는 Specialist가 아니라 다양한 유형의 범죄를 저지르는 Generalist 라는 특징을 갖는다.

Moffitt(1993)는 '생애지속형life-course persistent' 범죄인과 '청소년기한정형adolescence-limited' 범죄인이라는 두가지 유형의 이론적 모델을 제시하였다. 생애지속형 범죄인은 출생이전 또는 직후부터 유해한 신경심리학적 영향을 받게 되는 발달환경에 노출된다. 예를 들면, 모친의 약물중독, 출산시 손상, 출생후 영양부족, 부모의 악성유전 등으로 인해 신경심리학적 손상이 생기고, 이로 인해 읽기, 쓰기, 기억, 문제해결 등 언어적 수행 역량의 발달이 부진하고 주의집중이나 충동 통제와 같은 자기조절 기능도 정상발달에 이르지 못하게 된다. 아동기에 시작한 비행이 청소년기에만 출현하다가 없어지는 것이 아니고 전생애동안 상습범죄인으로 고착화되는 과정에는 직·간접적인 위험요인들이 개입한다. 직접적인 위험요인으로는 화를 잘내고 과민한 성격, 성인기 잦은 실직, 경제적 곤궁 등을 들 수 있다. 간접적 위험요인으로는 청소년기 학교이탈, 그로 인한 취업기회의 상실 및 빈곤 등으로 이어지는 악순환의 고리에서 벗어나지 못하는 것이다.

따라서 범죄자 교정 프로그램은 기본적으로 범죄의 원인론과 범죄인의 종류 및 특성에 기초하여 개발되어야 한다. 즉, 치료프로그램 개발자는 특정범죄의 유발요인이 무엇인지를 찾고, 유발요인 중에서도 치료를 통하여 변화시킬 수 있는 동적요인을 프로그램의 목표로 삼아야 한다Polaschek, 2016:130-131.

1) 교정에 심리치료적 접근

교정시설에서 진행되는 프로그램은 교정시설이 처음 도입된 이후 독거구금과 침묵제가 주를 이루었다. 1974년 Martinson이 "Nothing works"라고 주장한 이후 처우를 중심으로 한 자유주의적 사조는 기울고, 처벌을 통한 억제와 정의의 실현이 주류로 자리를 잡았다. 그러나 Paul Gendreau와 Robert Ross와 같은 학자들은 효과적인 처우프로그램이 가능하고 실제 존재한다는 것을 증명하였다(Hollin, 1999). 증거에 기반한 프로그램evidence based programs을 개발하고 메타분석을 통하여 증명함으로써 1980년대의 "Something works" 단계를 지나 1990년대의 "What works" 시기로 접어들었다(Woolfenden et al, 2002; Landenberger and Lipsey, 2005; Reitzel et al. 2006; Foley, 2008; Persons, 2009).

특히 인지행동, 기술 중심, 다중양식 프로그램이 가장 효과적인 것으로 나타났고, 정신역동, 상담중심, 비지시적 인간중심 치료는 효과가 제한적이었다. 처벌 중심적인 접근은 재범감소에 효과가 없고 오히려 재범을 증가시키는 것으로 났다(손병덕, 2010; 신기숙, 김해숙, 2009). 이후 2000년대는 결함보다는 강점을 중시하는 긍정심리학적 접근이 등장하고 있다.

뉴질랜드 성인범죄자를 대상으로 한 Wilson(2004)의 연구에서, 고위험 성인 재소자의 2/3는 Moffitt이 제시한 생애지속형 범죄인으로 분류되었다. 이들의 연령은 평균 27세이고 7번 수감경력이 있으며, 출소후 5년내에 심각한 성범죄 또는 폭력범죄 재범을 할 가능성이 70%로 보고되었다.

그러나 교정실무에서는 특정한 범죄자 유형에 맞추어 개발되어 시행되고 있는 교정프로그램이 극히 적은 실정이다. 심각한 폭력범죄인에 맞는 전문 프로그램의 종류도 부족할 뿐 아니라, 특정 교정치료가 기반을 두는 이론적 틀에 대한 전문지식과 프로그램의 내용에 대한 정보도 매우 빈약한 실정이다. 이는 국내는 물론이고 외국에서도 유사하게 지적되는 문제이다.

Howells와 Day(2003)는 교정프로그램의 비효과성 문제를 분석하면서, 참가자의 프로그램 참여 동기를 제한하는 장애요인으로서 범죄인의 요구needs와 프로그램의 부조화를 지적한다. 다시말해 참가자의 치료에 대한 동기화(준비성)를 이해하는 것이 바로 프로그램의 치료효과를 높인다는 것이다. 심각한 폭력범죄인이 가진 치료동기 결여의 주된 요인은 바로 그들이 갖는 "범죄유발성 요구" 그 자체일 수 있다. 예를 들면, 그들에게 내재된 반사회적 목표과 가치, 타인에게 폭력을 행사하는 것을 정당화하는 태도, 폭력에 대한 동료집단이 주는 사회적 지지, 자신의 성격에 내재된 사이코패스 성향 및 자기애narcissism 등이 치료장애요인이 될 수 있다.

따라서, 범죄 행위란 다중요인에 의해 일어나고 행위자에게 강화를 주는 효과가 있기 때문에 반복될 수 있는 복합적 행위라는 관점에서, 교정치료 프로그램은 행위자의 요구를 충족시키는 방향으로 치료하되, 일탈적이 아니라 규범적인 방식으로 요구를 해결하는 방법을 가르쳐주는 "자아동조적(自我同調的, ego-syntonic)" 교정이 되어야 한다(Howells & Day, 2003).

외국의 교정시설에서 시행된 효과적인 교정프로그램들이 갖는 공통적인 원리는 다음과 같이 요약할 수 있다(Cullen & Gendreau, 1989; Andrews et al., 1990).

① 범죄인 교정치료의 일반 원리는 동적·정적 위험성(Risk), 범죄인의 요구(Needs), 치료프로그램의 반응성(Responsivity)의 세가지 요소에 기초를 두어야 한다.

② 폭력 범죄인의 교정은 성격개조가 아니라, 그들의 정보처리상의 오류와 왜곡된 인지에 초점을 맞추어 대안적 인지기술과 대인관계기술을 가르쳐서, 폭력행위에 이르게 될 위험을 사전에 스스로 관리할 수 있도록 훈련시키는 것이다.

③ 교정프로그램으로 가장 효과적인 접근은 이론적 근거를 사회학습이론, 인지모델, 기술훈련, 차별접촉, 가족치료 등에 두고 개발된 인지행동적(cognitive-behavioral) 치료방식이다.

④ 효과적인 개입프로그램에 포함되는 요소들은 반-범죄적 모델링(anti-criminal modeling), 문제해결, 지역사회 자원의 활용, 대인관계의 질 향상, 엄격하고 공정한 훈육, 재발방지 및 자기효능감 증진 등이다.

⑤ 저위험 범죄인에게는 심리평가를 통해 확인된 폭력관련 요구(needs)에 대한 맞춤형 개별처우를 제공할 수 있다. 그러나 광범위하고 다양한 폭력 전력을 갖고 있는 사람에게는 단지 분노조절에만 초점 맞춘 저강도 프로그램으로는 폭력위험을 낮추기 어렵다. 대신에, 더 집중적인 집단치료 프로그램에서 다양한 치료방법을 사용하고, 정서조절과 폭력관련 인지과정을 타겟으로 삼아 인지적, 사회적 기술을 가르치는 것이 필요하다. 대체로 알코올과 약물사용이 폭력과 연관된다.

2) 치료동기 이론

외국의 교정시설내에서 분노폭발 등 문제를 일으켜 분노관리 프로그램에 참여하는 범죄인 내담자들의 치료동기는 낮을 수 밖에 없다. 몇가지 이유를 들어보면, 첫째, 수용자는 교정시설 직원과는 매우 상이한 목표를 갖고 치료에 들어온다. 둘째, 치료참여의 압박을 받는다. 셋째, 프로그램 진행직원에 대한 강한 적대감을 갖고 치료세팅에 임한다. 외국의 교정시설에서 폭력 문제를 가진 많은 수용자들은 선택권이 있을 경우에 치료프로그램을 완료하지 못하고 중도에 이탈하는 비율이 높다(DiGiuseppe, 1995). 따라서, 교정시설내에서 치료프로그램의 개발과 시행만 중요한 것이 아니라, 치료 효과를 높이는 데 영향을 주는 수용자의 치료 준비성을 측정 하는 방식도 개발할 필요가 있고, 치료동기가 낮은 수용자를 대상으로 한 대안적 개입전략을 찾아내는 것 또한 중요하다(Howells & Day, 2003;319). 우리나라에서도 이수명령을 선고받 아 강제로 치료프로그램 이수에 참여해야 하는 성폭력범들의 치료동기가 현저하게 낮은 것이 주된 현안문제로 제기되고 있다.

① 변화 단계 이론(Stages of Change)

Prochaska & DiClemente(1992)가 제시한 변화단계 이론은 기본적으로 일종의 '동기'이 론으로서, 사람들은 문제를 해결하려고 할 때는 몇 가지 변화의 단계들을 거쳐 간다고 가정한 다. 예를 들어, 교정프로그램에 처음 들어가는 수용자는 첫 단계에서 동기가 없고 문제가 무엇 인지 인식하지도 못하며 그렇기 때문에 치료를 수용할 만한 단계에 있지도 못한다. 그런 다음 에는 문제가 점차 명료해지고 수용자는 변화에 대해 생각해 보게 되고, 최종적으로는 문제를 해결하려는 적극적인 단계에 도달하게 된다. 이를 단계적으로 요약하면 다음과 같다.

- 인식이전(precontemplation) 단계 : 자신의 행동을 변화하기 원하지 않음, 문제를 인식 하지 못한다.
- 인식(contemplation) 단계 : 앞으로 6개월 내에 자신을 변화시키려고 진지하게 생각한다.
- 실행(action) 단계 : 자신의 문제를 극복하기 위해 자기 행동, 경험, 환경을 조정하기 시작 한다.

② 자기결정이론(Self-determination Theory)

Deci와 Ryan(2000)이 제시한 자기결정이론의 기본가정은, 인간의 동기는 역능감competence, 자율감autonomy, 유대감relatedness 등을 인간의 생래적인 요구needs 측면에서 고려하는 것이다. 이를 교정프로그램 세팅에 적용하자면, 역능감은 특정 기술의 습득을 의미하고, 자율감은 일종의 자기효능감self-efficacy으로서 내담자 자신이 잘하고 있다는 느낌을 갖는 것이고, 유대감은 치료자와의 관계를 통해 만족될 수 있는 사회적 요구이다. 따라서, 이러한 생래적 요구를 저해하는 치료프로그램의 사회적 맥락은 참여동기가 저조하고, 수행 효과도 잘 나오지 않으며, 안녕감도 떨어지는 결과를 초래한다.

자기결정이론에서는 역능감, 자율감, 유대감 요구를 충족시키는 것이 내재적 동기를 불러일으키는 가장 강력한 수단이라고 주장한다. 사회적으로 제재하는 범죄 행위를 스스로 억제하는 개인적인 가치 또는 자기규제로 변환시키기 위해서는 외재적 동기가 내재화되는 심리적 과정을 거쳐야 한다(Deci & Ryan, 2000:235).

교정치료 세팅에서도 외재적 동기가 다음의 단계를 거쳐 내재적 동기로 변화되어야 진정한 교정효과가 발생한다.

- 1단계 : 교정시설내 수용자가 치료후 가석방 또는 가산점 획득 등으로 외재적 동기화 될 때, 그들의 행위는 외적 강화로 통제될 뿐 내재적 동기는 오히려 감소된다.
- 2단계 : 내사(introjection) 단계에서는 수용자들이 단지 부분적으로만 규범을 내면화하고, 치료에 비교적 순응하는 태도를 보인다. 그러나 치료자는 이런 변화를 완전히 치료된 것으로 착각하지 않아야 한다.
- 최종 단계 : 인식(identification) 단계와 통합(integration) 단계에 이르러서야 치료의 궁극적 목표인 규범적 가치의 '수용'과 '내면화'가 일어난다.

③ 반응성(Responsivity) 이론

Andrews와 Bonta(1998)의 이론에 따르면, 범죄자를 대상으로 한 심리치료 프로그램이 재범방지 등 성과를 내기 위해서는 '위험성risk', '요구needs', '반응성responsivity'의 세 가지 원리를 충족시키는 것이 결정적으로 중요하다. 여기에서 반응성이란, 치료 상황에서 수용자의 학습능력에 영향을 주는 수용자 특성 및 프로그램 특성에 초점을 맞추는 것이다. 인지행동치료에서 보듯이, 치료란 일종의 학습적 경험이므로 '치료적 학습'을 저해하거나 반대로 촉진시키는 요소들이 모두 반응성 요인에 포함되는 것이다.

반응성 요인도 외재적, 내재적 요인으로 구분할 수 있다. 치료에 참여하는 수용자의 내재적 반응성 요인으로는 정신장애 문제, 지적장애 등 인지적 손상, 저조한 치료동기 등이 속한다. 치료의 반응성을 낮추는 외재적 요인으로는 시간경과에 따라 변화되거나 기타 조건이 달라질 수 있는 다양한 외적 요인들이다.

Serin(1998)은 반응성이론 관점에서 치료동기에 영향주는 다음의 11가지 요인들을 제시하였다. (1)문제의 인식 (2)목표 설정 (3)치료 동기 (4)자기 평가 (5)기대감 (6)행동의 일관성 (7)치료에 대한 견해 (8)자기효능감 (9)괴리감 (10)외부적 지지 (11)정서적 반작용 등이다. 이들 11가지 요인 중에서 수용자를 대상으로 한 분노관리 프로그램에 대한 '촉진적' 반응성 요인들을 찾아 보면 수용자가 자신이 분노 문제를 갖고 있음을 인식할 수 있고(1번), 치료 목표를 설정할 수 있으며(2번), 치료프로그램이 좋은 결과를 줄 거라는 기대감이 있고(5번), 자신이 변화될 수 있다고 믿으면(8번) 분노조절을 할 수 있는 치료효과가 생성될 가능성이 높아진다.

끝으로, 치료 유대감therapeutic alliance 개념은 치료받는 수용자와 치료자 간의 상호성을 의미한다. 성공적인 치료성과에 대한 책임은 수용자 뿐 아니라 치료자에게 함께 있는 것이므로, 프로그램 제공자 또는 교정당국이 어떻게 수용자의 요구needs를 가장 잘 충족시킬수 있는지를 고민하는 것 또한 필요한 것이다(Howells & Day, 2003:330).

④ 우리나라 성범죄자의 치료 동기

한국형사정책연구원에서 수행한 윤정숙(2012b)의 연구는 서울 및 경기 지역에 소재한 교도소 4군데를 선정하여 2년이내에 성폭력 치료프로그램을 이수한 경력이 있는 20명의 성폭력 성인 남성수용자를 대상으로 심층면접을 실시하였다. 이들이 연령은 20-50대에 걸쳐 있으며, 비교적 자기표현력이 있는 사람들이다. 질적 연구에서는 변인간 인과관계보다는 특정한 현상을 심층적으로 기술하고 설명하는 데 목표를 두기 때문에(신경림 외, 2005), 이 연구에서는 자신의 치료 참여 경험에 대해서 풍부하게 이야기할 수 있는 사람이 선정되었다. 주요 면담결과를 요약하면 다음과 같다(윤정숙b, 2012:227-236).

○ 프로그램 참여동기 : 대체로 치료프로그램에 대한 동기가 낮은 것이 문제이다. 그 원인은 수용자집단 내에서 교육 이전에는 본인이 성범죄자인 사실을 숨기고 있었는데, 범죄사실이 밝혀지는 것에 대한 두려움, 부끄러움, 수치심, 창피함 등이 치료동기를 약화시키는 요인이다.

  • 어색하고 꺼려지지만 피할 수 없으므로 받아들이거나 기대감도 없이 담담한 기분으로 참여했다(9명).

  • 참여하는 게 매우 싫었고, 불안감, 짜증, 낯설음, 긴장감, 두려움, 어색함, 창피함, 거부감 등 부정적 감정이 많았다(6명).

  • 치료에 대한 기대감이 있었고, 문제점을 파악하고 개선, 변화 되고자 하는 의지가 있었다(5명).

○ 프로그램 참여에 대한 필요성 : 참여동기의 수준은 각자 다르지만, 치료에 대한 필요성은 대체로 인정하는 편이다. 감정은 싫어도 필요하다는 인식은 있는 것이다.

○ 치료자에 대한 인식

  • 어머니, 누나, 선생님 등 치료자에 대해 대체로 좋은 관계, 친근한 관계로 생각하였다.

  • 치료자가 잘 이끌어줘서 자신의 속마음을 이야기 할 수 있었고, 남의 이야기를 귀담아 듣는 경청 자세를 배우게 되는 등 치료자가 변화의 매개체 역할을 했다고 응답하였다.

○ 개인면담의 필요성

  • 교육시간에는 집단프로그램만 실시하는데, 수형생활 중 생기는 불안감과 고민에 대해 털어놓거나 개인의 심리적인 문제들에 대해 치료자와 개인면담을 하고 싶다는 욕구가 있다. 전자발찌 부착과 같은 출소후 실질적인 문제에 대해서도 질문하고 면담하고 싶다고 한다.

  • 그러나, 일부 수용자는 자신이 저지른 사건 개방에 대한 두려움이나 거부감이 있는 사람은 더 깊게 사건 이야기를 다룰 것 같아서 개인면담을 원하지 않는 경우도 있었다.

○ 치료프로그램이 인생에 준 도움 : 집단프로그램 또는 집단적 심리교육을 통해서, 나와 다른 사람들에 대한 이해가 깊어졌다는 응답이 많았다. 구체적인 응답은 다음과 같다.

  • 남자 입장만이 아닌, '여자 입장'을 이해하게 되었다

  • 타인은 나와 다르다는 것을 이해하게 되었다

  • 내가 가지고 있는 취약점을 더 잘 이해하고 개선할 수 있게 되었다

  • 스트레스 느낄 때 감정(분노) 조절하는 법을 터득했다

  • 이전에 가졌던 성에 대한 왜곡된 생각을 고칠 수 있게 되었다

- 마음속에 감추었던 사건을 표출하게 되어 마음이 가벼워 졌다

- 여러 사람 앞에서 자기를 표현하게 되어서 성격이 적극적으로 되었다

- 한 두 번 교육으로 사람이 바뀌기는 어렵다는 생각을 하게 되었고, 교육내용도 피부에 와닿지 않았다

윤정숙(2012b)은 국내 교정시설에서 시행되고 있는 성범죄자 대상의 이수명령 치료프로그램의 효과성을 고찰하면서, 다음의 결론을 제시하였다.

첫째, 성범죄자의 사고와 행동의 수정에 초점을 맞춘 인지행동치료는 수용자들이 상대편의 입장을 이해하는 조망수용perspective-taking 능력의 배양에 도움을 주고 있다. 그러나 프로그램에서 습득한 내용을 출소후 사회생활에 어떻게 연결시킬지에 대해서는 수용자들 스스로도 아직 확고한 생각을 가지지 못하였다. 따라서, 프로그램에서 새로이 습득한 여러 심리적 기술들을 반복 연습하여 본인 스스로가 출소후 자기통제를 할 수 있는 대처기술로 자리잡을 수 있도록, 시설내에 있을 때 지속적이고 체계적인 사회적 기술 훈련을 교정처우에 포함시켜야 할 것이다.

둘째, 성범죄자 치료프로그램은 참여에 대한 치료 동기를 깊이있게 다루지 않고 강제 이수로만 진행하는 점을 개선시켜야 한다. 치료에 대한 동기는 치료효과에 바로 영향을 주고, 이 또한 프로그램에 대한 만족도와도 직결되기 때문이다. 집단치료 프로그램을 위해 내담자의 동기를 높여주고 준비시키면서 자기개방, 자기탐색적인 의견제시, 개인적 가치에 대한 인식, 치료의 이점 등을 강조하는 것이 필요하다. 이를 위해서는 캐나다 등 외국에서 교정시설 수용자들을 대상으로 실시하고 있는 '치료전 예비 프로그램'pre-treatment preparatory program을 국내에 도입하여 본 이수교육을 받기 전에 치료동기를 높여주는 것이 요구된다.

3) 인지행동치료(CBT)의 기본 원리

인간이 어떤 객관적 자극 자체에 반응하는 것이라고 보는 대신, 그가 지각하고 해석한 주관적 자극에 대해 정서가 일어나고 이에 수반되는 반응이 발생하게 된다. 인지행동치료CBT는 심리치료기법으로서 인지이론과 행동주의이론을 통합한 기법으로서 인간의 사고 즉 인지가

인간의 정서와 행동을 좌우한다고 가정한다(이정선, 2010:8).

교정영역에서 인지행동치료는 성범죄 치료 장면에서 가장 많이 활용되고 있으며, 1980년대에 등장하였다. 중독 치료에서 사용되던 치료기법을 성범죄자 치료에 응용한 것이다. 인지행동치료는 인지 측면과 행동 측면의 변화를 통한 재범 감소에 초점을 맞추어 재범과 관련된 위험요인은 낮추고, 자기통제능력은 향상하는 것이다(Hudson, 2005).

교정심리학적 관점에서는 범죄자 내부에는 재범과 관련되는 행동, 정서 및 인지적 요소가 있다고 가정한다. 재범방지를 위해서는 자기통제력이 중요하며, 범죄자가 자신의 범죄 유발요인을 알게 되면 범죄발생을 스스로 피할 수 있다. 따라서 재범 방지 요법에서 위험 상황과 재범 유발 요인을 인식해내는 작업이 중요하다. 범죄인을 대상으로 하는 인지행동치료에서는 범죄로 이어지는 사고 패턴, 감정, 상황을 행위자가 인식하도록 훈련시킨다. 일단 자신만의 경향성과 범죄 사이클 offense cycle을 이해하고, 범죄발생 가능성이 있는 위험 상황에서의 대처방법을 습득하도록 돕는 것을 치료목표로 한다.

① 성범죄자의 인지 왜곡 : 강간통념

성범죄자는 성폭력 피해자가 범죄를 고발하지 못하도록 하는 사회적 통념과 가해자 자신이 한 행동을 부정, 축소, 합리화하는 등 왜곡된 인지체계와 방어기제를 적극적으로 활용한다. 또 성에 대한 도식script은 사회문화적인 가치가 반영되어 있고 학습된 것으로 그 사회에서 전해 내려오는 남성 성신화, 강간신화 및 강간통념 등이 개인의 인지내 믿음체계로 내면화되었기 때문에 자연스레 성폭력을 하는 경향이 있다. 강간통념이란 남성들이 강간에 대해 갖고 있는 그릇된 통념으로서 이를 강간신화rape myth라고도 한다. 학계에서는 강간신화를 여성에 대한 강간에 영향을 주는 결정적인 요인들 중 하나로 본다. 주로 성에 대한 남성위주의 시각과 폭력행위에 대한 허용 등 사회의 모순된 남녀 차별적 이념체계를 반영하고 있다. 특히 강간통념에 대한 연구결과를 보면, 남성들의 강간통념 수용도가 높았고, 강간통념을 가진 사람일수록 성폭행 경험이 더 많고, 성폭행 사건을 왜곡되게 지각하였다. 그리고 남성지배적인 유교문화권에서 강간통념을 더 많이 수용하였다(표갑수, 엄정옥, 2012:217-220; 이석재, 1999).

왜곡된 강간통념을 측정하는 도구는 Burt(1980)가 처음 개발하고 국내에서 이석재(1999)가 번안하여 표준화한 '강간통념수용척도RMAS'[70]가 널리 쓰이고 있다. 이 척도에는 ①피해자

과거 성경험, ②여성행동에 대한 오해, ③피해자의 책임귀인, ④피해자의 경솔함, ⑤강간에 대한 허위조작, ⑥피해자의 음란성과 출신배경 등 6개 하위요인, 20문항으로 구성된다(〈표 45〉참조).

〈표 45〉 강간통념 수용척도(RMAS)

하위요인	문 항
① 피해자 과거 성경험	• 강간을 당하는 여성은 대개 이전에 학대받은 경험이 있다 • 성욕이 왕성한 여자들이 대개 강간을 당한다 • 강간을 보고하는 대부분의 여자는 그 사건 이전에 이미 많은 성관계를 가졌다 • 대부분의 강간 피해자는 평소 성관계가 난잡하거나 평판도 좋지 않다
② 여성행동에 대한 오해	• 여자가 친근감이 있게 남자를 대하는 것은 성적 접촉을 허용한다는 의사표시이다 • 남자가 식사 등으로 여자를 지극히 대접하면 여자는 대개 섹스를 허락한다 • 여자가 처음 만난 남자의 집을 찾아가는 것은 그와의 성관계를 허락한다는 뜻이다 • 여자가 키스나 애무를 허용하는 것은 성관계를 허용한다는 뜻이다
③ 피해자의 책임귀인	• 여자에 비해 남자는 성충동이 일어나면 이를 통제할 수 없기 때문에 해소하여야 한다 • 여자가 알지도 못하는 사람의 차를 얻어 타려다 강간을 당했다면, 그녀는 당할 만하다 • 만일 여자가 목을 껴안고 애무하다 사태를 걷잡을 수 없게 두어 남자가 성폭행을 했다면, 잘못은 여자에게 있다 • 여자가 모임에서 술에 취해 처음 만난 남자와 성관계를 가졌다면, 그녀는 성관계를 갖고자 하는 다른 남자들에게 '봉'이다 • 남자가 성관계를 요구할 때, 여자가 "안돼"라고 응답하는 것은 허락한다는 뜻이다
④ 피해자의 경솔함	• 여자가 노브라, 짧은 스커트, 꼭 끼는 상의를 입은 것은 성피해를 자초하는 것이다 • 끼있는 여자는 늦은 밤에 혼자 길을 걷는다
⑤ 강간에 대한 허위조작	• 신고된 대부분의 강간사례는 임신된 사실을 알았거나 자신의 명예를 지키고자 하는 여성이 날조한 것이다 • 강간을 신고하는 많은 여성은 상대에 대한 분노와 보복하려는 동기로 거짓말을 한다
⑥ 피해자의 음란성과 출신배경	• 많은 여자는 강간을 당하고 싶은 무의식이 있고, 무의식적으로 그러한 상황을 조성한다 • 대개 강간을 당하는 여자는 저소득 가정의 출신이다 • 어떤 여자는 성폭행을 당하는 것을 즐긴다

출처: 이석재(1999)

---

70) 강간통념수용척도(RMAS) : Rape Myth Acceptance Scale

성범죄자의 인지행동치료

성폭력 범죄자에 대한 인지행동치료에서는 성범죄자가 자신의 행위를 정당화시키기 위해 발달시킨 왜곡된 신념을 새롭게 구조화하여야 한다. 이것을 인지 재구조화라고 한다. 인지 왜곡cognitive distortion은 자신을 정당화시켜 죄책감이나 수치심에서 벗어나게 해준다. 인지재구조화 작업은 왜곡되어 있는 신념을 직면하고 변화시키는 것이다. 이를 위하여 자신이 어떤 종류의 인지 왜곡을 가지고 있으며 그것을 어떻게 사용하는지에 해서 알아야 한다. 인지왜곡의 예는 성범죄자가 아동도 성관계를 같이 즐겼다, 아이가 먼저 나를 유혹했다 또는 어른과의 성관계가 아동의 성교육에 도움이 된다고 생각하는 것 등이다.

인지재구조화로 부정적인 인식이 개선되었다면 긍정적인 사회적 기술 습득이 필요하다. 성범죄자들은 일반적으로 사회기술social skills이 부족하다. 성공적인 상호관계를 이루어나갈 수 있도록 비합리인 두려움 제거, 역할 연기, 치료자 모방 등을 통해 사회 상황에서 필요한 기술을 익히도록 돕는다. 자기주장 훈련은 스스로를 효과적으로 표현하는 방법을 습득할 수 있도록 도와준다.

또한 범죄사실의 부인 또는 합리화에서 벗어나서 피해자의 상처에 공감하도록 한다. 피해자 공감victim empathy은 자신의 범죄가 피해자에게 끼친 영향을 이해하도록 하는 것이다. 피해자의 영상을 보거나 역할 연기, 실제 다른 성범죄의 피해자였던 사람의 강의를 듣게 하기도 한다.

혐오치료aversion therapy가 병행되기도 한다. 혐오치료는 일탈적인 성적 판타지와 혐오스러운 자극을 조건화시키는 것이다. 일탈적인 성적 각성이 발생할 때 최토체, 전기쇼크, 역한 냄새, 내현적 혐오 이미지, 혐오자극(수치심, 창피) 등의 자극을 함께 주는 것이다. 그러나 〈표 46〉에서 보듯이, 여러 연구들은 인지 재구조화가 없는 혐오치료와 행동치료는 효과가 없는 것으로 보고한다.

구분	학자	대상자 수	추적기간	피해자 유형	재범율
인지행동치료	Marques (1994)	299	7	아동/강간	8.2
				비치료집단	12.5
	Hildebran (1992)	167	6	아동	3
				강간	20
	Pithers (1987)	90	7	아동/강간	6
				비치료집단	33
혐오치료	Rice 등 (1991)	136	6.3	아동	비치료집단과 재범율 동일
행동치료	Hanson (1993)	197	19-28	아동	44 (비치료집단 38%)

출처: 손병덕(2010). '범죄청소년 재범예방 개입프로그램의 효과성 분석' 재구성

〈표 47〉 청소년범죄자 프로그램별 효과성 비교

종류	연구자	조사방법	조사기간	재범율
인지행동치료	Landenberger & Lipsey (2005)	1965-2005년 사이 발간된 논문들 중에서 CBT 실행평가 논문 58편 메타 분석	6~36개월간의 재범율 조사(체포, 유죄 포함)	통제그룹에 비하여 25%~30% 재범율 감소
지역사회 처우 (보호관찰)	Morral et al, (2004)	Global Appraisal of Individual Needs (GAIN; Dennis, 1988)의 하위척도인 범죄행동평가를 사용 최근 90일 이내 범죄관련행동 측정	6 ~ 12개월	통계적으로 유의미하지 못함
가족/양육 프로그램 개입	Woolfenden et al, (2002)	1966-1999 사이 발간된 17편의 논문 분석	4주~6개월 개입 후 치료그룹과 통제그룹 사이의 1~3년 후 재범율 조사	1~3년 이내 재범율이 통제그룹에 비하여 56~68%감소

출처: 손병덕(2010). '범죄청소년 재범예방 개입프로그램의 효과성 분석' 재구성

4) 인지행동치료(CBT)의 교정효과

① 성인대상 분노조절 치료

폭력범죄인은 일반인에 비해 분노를 더 자주 느끼고, 더 자주 폭력적으로 표출하기 때문에 폭력범죄인에 대한 교정치료에는 분노관리가 반드시 포함되어야 한다. 다시 말해 폭력행위는 분노 감정이 일어나서 나오게 된 행동적 결과인 것이다(Howells, 2004:190).

분노 감정 외에도 폭력범죄를 일으키는 심리적 특성으로 충동성이 주목을 받는다. Serin과 Kuriychuk(1994)은 상습적인 폭력범죄인들이 폭력행위를 가하게 되는 2가지 위험요인으로서 사회인지적 결핍과 저조한 자기조절(충동성)이 상호작용하여 폭력의 시너지 효과가 나온다고 하였다.

충동성은 3가지 방식으로 개념화할 수 있다. 첫째는 충동성을 인지정보처리상의 결핍으로 보는 것으로, 정신적 통제가 잘 안되는 것이고 이는 실행기능 실패와도 관련이 된다. 둘째는 충동성을 행동적 측면에서 일종의 탈억제disinhibition로 보는 개념으로, 보상 및 처벌에 대한 단서에 과도/과소한 반응성을 보이는 것을 말한다. 셋째는 충동성을 지속적인 성격특성으로 보는 관점이다. 충동적인 사람은 주의산만하고 규범위반 행위를 자주하고, 불안정한 대인관계를 맺고 과다활동적이며, 욕구지연을 참아내는 능력이 약한 것으로 본다(White et al., 1994). 범죄심리학자들은 충동성을 폭력범죄인에게 공통적인 두드러진 "성격"특성으로 보는 것이 일반적이다.

범죄인의 충동성 치료는 Novaco가 제시한 스트레스면역이론Stress Inoculation Theory: SIT에 근거하여 개발된 프로그램이 대표적이다. 예를 들면 1980년대에 뉴질랜드 법무부는 '비디오 분노관리 프로그램VAMP'을 개발하여 전국 교도소에서 실시하였다. 이 프로그램은 10회기로 구성되며, 참가자들에게 분노와 폭력이 무엇이며, 자신의 분노를 어떻게 스스로 자각할 수 있는지, 그런 분노가 일어나게 되는 성장배경 등을 인식할 수 있도록 가르친다. 관리기법으로는 타임아웃기법, 이완훈련, 분노유발적 사고 인식하기, 자극이 들어올 때 자기대화self-talk로 극복하기, 주장성훈련, 갈등해결, 대인관계기술 등을 익히게 한다(Howells et al., 2001).

뉴질랜드 교정시설을 기반으로 시행된 프로그램에 대한 연구에서 Polaschek과

Dixon(2001)은 분노조절 프로그램에 참여한 재소자들은 모두 공통적으로 행복도가 증진되었고 분노관리도 개선되었다고 보고하였다.

캐나다 교정당국에서 시행한 분노관리 프로그램AOEMP71)을 연구한 Dowden과 Serin(2001)의 연구에서는 프로그램 종료후 3년간 추적조사에서 범죄인의 위험성을 측정하였다. 이 프로그램은 수용기간 중 2시간씩 25회기 진행되었고, 그 효과로서 폭력전과가 많은 고위험 재소자의 폭력 재범을 감소시켰다. 프로그램의 이론적 기반은 합리적 정서치료, Meichenbaum의 자기지시훈련Self-Instructional Training 및 재발방지법 등이다. 그런데, 후속 연구에서 발견한 흥미로운 현상은, 3년후 재범율에 있어서 프로그램 수료자집단의 재범율은 5%이고 전혀 참가하지 않은 통제집단이 17%인데 비해, 처음에 프로그램 참가했다가 중단한 탈락자집단의 재범율은 40%로 월등하게 높았다는 점이다. 탈락자가 수료자에 비해 출소후 재범률이 8배나 높다는 결과가 의미하는 바는, 중도탈락자들이 갖고 있는 부적응적 심리특성들이 치료되지 않은 채 사회복귀된 결과인 것으로 해석된다.

캐나다 교정당국에서 가장 많이 사용하는 교정처우 프로그램 중 하나는 '분노 및 정서관리 AEM' 프로그램이고 이는 생활기술 프로그램의 일부이다. Dowden 등(1999)은 교정시설에서 남성 수용자를 대상으로 실시하고 있는 AEM의 교정효과성에 관하여 평가하였다. 이 연구에서는 AEM 프로그램에 참여한 수용자를 실험집단으로 보고, 연령 및 본 범죄 유형별로 매칭해서 선정한 통제집단을 포함하여 두 집단간 교정효과성을 비교하였다. 또한 실험집단 수용자 220명에 대하여는 범죄위험성 상/하 수준에 따라 집단별 차이도 비교하였다. 연구결과를 보면, AEM 프로그램 참여 자체가 참여하지 않은 통제집단보다 유의미하게 출소후 재범률 감소에 영향을 미쳤다. 보다 구체적으로 AEM 참여집단 중에서 고위험성 집단에서는 일반범죄 및 폭력범죄 재범률이 의미있게 감소되었다. 하지만, 저위험성 집단에서는 유의미한 재범률 감소가 검증되지 않았다.

수용자 교정 프로그램의 효과성 지표에는 출소후 재범률 뿐만 아니라, 수용중에 시설내 환경 및 생활에 얼마나 효과적으로 적응하고 있는지를 나타내는 지표, 예컨대 징계횟수 등을 측정하는 것도 필요하다(Dowden & Serin, 2001).

---

71) Anger and Other Emotions Management Programme(AOEMP)

캐나다 AEM 프로그램과 유사한 것으로서, 뉴질랜드, 호주 등에서는 교정시설에 수용된 모든 폭력범에 대해 오랜기간 저강도의 분노관리AM 프로그램을 시행해 왔다. 이러한 프로그램은 공통적으로 Novaco가 제시한 스트레스 면역 이론에 기초하여 특히 분노와 공격성 치료에 초점을 맞추는 것이다.

이외에도, 1980년대에 캐나다에서 처음 개발되어 교정시설내 또는 지역사회에서 5,500명 이상을 대상으로 실시해 온 인지기술 훈련CST[72]이 있다. 이는 교정시설에서 10명 이내의 소집단을 구성하여 교정직원이 2시간씩 36회기를 실시하는 프로그램이다. 집단단위로 인지기술을 가르치고 병행하여 개인별 기술 연습도 시킨다. CST는 범죄인 집단에서 공통적으로 보이는 인지적 결핍을 보완, 개선시키는데 중점을 둔다. 예컨대 대인관계, 의사결정, 목표설정, 사고기술 등에서 부족한 면을 개선시킨다. 이 프로그램의 교정성과는 프로그램 종료자의 경우에 공식적 재기소율이 20% 감소하였고 특히 폭력범은 35%이상 재기소율이 감소하였다. 범죄위험성 면에서는 고위험자 보다 저위험자에게 더욱 효과적이었다(Polaschek & Reynolds, 2004:215).

② 청소년대상 공격성 치료

정신분석가인 위니캇은 비행청소년에 대한 심리치료를 개별적인 돌봄의 형태로 전환할 필요가 있음을 인식했다. 정신분석 치료에서도 사람을 믿을 수 있고 주어진 돌봄과 도움을 신뢰할 수 있는 요소가 필수적이라는 사실을 깨달았다. 소년보호시설이라 할지라도 최대한 허용적 분위기를 유지함으로써, 아동들로 하여금 중요한 것들을 모두 표현할 수 있도록 하는 것이 필요하다(도널드 위니캇, 2001:215). 한 예로서 위니캇은 다음과 같이 비유적으로 표현하였다.

"청소년보호시설의 벽과 지붕이 아동을 치료하고 있다. 또한 수용을 할 수 있을 정도로 많은 물을 데울 때 쓰이는 엄청난 양의 석탄이 아이들을 치료하고 있다. 규칙적으로 식탁 위에 음식을 준비해 주는 요리사에 의해서, 따뜻하고 포근한 색깔의 침대보에서 아동치료는 이루어지고 있는 것이다"(도널드 위니캇, 2001:213).

시설보호를 통한 치료에서 가장 중요한 요소들은 신뢰성이다. 시설에 들어오는 대부분의 청소년들은 발달과정 전반에 걸쳐서 또는 어느 한 단계에서 혼돈스러운 환경에서 양육된 아동들

---

72) CST : Cognitive Skills Training

이기 때문에, 상대적으로 신뢰성이 더욱 중요하게 강조되어야 한다. 혼란스러운 환경이란 예측 불가능한 환경을 의미한다. 어릴 때부터 항상 상처받을 것을 예상해야 하며, 인격의 신성한 핵심영역은 감추어두어야 하는 불안한 환경에서 자란 것이다. 임상적으로 이러한 아동들은 침착하지 못하며, 집중력이 없고, 끈기가 없다. 항상 잠재된 폭력성을 숨긴 채, 때로는 그 폭력성을 드러내면서, 어떨 때는 '순응' 하면서 생존해 간다(도널드 위니캇, 2001:218).

비행청소년 프로그램은 성인 범죄인 경우와는 달리, 교정프로그램에 부모나 친구집단 등 중요한 타자들을 포함시키는 것이 효과적이다. 예를 들어, 미국에서 실시된 중다체계 치료(MST[73])에는 폭력적 비행청소년들을 대상으로 사회-인지적 프로그램을 활용하여 가족, 또래, 학교, 지역주민 등 청소년이 살아가는 생태계 내에서 일어나는 다양한 문제들을 해결하는 데 초점을 맞추었다. MST 프로그램을 4개기관에 수용된 300명 이상의 소년범과 그 가족을 대상으로 실시한 결과, 그들의 체포율이 25-70% 감소하고 자택이외 거주지위탁이 50-64% 감소하였다(Tate et al., 1995).

③ 공격성 대체 훈련(ART)

공격성 대체훈련ART[74] 은 미국에서 Goldstein과 Glick이 행동결핍behavioural deficit 관점에 기초하여 개발한 비행청소년 교정 프로그램이다. 비행청소년들은 사회학습을 통하여 공격성을 배우는 반면에 친사회적pro-social 행동 기술은 배우지 못했다는 것을 가정한다. 그렇기 때문에 이들에 대한 교정프로그램에는 친사회적 행동기술을 가르치고, 자신의 분노를 통제할수 있도록 도울 뿐만 아니라 또래집단의 영향이 긍정적으로 개선되도록 또래들에 대한 개입까지도 포함되어야 한다(Goldstein et al., 1998).

ART에 포함된 3가지 프로그램 구성요소는 다음과 같다(Polaschek, 2016:131-132).

첫째, 만성적인 공격성을 보이는 청소년들은 '구조화된 학습훈련'Structured Learning Training: SLT 단계를 거친다. 여기에서는 전문가 모델링, 롤 플레잉, 청소년의 수행에 대한 피드백 기법을 활용하여 자기의 정서, 스트레스, 목표설정, 계획수립, 문제해결 등을 스스로 해결할 수 있는 역량을 키우고, 훈련상황에서 연습한 다양한 적응기술들을 가정 또는 사회 상황에까지 전

---

73) MST : Multisystemic Therapy
74) ART : Aggression Replacement Training

이하여 확대적용할 수 있도록 돕는다.

둘째, 분노관리 훈련도 포함되는데, 이는 성인 프로그램내용과 유사하다.

셋째, 도덕교육 과정에서는 콜버그의 도덕발달이론에 기초하여 도덕적 딜레마를 가지고 청소년집단 안에서 상호토론하는 과정을 통하여 폭력성이 높은 청소년들에게 자신이 학습한 새로운 친사회적 기술을 사용하는 기회를 주고 이를 강화해 준다.

ART 프로그램을 처음 창안한 Goldstein과 Glick(1994) 연구에서 ART의 교정효과성을 입증하기 위한 갱개입프로젝트Gang Intervention Project에서 ART에 참가한 집단이 프로그램 받기 전에 실시한 사전검사 보다 여러 심리사회적 기술 면에서 개선되었고, 전혀 프로그램에 참가하지 않은 통제집단에 비해서도 유의한 개선을 보였다. 전반적인 재범방지 효과면에서 보면, 8개월후 추적조사에서 비참여 통제집단의 재체포율은 52%인데 비해 ART참여 집단의 체포율은 13%에 불과하였다.

ART의 비행 교정효과를 요약하자면, 외국 다양한 보호시설에서 비행청소년들을 대상으로 ART가 교정효과가 나타났다. ART에 참여한 만성적인 공격성을 보이던 청소년들의 심리사회적 기술들이 학습되고, 분노조절능력이 높아지며, 비행행동의 빈도가 감소하며, 건설적이고 친사회적인 행동의 빈도가 증가하였다. 수용시설내에서 뿐만 아니라, 이들이 시설출소하여서도 이러한 교정효과가 지속되었다(Goldstein & Glick, 1994).

이 외에도 심각한 반사회적 청소년에 대한 개입프로그램도 시행되고 있다. 청소년 뿐만 아니라 부모와 가족을 치료에 포함하여, 가정, 또래관계, 학교, 일터 등에서 청소년의 행동을 관리하는 전략을 가르친다. 부모가 청소년의 비행이나 친사회적 행동을 관리하는 통제력을 갖도록 치료자가 돕는 것이다. 이렇게 함으로써 치료자는 부모 자신의 역량을 높이고 결과적으로 부모가 가진 약물 문제나 가족 스트레스 문제를 개선시키는 성과를 얻게 되었다(Henggeler & Sheidow, 2003).

④ ART 프로그램의 세부내용

ART 프로그램은 기본 3가지 영역인 기술훈련, 분노관리 훈련, 도덕교육으로 구성되어 있다. ART는 행동결핍 관점에서 여러 형태의 활동요소들을 포함하는 일종의 심리교육적 개입이다. 따라서, 반드시 임상심리학자 또는 전문 상담가가 프로그램을 이끌 필요는 없고, 교사, 상담사, 아동복지사 등 교육실무자가 담당할 수 있다. 프로그램의 기본 영역별 세부 내용은 다음과 같다(Goldstein & Glick, 1994).

⑤ 기술훈련(Skillstreaming)

ART 프로그램 구성은 크게 사회적 기술훈련Skillstreaming, 분노통제훈련Anger Control Training, 도덕교육Moral Education 등 세 부분이다. 사회적 기술훈련은 만성적으로 공격적인 청소년들에게 체계적으로 50가지 친사회적 행동들을 익히게 하는 개입이다. 친사회적 기술들은 다음과 같은 6가지 유형 중 하나에 속하게 된다.

① 사회적 기술의 초급 : 대화시작하기, 자기소개하기, 칭찬해 주기 등
② 사회적 기술의 고급 : 도움구하기, 사과하기, 가르쳐주기 등
③ 감정다루는 기술 : 다른 사람의 분노를 다루기, 감정표현하기, 공포에 대처하기 등
④ 공격성 대체 : 놀리는 것에 유연하게 반응, 협상하기, 타인을 돕기
⑤ 스트레스 다루는 기술 : 뒤처지는 것에 대처, 비난에 대처, 부담되는 대화에 미리 준비 등
⑥ 계획수립하는 기술 : 목표 정하기, 결정내리기, 문제해결을 위한 우선순위 정하기 등

⑥ 분노통제훈련(Anger Control Training)

분노통제훈련은 최초로 Feindler 등(1984)이 개발하였는데, 이론적 기초는 Novaco(1975)와 Meichenbaum(1977)이 제안한 분노통제 및 스트레스 면역이론에 두고 있다. 이 훈련의 목표는 청소년에게 분노를 스스로 통제하는 자기통제 방법을 가르치는 것에 있다. 10회 기동안 분노를 일으키는 곤란상황에 잘 대응하도록 훈련시키는 것이다.

① 분노 촉발요인을 찾는 것 : 분노를 돋우는 외부 사건이나 내적 자기진술 등을 찾는 것
② 단서 찾는 것 : 청소년이 화가 났을 때 생기는 자신의 신체적 반응, 예컨대, 근육수축, 얼굴 굳어짐, 주먹쥐기 등이 바로 화난 상태임을 알려주는 단서라는 것을 인식케 함.
③ reminders(기억 상기자) 사용하기 : 스스로 자신에게 "냉정해라" "화를 식혀라" 등 자기진술함.
④ reducers(분노 감소자) 사용하기 : 개인의 분노수준을 낮추기 위한 전략들, 예컨대 깊게 숨쉬기, 뒤로 숫자세기, 평화로운 장면 연상, 자기행동이 가져올 결과를 연상 등을 사용.

⑤ 자기평가하기 : 앞단계 전략들을 활용하는 것이 자신의 행동과 반응에 얼마나 도움이
되었는가를 스스로 평가하게 함.

이러한 훈련을 받은 청소년은 공격행동을 촉발시키는 상황에서 무엇을 해야 할 행동이고,
무엇은 하지 말아야 할 행동인지를 구분하는 지식이 생기게 된다. 그러나 실생활에서는 공격
적 행동을 하면 지속적, 즉각적, 빈번히 보상이 돌아오는 상황을 접하게 되기 때문에 공격적으
로 행동할 가능성이 늘 상존한다. 그렇기 때문에 ART 구성에서 기술적인 훈련만 포함하지
않고, 옳고 그름을 판단할 수 있는 능력인 가치지향적 도덕교육까지 포함되어있다.

⑦ **도덕교육(Moral Education)**

도덕교육은 청소년에게 공정성, 정의, 타인의 권리와 요구에 대한 관심 등을 길러주도록 고
안되었다. 콜버그는 청소년들이 소집단 내에서 도덕적 딜레마 상황에 대한 토론을 하는 과정
에서 서로 다른 생각을 접하게 되면 인지적 갈등이 생기고, 이를 통해 도덕적 추론능력이 발달
해 간다는 이론을 제시하였다. 이러한 도덕적 추론 과정을 훈련하게 되면, 청소년들은 점차
반사회적 행위에서 벗어나서 사회에서 수용하는 건설적인 방향으로 잠재력이 발달해 간다.

5) 인지행동치료(CBT) 프로그램 사례 : 성폭력 피해가족

여기서는 다양한 인지행동치료 프로그램 사례 중에서 성폭력 피해사례가족에 대한 사례를
살펴본다. 성폭력 범죄는 아동에게 뿐만 아니라 부모에게도 상당한 외상적 충격이 된다. 아동
성폭력 범죄의 경우 부모가 지각하는 외상강도는 성폭력 피해를 직접 당한 아동이 경험하는
외상의 강도보다 더 크다고 한다. 부모의 지지적 반응은 성폭력 피해아동의 회복과 적응을 도
와주지만 부정적 반응은 성폭력 피해아동의 문제 행동을 악화시킨다. 아동의 치료와 함께 가
정 내에서 밀접하게 상호작용하는 부모의 상처도 소홀히 할 수 없는 영역이다(Regehr,
1990).

① **성폭력 피해아동 부모의 특성**

이 프로그램의 치료대상자는 성폭력 피해아동의 부모이다. 여기서는 강민아와 김혜정이 연

구 개발한 성폭력 피해아동 부모를 위한 인지행동치료 프로그램을 소개한다(강민아 & 김혜정, 2010).

• 죄책감

자신이 좋은 어머니의 역할을 하지 못했던 것으로 느낀다. '많은 아이들 중에 왜 내 아이에게 이런 일이 일어났을까?' '그 사람이 가해자였다는 것을 나는 알지 못했다니 이렇게 내가 바보 같을 수가 있을까?' '내 아이를 보호하지 못하였으니 나는 엄마의 자격도 없다.' '성폭력이 있었다는 것조차 내가 몰랐다니!' 등으로 자기 비판적이게 된다. 스스로에게 책임이 있다고 판단하며 여기에 타인의 반응까지 더해져 죄책감이 더욱 강화된다.

가해자가 강력하게 자신의 행위를 부정 하거나 자녀가 성폭력 행위에 대한 사실을 입증하기 어려운 상황에서는 '혹시 내 아이가 착각을 한 것이 아닐까?' '거짓말을 하였던 것은 아닐까?' 라는 의혹을 가지면서 가해자에 대해서도 죄책감을 가지게 된다.

가해자의 선처를 호소하는 가해자의 가족을 만나게 된다면 이러한 감정은 더욱 짙어지게 된다.

• 분 노

부모는 성폭력 상황에 관련하여 다양한 분노를 경험한다. 가해자에 대한 분노뿐만 아니라, 아동에 대해서도 분노한다. '왜 그 사람을 때리거나 해서 집으로 바로 오지 않았는지 모르겠다.' '이전부터 이런 상황에서 어떻게 해야 할 지 항상 일러줬는데, 왜 가르쳐준 대로 하지 못했나.' 라고 생각한다. 또한 자신이 이 사건에 대해서 예방하지 못한 것에 대해서 스스로에게도 분노한다 '왜 진작 아이에게 이런 것에 대해서 알려주지 못했나! 이런 나에게 화가 난다. 만약 내가 어떻게 해야 할지 가르쳐 주었더라면 그런 일이 일어나지 않았을 텐데'

• 외로움

많은 부모들은 주변 사람들에게 아동의 성폭력 사실을 이야기 하는 것이 쉽지 않아서 외로움과 고립감을 느낀다. 속 시원하게 모든 것을 털어놓고 의논하고 의지할 상대가 없으며, 자신만이 홀로 모든 것을 짊어지고 나아가야 한다는 느낌을 받는다 '이 일은 남들이 이해할 수 없는 일이다.' '일어날 수 없는 일이 나에게만 생긴 것이다.' '이 일에 대해서 의논할 사람은 아무도 없다.' '이 일을 이야기한다면 다른 사람은 나를 엄마의 자격도 없는 사람으로 보고, 우리 아이를 보는 시선도 곱지 않을 것이다.'

- 통제력 상실

모든 것에 대한 통제력을 잃은 것 같이 여긴다. 아무도 믿을 수 없다고 느끼고, 앞으로 미래가 어떻게 될지 전혀 예측할 수 없다고 생각한다. 법적 체계나 가해자에 대해서, 또한 아동보호에 대해서도 무력감을 느낀다.

- 불안

부모는 성폭력 피해아동의 사건과 관련된 일에 대해 마치 자신이 그러한 일을 겪는 것처럼 반복적인 재경험화를 겪고, 이에 고통스럽고 걱정이 증가되고 예민해져서 평소와 같은 일상생활을 영위하기 힘들어 진다.

- 과잉보호

부모는 현재 위기 상황에 대처하기 위해 성폭력 피해아동을 과잉보호하게 된다. 부모 자신이 아동의 보호망이 된다면 피해 아동에게 다시는 그런 위험은 오지 않을 것이라는 생각으로, 때때로 피해아동의 형제자매들 활동조차도 심하게 제한하기도 한다

- 부자연스러운 상호작용

부모는 아동이 손상이 되었거나 이상하게 변하였다고 느끼면서, 자연스러운 스킨쉽에 대해서도 예민하게 반응을 하며 그러한 행동 자체를 거부하기도 한다. 부부 관계에서도 스킨쉽이나 성관계 등이 가족 내 무언의 금기사항으로 형성된다. 그리고 아동을 조숙한 아동으로 대하면서 아동에게 적절하지 않는 성교육 등으로 성에 대해서 다루거나 반대로 성에 대해서는 회피하거나 예민한 양상을 보인다.

② 성폭력 피해아동의 부모에 대한 개입 전략

부모에 대한 개입은 3가지로 나누어진다. 첫 번째 구성요소는 자신의 사고와 감정을 효과적

으로 대처할 수 있는 기술들을 제공하는 대처기술 훈련이다. 두 번째는 구성요소는 성폭행 피해경험에 대한 노출이다. 세 번째는 아동 성폭력 경험에 대한 반응에서 일어날 수 있는 문제들에 대처할 수 있는 양육기술 정보 제공이다.

강민아와 김혜정(2010) 연구에서 제안한 피해아동 부모를 위한 CBT 치료 프로그램의 구체적 내용은 〈표 48〉에 소개하였다.

〈표 48〉 성폭력 피해아동의 부모대상 CBT 회기별 구성

구분		내용
1단계 대처기술 훈련	1회기 오리엔테이션	• 전체적인 치료목적과 과정 소개 • 아동 성폭력 특징과 부모역할의 중요성 소개
	2회기 감정표현	• 아동의 피해로 인해 자신이 경험하는 감정에 대해서 알아보기 • 적응적인 감정표현 방법 익히기
	3회기 생각바꾸기(1)	• ABC 모형에 따른 치료원리 설명 • 피해부모들이 가지는 보편적인 잘못된 생각을 알아보고 수정하기
	4회기 생각바꾸기(2)	• 아동 성폭력에 대한 부모의 역기능적 사고 탐색 및 수정하기 • 긍정적 사고로 전환하는 기법을 익히기
2단계 노출	5회기 노출작업(1)	• 노출 치료의 중요성 인식하기 • 예시 사례를 통하여 성폭력 사건에 대한 대화를 실습 • 부모의 성폭력 과거력에 대해서 이야기 한다
	6회기 노출작업(2)	• 아동의 성폭력 경험에 대해 이야기 하기 • 아동의 성폭력 사건을 나누는 상황에서 필요한 대처방법 훈련
3단계 양육기술 및 종결	7회기 양육기술(1)	• 학습 원리를 통하여 아동의 문제행동 이해하기 • 일반적인 양육기술 방법 학습하기
	8회기 양육기술(2)	• ABC 모형[75]을 통하여 문제행동의 원인 파악 • 성교육시 부모의 태도, 발달 수준에 따른 성교육 목표 설정하기 • 아동 성폭력의 예방교육을 시키기 위한 전반적인 사항 숙지하기 • 마무리

출처: 강민아와 김혜정(2010).

분노 및 정서관리(AEM) 프로그램은 교정시설내에서 수용자를 대상으로 2시간씩 25회기를 진행하는 인지행동 치료이다. 프로그램의 목표는 범죄자가 갖고 있는 범죄유발적 요구(criminogenic need)를 교정하는 것이다. 이에 포함되는 것은, 자기관리 및 자기통제기술을 증진시키고, 효과적인 문제해결 및 효과적인 의사소통을 하도록 하며, 고위험 상황을 식별하도록 하며, 물론 정서유발적 공격성을 유발시키는 범죄자 내부의 '사고오류(thinking error)'를 검토하고 교정하는 것을 포함한다.

프로그램 진행자는 단순한 보안중심 교정직원이 아니라 특정한 전문성 훈련을 거치고 자격증을 취득한 직원 중에서 선발하였다. 프로그램 완성도를 높이고 유지하기 위하여 정기적인 수퍼비전과 현장 청문도 프로그램 내용에 포함된다. 프로그램 진행을 맡은 퍼실러테이터가 주로 사용하는 기법은 모델링, 롤 플레잉 등이며, 이에 수반하여 수용자의 바람직한 기술 수행에 대한 긍정적 피드백과 회기중 학습한 것을 일상생활 중에 연습하도록 숙제내주고 체크하는 활동도 포함된다(Dowden & Serin, 2001).

〈표 49〉 공격성 대체훈련(ART) 10회기 핵심 커리큘럼

회기	사회적 기술훈련	도덕교육	분노통제
	불만 표현하기		**안내**
1	1)문제가 무엇인가, 누가 책임있나 2)문제를 어떻게 해결하는가를 결정하기 3)그 사람에게 문제가 무엇이고 어떻게 해결할 수있는지 말하기 4)반응을 요구하기 5)네가 그이 감정을 이해했음을 보이기 6)서로가 취할 반응에 합의하기	1)'중고차' 딜레마 2)dope pusher 3)공공장소에서 폭동	1)이론적 근거: 설명 및 토론 2)프로그램규칙: 설명 및 토론 3)절차: 설명 및 토론 4)분노조절훈련 계약하기 5)선행도발-행동반응-결과(A-B-C)

---

75) ABC 모형 : 선행사건(Antecedent)과 행동(Behavior) 이로 인한 결과(Consequence)의 앞 글자를 모은 것으로 아동의 행동의 원인이 되는 선행 사건, 그리고 이로 인한 결과를 평가하는 것이다. 예를 든다면 현재의 행동의 원인이 되는 사건이 무었인가? 그리고 나는 지금의 행동에 대하여 보상이나 체벌 등 어떻게 반응하고 있는가를 평가하는 것이다.

2	타인의 감정에 반응하기(공감)		측정
	1)타인의 말과 행동을 관찰하기 2)타인이 무엇을 느낄지, 얼마나 강한 감정일지 결정하기 3)당신이 타인의 감정을 이해한다는 것을 그에게 알리는 것이 도움될 지를 결정하기 4)타인에게 그의 감정에 대해 당신이 어떻게 생각하는지를 말하기	1)'여객선' 2)'찰스 맨슨' 사례 3)LSD	1)Hassle log: 목적 및 기제 2)분노 자기측정: 신체적 단서 3)분노 완화요인: (1)깊게 숨쉬기 훈련 (2)다시초점맞추기, 거꾸로 숫자세기 (3)평화로운 심상 떠올리기
3	스트레스 주는 대화를 준비하기		촉발자(Triggers)
	1)스트레스 상황에 있는 자신을 상상하기 2)당신이 어떻게 느끼는지, 왜 그렇게 느끼는지를 생각하기 3)다른사람이 스트레스상황에 있는 것을 상상하라. 그가 어떻게 느끼고 왜 그런지를 생각하기 4)당신이 하고 싶은 말을 타인에게 말하는 당신모습을 상상하기 5)상대방이 무슨말을 할지 상상하기 6)상기 단계들을 반복하기 7)최선의 방식을 선택하기	1)'상점절도' 2)부비 트랩 3)표절	1)도발자극을 찾아내기: -타인이 행하는 직접적 촉발 -자기 스스로 가하는 간접적 촉발 2)롤 플레이: 촉발자 + 단서 + 분노 완화자 3)hassle log 훑어보기
4	분노에 반응하기		Reminders(Anger reducer 4)
	1)다른사람의 말하는 것에 마음을 열고 듣기 2)다른사람이 느끼는 것을 이해하고 있음을 표현하기 3)당신이 이해안되는 것을 설명해달라고 요청하기 4)상대방이 왜 화내는지 이해하고 있는지를 표현하기 5)적절하게 상황에 대한 당신의 사고와 감정을 표현하기	1)'장난감 총' 2)로빈후드 사례 3)약물	1)자기지시 훈련의 소개 2)압력받을 때 reminders사용하는 것을 모델링 3)롤플레이: 촉발자+단서+reminders+분노 reducers 4)숙제 내주기 및 hassle log 검토

	싸움에서 벗어나 있기		자기평가
5	1)잠시 멈추고 왜 당신이 싸우려고 했는지 생각하기 2)결국에는 당신이 원하는 상황이 무엇인지를 결정하기 3)그 상황을 다루는 싸움 이외 다른 방법을 생각하기 4)그 상황을 다루는 최선의 방식을 결정하고 실행하기	1)'사유 시골길' 2)뉴욕 대 제랄드 영 3)생명 구하기	1)reminders 숙제내주기를 검토 2)갈등후 reminders에 대한 자기평가: 자기강화기법, 자기코칭기법 3)갈등후 reminders에 대한 hassle log 검토 4)롤플레이: 촉발자+단서+reminders+분노 reducers+자기평가
	타인을 돕기		앞서 생각하기(Anger reducer 5)
6	1)다른사람이 당신의 도움을 원하는지를 판단하기 2)당신이 도와줄 방법을 생각하기 3)그가 당신의 도움을 원하는지를 물어보기 4)다른 사람을 돕기	1)'신장이식' 2)폭격대피소 3)잘못된 대표	1)현재의 행동문제로 인한 미래 부정적 결과를 예측하기 2)단기 대 장기적 결과 3)최악의 결과 4)롤플레이: "만약...그다음에.." 앞서 생각해보기 5)롤플레이: 촉발자+단서+reminders+분노 reducers+자기평가+기술훈련
	비난에 대처하기		분노행동 사이클
7	1)다른 사람이 당신을 비난하는 것에 대해 생각하기 2)그 사람이 왜 당신을 비난하는지를 생각하기 3)그 사람의 비난에 대해 답하는 방식에 대해 생각하기 4)당신이 할 최선을 선택해서 행하기	1)'베르그 중위' 2)위증 3)의사의 책임성	1)hassle log검토 2)자신의 분노촉발행동을 찾기 3)자신의 분노촉발행동을 조정하기 4)롤플레이: 촉발자+단서+reminders+분노 reducers+자기평가+기술훈련
	집단압력을 다루기		전 과정 리허설
8	1)다른사람이 원하는 것이 무엇이고 왜 원하는지를 생각하기 2)당신이 무엇을 원하는지 결정하기 3)당신이 원하는 것에 대해 다른 사람에게 어떻게 말할지를 결정하기 4)집단에 당신이 결정할 것을 말하기	1)'시끄러운 아이' 2)도난당한 자동차 3)차별	1)hassle log검토 2)롤플레이: 촉발자+단서+reminders+분노 reducer+자기평가+기술훈련

	감정을 표현하기		전 과정 리허설

9	1)다른 사람에 대해 좋은 감정을 가졌는 지 결정하라
	2)그가 당신의 감정에 대해 알고자하는지 아닌지 결정하라
	3)당신의 감정을 가장 잘 표현하는 방법을 결정하라
	4)당신의 감정을 표현할 적절한 시간과 장소를 선택하라
	5)따뜻하고 배려하는 태도로 감정을 표현하라
		1)'다른 사람의 방어'
		2)누군가를 돕기위해 거짓말하기
		3)록펠러의 암시
			1)hassle log검토
			2)롤플레이:
			  촉발자+단서+reminders+분노
			  reducers+자기평가+기술훈련

	실패에 대처하기		전 과정 리허설

10	1)당신이 실패했는지를 결정하라
	2)당신의 실패를 이끈 개인적 이유 및 상황에 대해 생각하라
	3)만약 다시 시도한다면 이전과는 달리 어떻게 할 것인지를 결정하라
	4)당신이 다시시도하기 원하는지를 결정하라
	5)적합하게 접근방식을 달리하여 재시도하라
		1)'사막'
		2)목마름
		3)음주운전
			1)hassle log검토
			2)롤플레이:
			  촉발자+단서+reminders+분노
			  reducers+자기평가+기술훈련

출처: Goldstein & Glick(1994:13-16)

강민아, 김혜정(2010). 성폭력 피해아동 부모를 위한 인지행동치료 프로그램 개발. 피해자학연구, 18(2), 313-332.

도널드 위니캇(2001). 반사회적 행동에 대한 정신분석학적 이해: 박탈과 비행. 이재훈 등 역. 서울: 한국심리치료연구소.

손병덕(2010). 범죄청소년 재범예방 개입프로그램의 효과성 분석.

신기숙과 김해숙. (2009). 성폭력 피해 아동 어머니에 대한 집단치료의 효과. 한국심리학회 학술대회 자료집, 2009(1), 328-329.

윤정숙(2012b). 교정시설내 성범죄자의 치료프로그램 참여에 대한 질적 연구. 교정담론, 6(1), 215-242.

이석재(1999). 강간통념척도의 개발과 타당고 검증. 한국심리학회지: 사회 및 성격, 13(2), 131-148.

표갑수, 엄정옥(2012). 성폭력가해자를 위한 인지행동치료 프로그램의 효과성에 관한 연구. 교정연구, 54, 211-235.

Andrews, D.A., & Bonta, J.(1998). *Psychology of criminal conduct (2nd ed.)*. Cincinnati, OH: Anderson.

Andrews, D.A., Bonta, J., & Hoge, R.D.(1990). Classification for effective rehabilitation: Rediscovering psychology. *Criminal Justice and Behavior, 17*, 19-52.

Burt, M. R. (1980). Cultural myth and supports for rape. Journal of Personality and Social Psychology, 38, 217-230.

Cullen, F.T., & Gendreau, P.(1989). The effectiveness of correctional rehabilitation-reconsidering the "nothing works" debate. In L. Goodstein & D.L. McKenzie (eds.), *The American prison Issues in research policy (pp. 23-44)*. New York: Plenum.

Deci, E.L., & Ryan, R.M.(2000). The 'what' and 'why' of goal pursuits: human needs and the self-determination of behavior. *Psychological Inquiry, 11*, 227-268.

DiGiuseppe, R.(1995). Developing the therapeutic alliance with angry clients. In H.

Kassinove (eds), *Anger disorders: Definition, diagnosis and treatment (pp. 131-150)*. Philadelphia, PA: Taylor and Francis.

Dowden, C., & Serin, R.(2001). *Anger management programming for offenders: The impact of program performance measures*. Research report r-106. Ottawa, ON: Correctional Service of Canada.

Dowden, C., Blanchette, K., & Serin, R.(1999). *Anger managemnt programming for federal male inmates: An effective intervention*. Research report r-82. Ottawa, ON: Correctional Service of Canada.

Farrington, D.P., Ohlin, L., & Wilson, J.Q.(1986). *Understanding and controlling crime*. New York: Sringer-Verlag.

Feindler, E.L., Marriott, S.A., & Iwata, M.(1984). Group anger control training for junior high delinquents. *Cognitive Therapy and Research, 8,* 299-311.

Goldstein, A.P., & Glick, B.(1994). Aggression Replacement Training: Curriculum and Evaluation. *Simulation & Gaming, 25(1),* 9-26.

Goldstein, A.P., Glick, B., & Gibbs, J.C.(1998). *Aggression Replacement Training: A comprehensive intervention for aggressive youth (revised ed.)*. Champaign, IL: Research Press.

Henggeler, S.W., & Sheidow, A.J.(2003). Conduct disorder and delinquency. *Journal of Marital and Family Therapy, 29,* 505-522.

Hollin, C. R. (1999). Treatment Programs for Offenders Meta-Analysis, "What Works," and Beyond. *International Jouranal of Law and Psychiatry, 22,* 361-372.

Howells, K. et al.(2001). *An evaluation of anger management programs with violent offenders in two Australian states*. Adelaide, Australia: University of South Australia Forensic and Applied Psychology Research Group.

Howells, K.(2004). Anger and its link to violent offending. *Psychiatry, Psychology and Law, 11,* 189-196.

Howells, K., & Day, A.(2003). Readiness for anger management: Clinical and theoretical issues. *Clinical Psychology Review, 23,* 319-337.

Landenberger, N. A., & Lipsey, M. W. (2005). The positive effects of cognitive-behavioral programs for offenders: A meta-analysis of factors associated with effective treatment. *JOURNAL OF EXPERIMENTAL CRIMINOLOGY,* 1(4), 451-476.

Meichenbaum, D.(1977). *Cognitive behavior modification: An integrative approach.* New York: Plenum.

Moffitt, T.E.(1993). Adolescence-limited and life-course-persistent antisocial behavior: A developmental taxonomy. *Psychological Review, 100,* 674-701.

Novaco, R.W.(1975). *Anger control: The development and evaluation of an experimental treatment. Lexington,* MA: Lexington Books.

Polaschek, D.L.(2006). Violent offender programmes: Concept, theory, and practice. In C.R. Hollin, & E.J. Palmer (eds.). *Offending behaviour Programmes (pp.113-154).* Chicester, England: John Wiley & Sons Ltd.

Polaschek, D.L.L., & Dixon, B.G.(2001). The violence prevention project: The development and evaluation of a treatment programme for violent offenders. Psychology, *Crime, and Law, 7,* 1-23.

Prochaska, J.O., & DiClemente, C.C.(1992). *Stages of change in the modification of problem behaviors.* Newbury Park: Sage.

Reitzel, L. R., & Carbonell, J. L. (2006). The Effectiveness of Sexual Offender Treatment for Juveniles as Measured by Recidivism: A Meta-analysis. *SEXUAL ABUSE, 18(4),* 401-421.

Reece, R. M., Hanson, R. F., & Sargent, J. (2014). *Treatment of child abuse.* Baltimore: The Johns Hopkins University Press.

Regehr, C. (1990). Parental responses to extrafamilial child sexual assault. *Child Abuse & Neglect, 14(1),* 113-120.

Serin, R.(1998). Treatment responsivity, intervention and reintegration: A conceptual model. *Forum on Corrections Research, 10,* 29-32.

Serin, R.C., & Kuriychuk, M.(1994). Social and cognitive processing deficits in violent offenders: Implications for treatment. *International Journal of Law and Psychiatry, 17,* 431-441.

Tate, D.C., Reppucci, N.D., & Mulvey, E.P.(1995). Violent juvenile delinquents: Treatment effectivness and implications for future action. *American Psychologist, 50,* 777-781.

White, J.L., Moffitt, T.E., Caspi, A., Bartusch, J., Needles, D.J., & Stoutharmer-Loeber, M.(1994). Measuring impulsivity and examining its relationship to delinquency. *Journal of Abnormal Psychology, 103,* 192-205.

Wilson, N.J.(2004). *New Zealand high-risk offenders: Who are they and what are the issues in their management and treatment?* Wellington, New Zealand: Department of Corrections. Unpublished report, July.

외국의 인지행동치료의 실제: 분노관리[76)]

부 록

서 문

알코올 및 기타약물(Alcohol and Other Drug 이하 AOD)의 사용 및 남용은 분노 및 폭력을 초래하는 경우가 많다. 분노와 폭력은 약물과 알코올을 사용하기 시작하는 우발적인 원인이 될 수도 있고 물질남용의 결과로 나타나기도 한다. 많은 AOD 남용 및 정신건강 내담자들은 인생에서 충격적인 사건을 겪은 피해자들이다. 이러한 사건들로 인한 고통이나 후유증으로 인해 약물을 사용하거나 분노 및 폭력이 유발된다.

이 매뉴얼은 인지행동적 분노관리 집단치료에 대한 것이다. 치료대상자는 18세 이상이며 매주 1회(90분) 12주 동안 실시된다. 인지행동치료CBT는 분노 문제에 대한 효과적이고 시간 효율적인 개입기법으로서, 사회학습이론 원리에 따른 4가지 CBT기법이 분노 치료에 가장 많이 사용되고 있다(p.1).

- 이완 기법 : 분노의 정서적, 생리적 요소를 치료대상으로 한다.
- 인지 개입 : 적대적 감정 및 성질, 비합리적 신념, 선동적인 사고방식 등을 치료대상으로 한다.
- 의사소통기술 개입 : 자기주장 및 갈등해결기술의 결핍을 대상으로 한다.
- 혼합 개입 : 두가지 이상의 CBT 개입법을 혼합하여 다중반응 영역들을 치료대상으로 한다.

이와 같은 기법을 활용하여 분노관리 집단의 치료목표는 다음과 같다(p.7).

---

76) '외국의 인지행동치료의 실제: 분노관리 프로그램' 부분은 미국 보건복지성 약물남용 및 정신건강서비스국(US DEPARTMENT OF HEALTH AND HUMAN SERVICES, Substance Abuse and Mental Health Services Administration, Center for Substance Abuse Treatment)에서 2002년에 발간한 '물질남용 및 정신건강 내담자를 위한 분노관리(Anger Management for Substance Abuse and Mental Health Clients)' (한국어 판) 매뉴얼을 발췌, 인용하였음. 이하 본문 중 표시된 page 수치는 인용한 매뉴얼 page를 표시한 것임.

- 분노를 관리하는 방법을 배운다.
- 폭력 혹은 폭력하겠다는 위협을 중지시킨다.
- 생각과 행동에 대한 자제력을 높인다.
- 다른 집단원들로부터 지원과 피드백을 받는다.

분노관리 치료는 집단 세팅에서 실시해야 한다. 이상적인 집단크기는 8명이며 5~10명 범위에서 탄력적으로 운영할 수 있다. 집단 치료에 대한 근거는 다음과 같다(p.3).

- 집단 인지행동치료에 대한 확고한 경험적 증거들이 다수 있다(Carroll et al., 1991; Maude-Griffin et al., 1998).
- 집단치료는 효율적이고 비용이 적게 든다.
- 집단치료는 '역할연기'(Yalom, 1995)와 '행동연습'(Heimberg & Juster, 1994)을 할 수 있는 유연성을 제공한다.

메타 분석 연구결과를 보면, CBT 기법은 분노감소 효과가 다소 있었고, CBT 개입에 참여한 집단의 분노 수준이 통제집단보다 더 호전되었다(Beck & Fernandez, 1998; Edmondson & Conger, 1996).

이러한 통합적 방식은 참여자에게 위와 같은 다양한 개입기법들을 선택할 수 있는 기회를 제공하고, 각 개인에게 맞는 분노관리 계획을 개발하도록 장려한다. 거의 모든 참여자들은 분노관리 계획에 포함된 두가지 이상의 기법 또는 개입법들을 사용하여 치료를 끝마친다(p.2).

1) 인지특성

분노를 유발하는 사건이나 상황들은 개인의 문화나 성별에 따라 약간씩 다르다. 분노에 대한 단서나 경고 신호들 역시 이러한 요인에 따라 달라질 수 있다. 그럼에도 불구하고, 전반적인 치료모델의 형태는 여전히 적용되고, 민족이나 성별에 관계없이 효과적인 것으로 나타났다. 개인은 자신의 분노를 유발하는 사건들을 찾아내야 하고, 분노에 대한 단서를 인지해야 하며, 그러한 사건과 단서에 대응하기 위한 (인지행동적) 분노관리 전략을 개발해야 한다. 치료를 위한 개입기법은 개별화한 분노관리 계획을 개발하는 것을 포함한다. 이 치료모델은 약물남용자가 아닌 내담자들(기분장애, 불안장애, 사고장애 등)에게도 성공적으로 사용될 수 있다(p.2).

2) 분노의 정의

분노는 가벼운 짜증에서부터 격분 또는 격노에 이르는 감정/정서이다. 분노란 위협을 느끼거나 위해를 당할 것이라고 생각하거나, 다른 사람이 자신에게 부당한 나쁜 행위를 할 것이라고 생각하는 상황에서 나타나는 자연스런 반응이다. 분노는 필요, 요구 및 목표가 충족되지 않을 때 좌절에서 초래되기도 한다. 분노를 일으키면 인내심을 잃고 충동적, 공격적, 폭력적인 행동을 하게 된다.

종종 사람들은 분노와 공격을 혼동한다. 공격은 타인에게 해를 입히거나 물질적 손해를 끼칠 의도로 행하는 행동(언어적, 학대, 위협, 폭력행위 등)이다. 분노는 정서의 일종으로서 반드시 공격으로 이어지는 것은 아니다. 따라서, 사람은 공격적인 행동 없이도 분노할 수 있다. 적의는 공격적 행동을 유발하는 태도와 판단들을 가리키는 개념으로서, 다른 사람을 싫어하고 부정적으로 평가하는 태도이다. 분노관리를 위한 집단치료과정에서 내담자들은 집단내에서 분노를 관리하고, 다른 방법으로 분노를 표현하고, 적의적 태도를 변화시키고, 언어적 학대 및 폭력과 같은 공격적 행동을 예방하는 데 도움이 되는 전략과 기법을 배우게 된다(p.9).

3) 분노는 어떤 때 문제가 되는가?

분노는 너무 심하게 느끼거나, 너무 자주 느끼거나, 부적절하게 표현될 때 문제가 된다. 분노가 오래 지속되고 자주 발생하면 혈압과 심장박동이 증가하고 그 상태를 오래 유지하게 된다. 이러한 신체적 스트레스는 고혈압, 심장질환 등 건강문제를 초래하고, 면역체계도 약화시킨다.

분노를 부적절하게 표출하여 발생하는 부정적인 결과가 범죄/비행 문제로 연결된다. 극단적인 분노는 폭력이나 신체 공격을 유발하고 자신이 신체적 상해를 입거나 타인에게 상해를 입히는 피해를 초래한다. 분노가 폭력을 유발하지 않더라도, 일상생활에서 부적절한 분노표출은 주변사람들에게 두려움, 적의, 불신감을 발생시켜 가족이나 친구, 동료로부터 소외 당하게 되는 사회부적응을 초래하게 된다(p.10).

4) 분노의 이득과 손해

처음에는 분노의 부적절한 표출에 많은 이득이 있는 것처럼 보인다. 예건대, 공격적이고 위협적인 행동을 통해 다른 사람을 조종/통제할 수 있게 된다. 또한 화를 내고 공격행동을 하면 한순간 긴장이 해소되는 듯 느낀다. 하지만, 장기적으로 보면, 이러한 분노로 인한 이득이 부정적 결과를 초래하는 것이다. 분노하는 아버지를 자녀들이 따르는 듯이 겉으로는 보여도, 실상은 자녀들이 아버지를 두려워하거나 싫어하게 되며, 정서적으로 멀어지는 관계로 된다(p.10).

5) 분노에 대한 잘못된 상식

① 분노는 유전된다?

사람들은 때때로 "내가 화를 잘 내는 것은 아버지를 닮았기 때문이고, 나는 원래 이런 사람"이라고 말한다. 이것을 분노를 표출하는 행동이 습관이 되어 고칠 수 없다는 생각을 표현한 것이다. 그러나 사람들이 분노를 표출하는 것은, 태어난 후에 배운 행동이기 때문에 분노를 더 적절하게 표현하는 방법도 배울 수 있는 것이다.

대부분의 행동은 다른 사람, 특히 영향력 있는 사람들을 관찰함으로써 배운다. 부모가 언어적인 학대나 폭력과 같은 공격적 행위를 통해 분노를 표출하는 것을 자녀가 관찰하면, 자녀도 부모와 비슷한 방식으로 분노를 표출하는 방법을 배우는 것이다. 다행히도 분노를 적절하게 표출하는 방법을 다시 배우면 이전에 잘못 배운 행동을 변화시킬 수 있다(p.10).

② 분노는 자동적으로 공격으로 이어진다?

분노가 반드시 공격을 유발하는 것은 아니다. 효과적인 분노관리에는 다음의 기술들이 포함된다(p.10).

- 자기주장을 하는 기술을 배우고
- 부정적이고 적대적인 '자기대화'(self-talk)를 변화시키며
- 다양한 행동전략들을 사용하는 방법을 배운다(p.10).

③ 원하는 것을 얻으려면 반드시 공격적 행동을 해야 한다?

공격의 목표는 다른 사람을 지배하고, 위협하고, 피해를 주고, 상처를 입히는 것이다.

반면에 자기표출적인 태도의 목표는 상대방을 존중하는 방식으로 분노를 표출하는 것이다. 즉, 자신이 느끼는 불쾌감과 불만족을 표현하고 그 상황이 어떻게 바뀌기를 원하는지를 상대방에게 알려줄 수 있다. 이런 태도는 상대방을 비난하거나 위협하지 않으며, 감정을 해칠 가능성을 최소화한다. 이런 기술은 '자기주장'훈련을 통해 습득할 수 있다(p.11).

④ 분노를 발산하는 것은 항상 바람직하다?

수년동안 수많은 정신건강 전문가들과 일반인들이 가지고 있던 일반적인 오해는 소리를 지르거나 베개를 치는 것과 같이 분노를 공격적으로 표현하는 것이 건강에 좋고 치료에 도움이 된다는 것이었다. 그러나 분노를 공격적으로 표출하는 사람은 화가 줄어드는 것이 아니라 오히려 더 화를 잘 낼 뿐이라는 연구결과들이 보고된다(Berkowitz, 1970; Murray, 1985). 즉, 분노를 공격적인 방식으로 발산하면 공격적인 행동을 더 많이 하게 된다는 것이다(p.11).

6) 습관적인 반응으로서 분노

분노관리에 문제가 있는 사람들은 자신의 문제를 해결하기 위해 분노를 공격적으로 표출하는 경우가 많으며, 자신에게 피해를 줄 수 있는 부정적인 결과들이나 주위 사람들에게 미칠 해로운 영향에 관해서는 생각하지 않는다(p.11).

7) 분노하는 습관버리기

- 분노의 인식- 분노의 습관에서 벗어나기 위해서는 자신의 분노를 "유발"하는 사건, 환경 및 타인의 행동을 인식해야 한다. 분노가 초래하는 부정적인 결과까지 인식해야 한다.

- 분노관리 전략- 분노를 효과적으로 관리하는 전략을 개발해야 한다. 그러면 통제력을 잃고 부정적인 결과를 경험하기 전에 분노의 상승을 막을 수 있다. 분노 상황에서 사용할 수 있는 '당면전략'(immediate strategies)과 분노상황에 이르기 전에 미리 사용할 수 있는 '예방전략'(preventive strategies)을 익혀야 한다. 당면전략은 분노가 급속하게 상승하여 한창 고조되었을 때에 사용하는 전략으로서, 타임아웃, 심호흡운동, 사고중지 등이 포함된다. 예방전략은 분노가 시작되기 전에 분노의 상승을 피하기 위해 사용하는 전략으로서 비합리적 신념을 변화시키는 것이 대표적이다. 타임아웃 전략을 예로 들면, 타임아웃이란 분노상승을 유발하는 상황을 떠나거나 단순히 분노를 유발하고 있는 대화 자체를 중지하는 것이다. 타임아웃은 분노가 상승하는 순간에 효과가 있다(p.12).

분노관리계획을 세우고 실행하는 과정에는 신뢰할 수 있는 사람들로부터 회복에 도움이 되는 지원과 피드백을 받는 것이 필요하며, 상황을 더 악화시키지 않고 개선하는 자신만의 분노 관리 전략을 병행해야 한다(p.21).

8) 분노 미터

자신의 분노에 대한 인식을 증가시키기 위해서는, 분노를 스스로 측정하는 방법을 배우는 것이 필요하다. 분노 미터는 자신의 분노상승 정도를 측정하는 기법으로서, 1점은 분노가 전혀 없는 상태 또는 평온한 상태를 나타내며, 10점은 매우 화가 나 있고 통제력을 잃을 정도로 분노가 폭발하여 부정적인 결과를 유발하는 수준을 말한다. 실제로 개인의 분노는 낮은 점수에서 시작해서 급속히 높게 상승해 간다. 그렇지만 효과적인 대처기술을 배운 사람은 분노가 10점까지 최고도로 상승하는 것을 중단시킬 시간적 여유가 생긴다(p.12).

분노 미터기 사용에서 주의할 점은, 사람들이 척도의 숫자를 각자 다르게 해석할 수 있다는 점이다. 상이한 해석은 정상적 현상이다. 그렇기 때문에 분노 미터를 개인화하여 척도의 숫자에 편안하고 친숙해지는 것이 훨씬 더 중요하다. 10점 눈금은 내담자가 완전히 통제력을 상실하고 부정적인 결과들을 겪고 있을 때 사용하기 위한 눈금인 점만 각자 인식하면 된다.

분노미터는 일회성 기록이 아니라, 매주 숙제내주기를 통해 다음 한 주 동안 분노미터에 자신의 분노수준을 측정, 표시하고 다음 주 집단세션에서 보고한다(p.13-14).

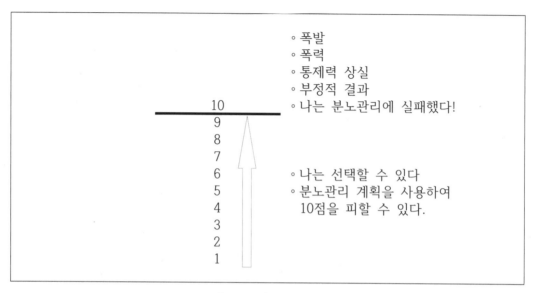

- 〈그림 13〉 분노 미터 •

9) 자신의 분노 인식

내담자들은 지난 주 동안 분노 미터를 측정했을 때 가장 높게 올라간 수치를 보고, 그 때 분노를 유발시킨 사건과 단서들에 대해 집단에서 발표하고 토의한다. 내담자들에게 분노를 유발시킨 구체적인 사건의 리스트를 작성하도록 한다. 특별한 주의를 기울여 '사건'과 '사건에 대한 해석'의 차이점을 이해시킨다.

- 사건 : 사실을 말한다. 예컨대, 구체적 사건으로서 '직장 상사가 그 참여자를 비난하는 것'을 말한다.

- 해석 : 사건에 대한 개인의 의견, 가치판단, 인식을 말한다. 예컨대 "내 직장 상사는 나를 좋아하지 않기 때문에 나를 비난한다"고 내담자가 말하는 경우, 비난한 것은 사실이고, '나를 좋아하지 않기 때문에'는 해석이다.

10) 분노를 유발하는 사건

특정 사건들이 나의 생활에서 민감한 부분을 건드릴 때가 많다. 이러한 민감한 부분을 "적색 깃발(red flag)"라고 하며, 이는 특정 개인에게 쉽게 분노를 유발할 수 있는 일종의 아킬레스건(문제)을 말한다. 적색 깃발은 현제 시점에서 경험한 사건 이외에도, 과거에 분노를 일으켰던 사건을 회상하는 경우도 해당된다. 가족으로부터 배신을 당했거나 상처를 입었던 일이 생각날 때 분노가 일어나는 사람은, 이러한 상황이나 가족을 떠올리기만 해도 분노 미터의 눈금이 올라갈 수 있다(p.16).

11) 분노의 단서

분노 관찰에서 중요한 측면은 분노를 유발하는 사건에 대한 개인의 반응을 나타내는 단서들을 찾아내는 것이다. 분노 감정을 가진 사람에게서 나타나는 여러 가지 단서들(신체, 행동, 정서, 인지)은 분노가 일어났고 분노가 계속 상승하고 있다는 것을 알려주는 경고 신호의 역할을 한다.

① 신체 단서: 분노를 일으킬 때 신체가 반응하는 방식을 가리킨다. 예컨대, 화가 나면 심장박동이 증가하고, 가슴이 답답해지고, 몸과 얼굴이 달아 오른다.

② 행동 단서: 화가 날 때 주위 사람들이 알아볼 수 있는 외현적 행동을 하는 것이다. 예컨대, 주먹을 꽉 진다거나, 문을 꽝 닫는다거나, 목소리 톤이 높아지는 것이다.

③ 정서 단서: 분노와 동시에 발생하는 다른 감정을 가리킨다. 무시당한 느낌, 멸시받은 느낌, 죄책감, 손상된 자존심, 질투, 거절당한 느낌 등이 분노와 함께 나타날 수 있는 일차적인 기저 감정들이다. 이 일차적인 감정들은 마음에 상처를 주는 경우가 많기 때문에 스스로 외면하기 쉽다. 분노의 기저에 숨어있는 일차적 감정들을 인식하는 것이 중요하고, 분노는 이에 대한 이차 감정으로 발생하는 것으로 해석한다.

④ 인지 단서: 사람들은 화가 나면 사건을 자신만의 특정방식으로 해석한다. 예컨대, 친구의 조언을 '비난'으로 해석하거나, 다른 사람의 일반적 행동을 공격적, 지배적이라고 해석하기도 한다. 이러한 사고방식은 자신과 나누는 대화와 유사하기 때문에 이런 왜곡된 신념을 "자기 대화(self-talk)"라고 한다. 대체로 분노 문제가 있는 사람들의 자기대화는 어조나 내용이 매우 비판적이고 적대적이다.

분노를 상승시키는 사고방식 및 자기대화와 밀접한 관계가 있는 인지단서는 '공상'과 '상상'이다. 예컨대, 적이라고 생각되는 사람에게 복수하는 공상을 하거나, 배우자가 바람피우는 것을 상상할 때 분노가 급속히 상승한다.

집단 참여자들은 매주 분노 미터를 측정하고 가장 높은 점수를 받은 분노 사건, 그 분노와 연관된 단서, 그 사건에 반응하여 발생한 분노를 관리하기 위해 자신이 사용했던 전략들을 찾아내 다음의 사항들을 집단에서 보고하도록 한다.

- 지난주 동안 분노 미터에서 도달한 최고 수치는 얼마인가?
- 어떤 사건이 분노를 유발했는가?
- 어떤 단서가 분노를 유발한 사건과 연관되었는가?
- 분노 미터에서 10점에 올라가는 것을 피하기 위해 어떤 전략을 사용했는가?

12) 분노관리 계획

분노관리 계획을 세우는 데 기본사항은, 많은 다양한 전략들을 먼저 시험해 본 후에 자신에게 가장 효과적인 분노관리 기법들을 찾는 것이다. 예를 들어, 많은 사람들이 사용하는 효과적인 전략 중 하나는 자신을 화나게 만든 사건과 관련이 없는 믿을 수 있는 친구에게 자신의 감정에 대해서 이야기하는 것이다. 분노에 대해 이야기를 나눔으로써 분노의 기저에 있는 일차 감정을 찾아내고 분노 유발 사건에 대한 반응으로 나타나는 사고(생각)가 '합리적'인지를 판단할 수 있다.

분노관리 및 치료의 장기적 목표는 특정한 분노유발 사건에 적절하게 사용할 수 있는 일련의 전략들을 개발하는 것이다. 가장 효과적인 전략들을 선택한 후에는 실생활에 적용하여 구체화해야 한다(p.23).

13) 공격 주기(aggression cycle)

분노 증상episode은 상승, 폭발, 폭발후 3단계로 구성된다.

- 분노 상승단계 : 이 단계에서는 분노가 형성되는 것을 알려주는 단서들이 특징적으로 나타난다. 적색깃발(red-flag) 사건은 내담자 각자에게만 해당되는 것으로 과거의 사건들 때문에 특별히 민감하게 반응하는 상황들을 의미하는데, 적색깃발 사건에는 내적 과정(예: 과거에 분노를 유발시켰던 상황에 대한 생각)이나 외적 과정(예: 현재 시간과 장소에서 분노를 유발하는 상황을 체험)이 모두 포함된다(p.23).
- 분노 폭발단계 : 분출되는 분노를 조절하지 못하여 언어적, 신체적 공격으로 나타난다. 분노 미터에서 10점에 해당한다.
- 분노 폭발후 단계 : 폭발 단계에서 나타난 언어적, 신체적 공격으로 인해 초래된 부정적 결과가 특징이다. 교도소 수감되거나 손해배상, 실직 등을 당하거나 가족의 상실, 죄책감, 수치심 등이 생긴다.

공격 주기에서 분노의 강도, 빈도, 지속시간은 개인에 따라 다르다. 어떤 사람의 분노는 유발 사건 후 급속하게 상승하여 몇 분내에 폭발단계에 도달하고, 어떤 사람은 서서히 꾸준히 상승하여 폭발단계에 도달하기도 한다. 분노의 강도도 개인마다 차이가 있어서, 어떤 사람은 무기를 사용하거나 폭행을 하는가 하면, 어떤 사람은 다른 사람에게 소리지르거나 위협함으로써 분노를 표출할 수도 있다. 화난 사람들의 공통점은, 모든 사람은 폭발단계에서 통제력을 잃고 언어적, 신체적으로 공격적이 된다는 것이다(p.28).

공격주기의 구분은 분노 미터의 눈금으로 구별할 수 있다. 10점 미만의 수치는 분노 상승단계에 해당하고, 10점은 분노 폭발단계에 해당한다. 분노관리 및 치료의 주요 목표는 폭발 단계까지 가지 않도록 방지하는 것이다. 분노 미터를 사용하여 분노의 변화를 관찰하고, 분노가 쌓이고 있다는 것을 나타내는 단서나 경고신호들을 주의해서 살펴보고, 분노관리 계획에 포함된 전략들을 적절하게 사용하여 분노상승을 중지시키는 것이 분노관리에서 중요하다(p.29).

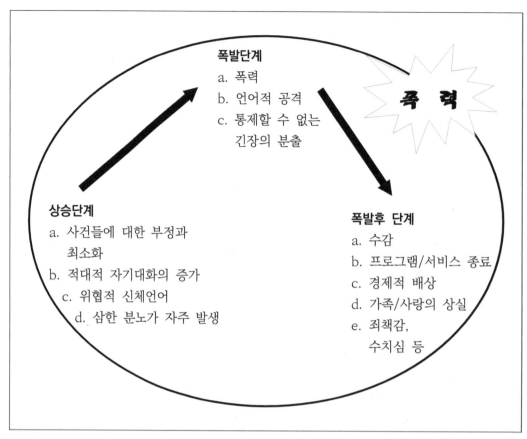

• 〈그림 14〉 공격 주기 (aggression cycle) •

출처: Lenore Walker(1979). The Battered Woman. New York: Harper & Row.

14) 인지 재구성

① A-B-C-D모델

이 모델은 분노관리 기법의 하나이다. 참여자들은 자신의 생각하는 과정을 면밀히 관찰하여 변화시켜야 한다. 불합리한 신념이 분노를 지속적으로 유발하는 방법과 그러한 불합리한 신념을 바꾸어 분노상승을 예방하는 방법을 찾아내도록 돕는다.

"A"는 선행사건activating event, "B"는 선행사건에 대해 가지고 있는 신념belief, "C"는 정서적 결과consequence를 의미한다. "D"는 대체 또는 논박dispute를 의미한다. 논박은 분노 속에 담긴 비합리적 신념을 찾아내고 그러한 신념들을 보다 합리적이고 현실적인 관점으로 대체하는 것이다. Ellis는 분노를 유발하는 것은 사건 자체가 아니라, 사건에 관한 우리의 해석과 신념이라고 주장한다.

사람들은 화가 나면 "자기대화self-talk"라고 하는 내적 대화를 시작한다. 사건 자체가 자신의 기분을 망쳐놓고 화나게 만드는 것이 아니라, 그 사건에 대한 자기대화가 화를 불러일으킬 수 있다. 예를 들면, "사람은 반드시 ~해야 한다"와 같은 절대주의적 자기대화를 하면, 그렇지 않은 사람을 대할 때 화가 난다. 이 생각에 대한 합리적 논박은 "모든 사람의 생각이 똑같을 수는 없어"라고 자신에게 말한다면(자기 대화) 화났던 마음이 진정되기 시작하고 분노를 쉽게 억제할 수 있다(p.33-34).

② 사고 중지

사고중지thought stopping는 자신에게 일련의 자기명령을 통해 분노를 유발하는 생각들을 중지하라고 말하는 것이다. 화가 났을 때, 자신에게 다음과 같이 말 할 수 있다 "이런 생각을 그만해야 해, 이런 생각을 계속하면 문제를 더 악화시킬 뿐이야"(p.36).

15) 자기주장 훈련

자기주장은 대인관계 및 분노관리에 대한 기본적인 기술이다. 수많은 대인관계의 갈등은 자신의 권리를 침해당했다고 생각할 때 발생한다. 다른 사람들이 자신의 권리를 존중하지 않거나 권리를 침해했다고 생각했을 때 공격적인 행동으로 반응하는 경향이 있다. 공격적인 행동을 통해 전달되는 기본적인 메시지는 자신의 감정, 생각, 신념은 중요하고 상대방의 것은 중요하지 않다는 것이다.

분노관리의 관점에서 볼 때, 자신의 권리를 침해한 사람을 상대하기 위한 최선의 방법은 자기표출적으로 행동하는 것이다. 자기표출적으로 행동한다는 것은 다른 사람을 존중하면서 자신의 권리를 지키는 것이다. 자기주장을 통해서 전달하는 기본적인 메시지는 나의 감정, 생각, 신념이 중요하고 상대방의 감정이나 생각도 동등하게 중요하다는 것이다. 자기표출적 반응은 학습된 행동이지 본래부터 가지고 태어난 변화가 불가능한 특성은 아니다(p.40).

요약하면, 공격은 해롭고 비존중적 방법으로 자기 감정, 생각, 신념을 표현하는 것이다. 비-

자기표출적 행동은 감정이나 생각을 표현하지 못하거나 다른 사람들이 쉽게 무시할 수 있는 소극적 태도로 표현하는 것이다. 자기주장이란 타인을 존중하면서 그 권리를 침해하지 않고 정직하고 적절한 방식으로 자신의 감정과 생각을 표현하고 자기의 권리를 지키는 것이다 (p.41).

① 갈등해결 모델

갈등해결 모델은 타인과의 갈등을 해결하기 위한 자기주장도구의 일종으로, 갈등해결모델을 실제 생활 상황에 적용하는 역할 연기role-taking에 중점을 둔다. 내담자들에게 가상적 갈등 상황에서의 역할 연기를 통해 갈등해결 모델을 사용하는 방법을 연습시킨다. 그러나, 내담자들이 집단내에서 역할 연기를 편안하게 느끼지 않거나 아직 준비가 되지 않았다면 무리하게 강행하지 않도록 한다. 이 모델은 다음의 단계에 따라 적용된다(p.41-43).

첫째, 갈등을 일으킨 문제를 찾아낸다.

둘째, 갈등과 관련된 감정들을 찾아낸다.

셋째, 갈등을 일으킨 문제의 구체적 영향(결과)을 찾아낸다.

넷째, 갈등을 해결할 것인지 또는 더 이상 문제 삼지 않을 것인지를 결정한다.

다섯째, 갈등을 언급하고 해결한다.

② 분노와 가족(과거의 학습이 현재의 행동에 미치는 영향)

성장과정에서 가졌던 부모 및 가족과의 관계로부터 분노를 보다 잘 이해할 수 있도록 돕는 것이 치료과정에서 필요하다(Reilly & Grusznski, 1984). 과거의 인간관계가 현재의 행동, 사고, 감정, 태도 그리고 성인이 되어서 타인들과 대인관계를 하는 방법에 미치는 영향을 이해하여야 한다.

치료과정에서는 내담자에게 몇가지 질문을 하여 과거의 경험이 현재의 행동 유형과 어떤 관련이 있는지를 이해하도록 돕는다. 이런 연습을 주의해서 관찰·구성하는 한편, 따뜻하고 도와주는 분위기를 조성하는 것이 중요하다. 가족문제는 힘들고 고통스러운 과거 기억을 되살릴 수 있다는 점에 유의하고, 내담자들이 감정적으로 감당할 수 없는 경우에는 답하지 않아도

된다는 점을 미리 알려준다(p.45).

③ **가족경험 질문 예 :**

- 누구와 함께 살았습니까? 부모와 함께 살았습니까? 형제자매가 있습니까? 어디에서 성장했습니까?

- 성장하는 동안 가정에서 분노를 어떻게 표출했습니까? 아버지는 어떻게 표출? 어머니는 어떻게 표출?

- 행복과 슬픔 같은 감정들을 가족들 간에 어떻게 표현했습니까?

- 누가 어떻게 훈육했습니까? 벨트, 회초리, 막대기 같은 것으로 맞기도 했습니까?

- 가족내에서 당신의 역할은 무엇이었습니까? 영웅? 구조자? 피해자? 희생양?

- 남성의 역할에 대해 어떻게 생각합니까? 남성은/여성은 사회에서 어떻게 행동해야 한다고 생각합니까? 지난 30년동안 변화된 남성과 여성의 역할에 대해 이야기합시다.

- 당신은 현재 성인으로서, 과거의 행동, 사고방식, 감정, 태도 중에서 현재 대인관계에까지 영향주는 것이 어떤 것입니까? 그런 행동을 하는 목적은 무엇입니까?

Beck, R., & Fernandez, E.(1998). Cognitive behavioral therapy in the treatment of anger: A meta-analysis. *Cognitive Therapy and Research, 22,* 63-74.

Berkowitz, L.(1970). Experimental investigations of hostility catharsis. *Journal of Consulting and Clinical Psychology, 35,* 1-7.

Carroll, K.M., Rounsaville, B.J., & Gawin, F.H.(1991). A comparative trial of psychotherapies for ambulatory cocaine abusers: Relapse prevention and interpersonal psychotherapy. *American Journal of Drug and Alcohol Abuse, 17,* 229-247.

Edmondson, C.B., & Conger, J.C.(1996). A review of treatment efficacy for individuals with anger problems: Conceptual, assessment, and methodological issues. *Clinical Psychology Review, 10,* 251-275.

Heimberg, R.G., & Juster, H.R.(1994). Treatment of social phobia in cognitive behavioral groups. *Journal of Clinical Psychology, 55,* 38-46.

Maude-Griffin, P.M., Hohenstein, J.M., Humfleet, G.L., Reilly, P.M., Tusel, D.J., & Hall, S.M.(1998). Superior efficacy of cognitive behavioral therapy for urban crack cocaine abusers: Main and matching effects. *Journal of Consulting and Clinical Psychology, 66,* 832-837.

Murray, E.(1985). coping and anger. In T. Field, P. McCabe, & N. Schneiderman (eds.), *Stress and Coping (pp. 243-261).* Hillsdale, NJ: Erlbaum.

Reilly, P.M., & Grusznski, R.(1984). A structured didactic model for men for controlling family violence. *International Journal of Offender Therapy and Comparative Criminology, 28,* 223-235.

Walker, L.(1979). *The Battered Woman.* New York: Harper & Row.

Yalom, I.D.(1995). *The Theory and Practice of Group Psychotherapy(4th ed.).* New York: Basic Books, Inc.

이명숙

연세대학교 심리학 박사 | University of Michigan 사회복지학 석사 | 서울대학교 심리학 석사 | 서울대학교 과학교육 학사 | 현 경기대학교 교정보호학과 교수 | 현 한국교정교육상담포럼 회장 | 경기대학교 사회과학대학 학장 | 한국청소년정책연구원 제9대 원장 | 국무총리실 청소년육성위원회 전문위원 | 유네스코한국위원회 위원 | 방송위원회 심의위원

한영선

동국대학교 범죄학 박사 | Michigan State University 범죄학 석사 | 부산대학교 법학과 학사 | 현 서울보호관찰심사위원회 상임위원 | 현 한국교정교육상담포럼 부회장 | 제36회 행정고시 | 법무부 소년과장 | 서울소년원장 | 서울소년분류심사원장

손외철

동국대학교 범죄학 박사 | University of Hull(UK) 형사법과 석사 | 영남대학교 경영학과 학사 | 현 서울보호관찰소장 | 현 한국교정교육상담포럼 부회장 | 제34회 행정고시 | 법무부 보호관찰과장 | 부산보호관찰소장 | 치료감호소 서무과장

교정의 심리학
CORRECTIONAL PSYCHOLOGY

초판 발행　2017년 2월 25일
3판 발행　2023년 8월 14일

지 은 이　이명숙 한영선 손외철
펴 낸 이　김재광
펴 낸 곳　솔과학
편　　집　북포유
영　　업　최회선
디 자 인　북포유
인　　쇄　수이북스
제　　본　보경
등　　록　제10-140호 1997년 2월 22일
주　　소　서울특별시 마포구 독막로 295번지 302호(염리동 삼부골든타워)
전　　화　02)714-8655
팩　　스　02)711-4656
E-mail　solkwahak@hanmail.net

I S B N　979-11-8712-416-0　93180

ⓒ 솔과학, 2017
값 19,000원